中等职业教育市场营销专业创新型系列教材

营销基础知识

罗绍明　主　编

夏中庆　张利祥　钟燕萍　副主编

科学出版社

北　京

内 容 简 介

本书采用"情商+智商"双线教育模式，设置了"EQ 故事"和"EQ寄语"内容，以培养学生的营销职业素养；以岗位技能培养为核心，突出案例教学方法，培养学生综合应用市场营销的知识分析和解释现实营销现象的能力。本书内容包括市场营销概述、市场调查设计、市场营销环境、市场定位决策、市场营销战略等 10 个方面的内容。

本书既可作为中等职业学校市场营销、营销与策划专业以及商贸、财经类各专业的营销课程的教学用书，又可作为参加营销员考证的职业培训用书，还可作为在职营销人员岗位培训或自学用书。

图书在版编目(CIP)数据

营销基础知识/罗绍明主编. —北京：科学出版社，2016
（中等职业教育市场营销专业创新型系列教材）
ISBN 978-7-03-047789-7

Ⅰ.①营… Ⅱ.①罗… Ⅲ.①市场营销学—职业教育—教材 Ⅳ.①F713.50

中国版本图书馆 CIP 数据核字（2016）第 054493 号

责任编辑：涂 晟 / 责任校对：陶丽荣
责任印制：吕春珉 / 封面设计：东方人华平面设计部

科学出版社 出版
北京东黄城根北街 16 号
邮政编码：100717
http://www.sciencep.com

三河市骏杰印刷有限公司印刷
科学出版社发行 各地新华书店经销

*

2016 年 6 月第 一 版　开本：787×1092　1/16
2016 年 6 月第一次印刷　印张：14 1/2
字数：333 000

定价：34.00 元
（如有印装质量问题，我社负责调换〈骏杰〉）

销售部电话 010-62136230　编辑部电话 010-62135763-2013

前　言

　　"营销基础知识"是职业院校市场营销、营销与策划专业的必修课程，也是商贸、财经类各专业的基础模块课程。本书是根据职业教育培养目标要求，结合职业院校学生的特点而组织编写的。本书采用"情商+智商"双线教育模式，主要特点如下：

　　1）以营销职业素养为基础。职业素养已成为现代企业员工应具备的首要素质要求，职业素养培养的重要性已成职业教育的共识，也是企业对职业教育的基本要求。本书以营销职业素养为基础，设计 EQ 故事和 EQ 寄语内容，以培养学生职业素质。

　　2）以岗位技能培养为核心。本书内容强化岗位技能培养这个核心，依据市场营销的操作流程编写而成，内容包括市场营销概述、市场调查设计、市场营销环境、市场定位决策、市场营销战略、产品策略、价格策略、渠道策略、促销策略、服务营销策略。突出案例教学方法，每一个重要的知识点都配套一个当前的、典型的营销案例，以培养学生综合应用市场营销的知识分析和解释现实营销现象的能力。

　　本书由汕头市鮀滨职业技术学校的高级讲师罗绍明担任主编，由河北泊头职业学院夏中庆、呼和浩特市商贸旅游职业学校张利祥、惠州市工程技术学校钟燕萍担任副主编，参编人员有东莞市商业学校张涛、山东宁阳职业中等专业学校杨海荣、汕头市鮀滨职业技术学校方佳虹、广西工商学校李秀革等。其中罗绍明编写第 1 章，夏中庆编写第 2、4 章，张利祥编写第 3、7 章，钟燕萍编写第 5、6 章，方佳虹编写第 8 章，张涛编写第 9 章，杨海荣、李秀革编写第 10 章，全书由罗绍明统稿。

　　在编写本书的过程中，编者参阅了大量文献与网站资料，在此对有关资料的著作者致以诚挚的感谢！

　　由于编者水平有限，书中不妥与疏漏之处在所难免，恳请读者批评指正并提出意见与建议。谢谢！来信请寄：stluoming@163.com。

目　　录

当然，并非只有陶华碧一人看中了这门生意。"老干妈"问世不久，市场上即出现"老干爹"、"阿香婆"等竞争对手。不过，"老干妈"与它们一样，均是这个行业的晚来者，与"领导者"相比简直微不足道。在湖南双峰县，"永丰辣酱"已经存在了几个世纪，它曾作为贡品被进献给咸丰皇帝，并因此名声大噪，进而摆脱地域束缚，走向广阔市场。及至 1980 年，"永丰辣酱"不仅畅销全国各地，还远销日本、美国等海外市场，形成年产 1500 吨的产业规模。

如果企业有其增长峰值的话，"永丰辣酱"的辉煌便停留在了这一水平，然后便开始走下坡路，最终湮没无闻。然而，这个拥有绝对优势的行业领头羊并不是被"老干妈"、"老干爹"等后来者冲垮的，与其说它在惨烈的市场竞争中一次次败下阵来，不如说它称霸市场之后因其战略失策、一系列错误举措而导致"自毁长城"。

"永丰辣酱"因产于湖南省双峰县永丰镇而得名，以此地盛产的灯笼辣椒为原料，以民间制酱手法加工，明代即形成传统工艺。1986 年，国营永丰辣酱总公司成立，下属众多分公司均以"永丰辣酱"品牌上市销售，由于市场需求旺盛，一些分公司为迎合市场而扩充产能，大肆收购外地辣椒代替本地辣椒，任意缩短工艺流程，甚至掺杂面粉、豆渣，对品牌形象造成巨大伤害。当时有人痛心疾首地评论道："具有三百年历史的永丰辣酱牌子砸在了当代人手中。"

之所以热衷表面文章，一方面是基于品牌知名度而产生的投机心理，自以为"皇帝女儿不愁嫁"，忽视市场营销，根本不把消费者放在心上；另一方面则是根深蒂固的骄纵自满情绪在作怪。"永丰辣酱"的管理者认为，"永丰辣酱"之所以被评为名优产品，全因采用传统土法技艺生产，没有必要耗资引进先进工艺和机器设备，因此对科学工艺"退避三舍"。对于上级拨付的技术贷款，永丰辣酱工厂却用来购置锅炉、修建水池，并没有用以提高自身的生产能力和工艺水平。而与此同时，陶华碧等草根创业者却将千辛万苦筹措到的有限资金，投入现代化生产线的建设当中。

"永丰辣酱"与"老干妈"，这则百年老字号与后起之秀的故事又一次提醒人们，商业世界中，此消彼长的巨大落差往往在一念之间注定，那些看似强大的行业领导者也许并没有意识到，在他们风光无量的时候，也正是转变即将发生的时刻。当他们终于感到危机意识时，一切已经来不及了。

（资料来源：http://money.163.com/13/0222/15/8OAVTQFA00253G87.html.）

1.1　市场营销基础知识

1.1.1　产品及其类型

从现代市场营销的观点来看，产品是指企业向市场提供的、能够满足消费者和用户某种需求的任何有形物品和无形服务。

为了更好地满足顾客的需求，企业营销部门需对产品进行分类，并按产品的不同类别组织相应的市场营销活动。产品可以从不同角度分类，主要包括以下几种。

1. 消费品和产业用品

产品按照购买者及其用途的不同，可分为消费品和产业用品两大类。

1）消费品，是指用来满足人们物质和文化生活需要的那部分社会产品。消费品按满足人们需要层次分为生存用消费品（如衣、食、住、行方面的基本消费品）、发展用消费品（如用于发展体力、智力的体育、文化用品等）、享受用消费品（如高级营养品、华丽服饰、艺术珍藏品等），按使用时间长短分为一次或短期使用的普通消费品和可供长期使用的耐用消费品。

2）产业用品，是指不是用于个人和家庭消费，而是用于生产、转售或执行某种职能的产品，多属于中间产品或技术产品，一般可分为原材料、耗材、工具、零部件、设备、固定资产和系统七大类别。

2. 耐用品、非耐用品和服务

产品按照是否耐用及其是否具有实物形态，可分为耐用品、非耐用品和服务。

1）耐用品，是指在正常情况下能多次并长期使用的有形产品，如计算机、电视机、冰箱、家具、机床等。

2）非耐用品，是指在正常情况下一次或几次使用就被消费掉的有形产品，如牙膏、毛巾、乒乓球、护肤霜等。

3）服务，是指非物质实体的产品，如理发、旅游等。随着社会经济的发展，服务这种产品越来越显示其重要性。

3. 便利品、选购品、特殊品和非渴求品

产品按照消费者的购买行为和购买习惯，可以分为便利品、选购品、特殊品和非渴求品四类。

1）便利品，是指消费者日常随时需用，不愿花费很多时间和精力去购买的物品，如牙膏、香烟、肥皂、雨具等。

2）选购品，是指产品品种规格复杂，购买频率较低，挑选性强，在质量、价格、花色、款式等方面需要反复挑选和比较才能决定购买的物品，如服装、鞋帽、家具、电器等。

3）特殊品，是指特定品牌或具有特色的、为特定消费者群专门购买的物品，如高档乐器、名牌钟表等。

4）非渴求品，是指消费者不知道，或虽然知道但一般情况下不想购买的物品，如百科全书、保险产品等。

1.1.2　市场及其类型

1. 市场的概念

市场是指某种商品现实购买者与潜在购买者（有潜在兴趣、潜在需求，有可能购买这种商品的任何个人或组织）需求的总和。市场由 3 个要素构成：人口、购买力和购买欲望。

1）人口，是指人口数量的多少。人口的多少决定着市场容量的大小，人口的结构影响着市场需求的内容与结构。

2）购买力，是指消费者支付货币购买商品或劳务的能力。在人口既定的条件下，购买力就成为市场容量的重要因素之一，市场的大小直接取决于购买力的大小。

3）购买欲望，是指消费者购买商品或劳务的愿望、要求和动机。购买欲望是把消费者潜在购买力转变为现实购买力的重要条件。

市场的这 3 个要素是相互制约、缺一不可的，只有三者结合起来才能构成现实的市场，才能决定市场的规模和容量。只有人口多、购买力又高的国家或地区，才能成为一个有潜力的大市场。但是，如果商品不适合消费者的需求，不能使消费者产生购买欲望，仍然不能成为现实的市场。

2. 市场的类型

市场类型的划分是多种多样的，按产品的自然属性可分为商品市场、金融市场、劳动力市场、技术市场、信息市场、房地产市场等；按市场范围和地理环境可分为国际市场、国内市场、城市市场、农村市场等；按消费者类别可分为中老年市场、青年市场、儿童市场、男性市场、女性市场等。

（1）按购买者的特点及使用目的划分

根据购买者的特点及使用目的的不同，市场可以分为消费者市场和组织市场两种。

1）消费者市场，是指个人或家庭为了生活消费而购买商品或服务的市场。例如，个人或家庭经常购买食品、衣服等生活用品，就是一种消费者市场。

消费者市场的特点表现为：

① 广泛性。凡是有人生存的地方，就需要消费品，因而消费品市场具有广泛性。

② 分散性。消费者人数众多，分布面广，因而购买次数多，时间也较分散。

③ 非专业性。消费品的购买者大多缺乏专门的商品知识，多数情况下受个人的感情和印象所支配，广告宣传等促销手段对其购买行为往往起着决定性的作用。

④ 扩展性。人们的需求是无止境的，不会永远停留在一个水平上。随着社会经济的发展和消费者收入的提高，对商品和服务的需求也在不断向前发展。

⑤ 复杂多变性。消费者人数众多，差异性较大，由于各种因素的影响，对不同商品或同类商品的不同品种、规格、性能、式样、服务、价格等方面会有不同的需求。

2）组织市场，是指由那些以生产加工、转卖或执行任务为目的而采购产品或劳务的组织构成的市场。组织市场一般包括生产者市场、中间商市场和政府市场 3 种。生产者市场是指由一切购买商品和劳务用于生产其他商品或劳务，以供出售或出租并从中盈利的组织和个人构成的市场；中间商市场是指由那些以营利为目的从事转卖、租赁业务的组织和个人构成的市场；政府市场是指由那些为执行政府职能而购买或租赁商品的各级政府机构组成的市场。

组织市场的特点一般表现为以下几个方面。

① 集中性。组织市场具有每次交易的数量和金额都比较大，但交易频率较低，购买比较集中的特点。

② 派生性。组织市场的需求是由消费者市场派生出来的，最终取决于消费者市场的需求。

③ 需求刚性。组织市场的需求缺少弹性，一般不受价格的影响或影响较小。

④ 波动性。消费者市场的需求有较小的波动，将使组织市场产生较大的波动。

⑤ 专业性。组织市场的购买者多为受过专门训练的内行专业人士，采购比较专业化和理性化。

（2）从市场营销的角度划分

从市场营销的角度分析，市场可进一步细分为潜在市场、有效市场、合格有效市场、目标市场和已渗透市场。

1）潜在市场，是指总人口中对某产品或服务表现出一定兴趣的顾客群。例如，每年举办汽车展都会吸引很多观众，这些对汽车充满兴趣的人们构成了汽车的潜在市场。

2）有效市场，是指对某产品或服务既有兴趣，还有支付能力和购买途径的顾客群。但在某些情况下，尽管顾客愿意购买，买得起，也能买得到，但他还可能面临使用资格的问题。

3）合格有效市场，是指对某产品或服务有兴趣，有支付能力、购买途径和特定使用资格的顾客群，剔除了没有资格使用该产品的人群。

4）目标市场，是指在合格的有效市场中，企业企图诉求的那部分顾客群，即企业选定的、准备以相应产品和服务去满足其需要的消费者群。

5）已渗透市场，是指那些已经购买了某企业产品或服务的顾客群。例如，东风汽车的用户构成了东风汽车的已渗透市场。

1.1.3 市场营销的基本概念

1. 市场营销的定义

市场营销是指企业从消费者需求出发，综合运用各种科学的营销策略，把商品和服务整体地销售给消费者，尽可能满足他们的需求，并最终实现企业自身的生存和发展目标。

2. 市场营销所包含的理念

现代市场营销是由4个互相关联的理念所反映出来的，这4个理念是顾客导向、目标市场、整体营销和利益远景。

（1）顾客导向

顾客导向指企业营销活动的出发点是顾客需求，所有的营销策划都必须遵循以满足顾客需求为目的的经营理念。

案例 1-1

空壳的摄像机

珍妮是美国一家报社的高级记者，她丈夫的家在东京。有一天，她回日本探望公婆，顺便到东京的一家索尼专卖店买了一台摄像机。在选机时，珍妮受到了很热情的接待，结果拿回家一看，却发现是一个空壳，于是，她气愤难平地写下了《微笑服务的背后》，以此揭露索尼公司的虚假服务和欺骗行为。晚上，正当她准备将稿件发回美国时，索尼副总裁和专卖店经理亲自拿着一台摄像机来了，他们详述了事情的经过。原来当天下午盘点产品时，经理发现一个空壳的样机被售货员错卖了出去，于是，他们根据珍妮留下的名片。拨通了报社电话，然后又将电话打到了珍妮在美国的家中，几经周折，查到了珍妮在日本公婆家的电话，最后打听到了这个确切地址，于是登门致歉，而在这短短的几小时内，竟打了 36 次越洋电话。珍妮听后，大受感动，于是，当晚，另一篇报道《36 次越洋电话》被发回了美国。

（资料来源：罗绍明. 2009. 市场营销实训. 北京：机械工业出版社.）

（2）目标市场

目标市场即目标市场营销，是指企业依据市场细分方法，把总体市场细分为多个需求特征不同的子市场，然后选择其中的一个或少数几个子市场作为企业的营销市场，为之设计专门化的产品，进行针对性的营销。

（3）整体营销

整体营销强调企业在从事市场营销活动时必须利用多方位的综合性策略，在产品设计、包装、品牌、定价、财务、销售、公关、分销渠道、仓储运输及促销等多方面均需认真制定相互联系、统一规划的整体性策略。

（4）利益远景

利益远景指企业应以追求企业的长期利益为其经营原则。企业追求的不应是一时一地的产品利润，而是通过长期行为，从而获得长期生存发展与长远利益。

3. 市场营销概念与相关概念的关系

要真正理解市场营销的概念，还必须弄清楚市场营销与推销、销售、经销、直销、直营、传销等概念的区别。

1）推销，也称人员推销，是指企业通过派出自己的推销人员或委托销售代理机构直接和顾客联系，进行产品的推销活动。推销只是市场营销的一部分，它是企业在产品生产出来后想方设法把产品销售出去的活动，不包括产品的设计、包装等活动。

2）销售，是指企业将其所经营的产品对外出售给消费者，实现产品所有权转移的行为。

3）经销，是指中间商企业取得生产企业的授权，可以在一定时期、一定区域范围内经营销售（批发、零售）该生产企业的全部或部分产品的经营行为。

4）直销，是指直销企业招募直销员，由直销员在固定营业场所之外直接向最终消费者推销产品的经销方式。直销的基本特征是在固定地点之外，通过人员面对面地向最终消费者销售商品。

5）直营，是指企业自己建立营销渠道（如分公司、办事处）来分销产品，并通过分公司直接与零售商签订合同，面向零售商铺货。

6）传销，也称非法传销、老鼠会，是指组织者或者经营者发展人员，通过对被发展人员以其直接或者间接发展的人员数量或者销售业绩为依据计算和给付报酬，或者要求被发展人员以交纳一定费用为条件取得加入资格等方式牟取非法利益，扰乱经济秩序，影响社会稳定的行为。非法传销公司规定新加入者必须以缴纳一定数量的加入费用或认购相当数额的产品作为加入公司的基本条件，而已加入者则依靠"推荐"下线人头而获取高额奖金。靠拉人头赚奖金是非法传销的基本特征。

1.2　市场营销意识

意识，是指具体事物的存在、运动和行为表现出来的普遍性规定和本质。市场营销意识，是指企业的市场营销行为应遵循的普遍性规定。市场营销意识通常包括诚信意识、社会责任意识、质量意识、创新意识、服务意识等。

1.2.1　诚信意识

诚信，即诚实守信。诚实，是指真心诚意，实事求是，不虚假，不欺诈；守信，是指遵守承诺，讲信用，注重质量和信誉。概括而言，诚信就是诚实无欺，信守承诺，说话算数。

诚实守信是我国几千年来传统文化的主流，是备受推崇的美德，是各行各业的生存之道，是维系良好的市场经济秩序必不可少的道德准则。然而，有许多企业对信用与企业的生存和发展的重要关系认识不足，没能意识到良好的企业信用是企业长期发展的根本与基础。实际上，良好的信用是企业的资源，是企业的无形资产，可在企业经营出现困难时帮助企业赢得资金，赢得市场，赢得生存，赢得发展。

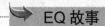 **EQ 故事**

王燕丹：诚信从点滴做起

王燕丹是广东省汕头市澄海区红百合福利彩票经营站站主，面对彩民赊账购买中奖的 500 万元彩票不动心，以实际行动践行诚信。2006 年，她被评为广东省"爱国、守法、诚信、知礼"十佳杰出人物，被誉为新时代的"道德楷模"。

2005 年 12 月 26 日晚 18 时许，"南粤风采 36 选 7"第 764 期开奖，王燕丹的投注站收到了广东省福彩中心发布的开奖通知，该期的 500 万元大奖就落在她的投注站。当时，王燕丹觉得中奖号码有点眼熟，一查，是当天帮老彩民柳先生买的复式票上的号码。她立即拿出彩票仔细核对了几次，在确认无误后，第一时间告诉柳先生中了 500 万元。当柳先生赶到投注站得知自己中了 500 万时，好一会儿才回过神来。

王燕丹的投注站中得 500 万元大奖后，不少彩民询问是谁中了奖，王燕丹始终保守着中奖者的秘密。有的彩民这样问："彩票钱是你垫付的，票就在你手中，有没有想到'私吞'中奖彩票？"王燕丹感到十分奇怪："彩票是谁买的就是谁中奖，我从没想到要将中奖彩票占为己有。"

2001 年，王燕丹下岗后就开了红百合福利彩票投注站。王燕丹以她的诚信经营赢得了彩民对她的信任，在投注站开了专门买彩账户的就达 100 多人。

现在，她的彩票投注站挂满了红色锦旗和金色奖牌，其中有"全国十佳福彩投注站""广东省福彩中心诚信投注站""汕头市福彩优秀投注站"等金色牌匾、2007 年"全国道德模范提名奖"证书。王燕丹说，诚信是点滴"做"出来的，荣誉是日积月累"赢"来的。她愿意继续践行平凡的诚信人生。

EQ 点评　王燕丹因为践行诚信经营，赢得了彩民对她的信任。

1.2.2　社会责任意识

社会责任，是指企业在创造经济利益的同时，还要承担维护好对员工、对消费者、对社区、对环境等利益相关者的利益的责任。就企业社会责任的内容而言，社会责任包括法律、道德、经济等三方面的责任。法律责任是指企业必须遵守法律和法规，特别是要对员工遵守法律负责；道德责任是指企业应遵循利益关系人评判的可接受行为标准，包括回报社会的慈善责任；经济责任是指企业对投资者所承担的资产保值、增值的经营责任及对财务收支的真实性和效益性等方面应承担的责任。

企业承担社会责任与企业的经济绩效是成正相关的关系，而不是完全像传统经济学理论所认为的会加重企业负担、影响其利益。企业履行社会责任，将能提升企业的社会影响力，提升企业的市场竞争能力，将会给企业带来高销售量和忠诚的顾客群，从而提升企业的财务业绩，因此，企业履行社会责任对其自身的发展是一种机会。

案例 1-2

京东集团的社会责任之路

京东集团拥有 7 万多名员工，70%以上来自农村，"让一线员工过上有尊严的生活"是刘强东坚守了多年的诺言。在他的推动下，京东集团不仅坚持为数万名一线员工提供优于行业标准的薪酬待遇，还制定了包括"一线员工救助基金""我在京东过大年""我在京东上大学"等全面的员工关怀政策和措施，全方位呵护员工的生活、家庭和职业成长。其中，"我在京东过大年"由刘强东亲自发起，每年斥资 3600 万元，旨在解决在京务工群体全家团聚这一普遍存在的问题，为留守儿童送去温暖。京东集团为数万名员工创造了良好的就业和生活环境，不仅有利于企业的健康发展，更为社会的稳定和谐发展带来积极的影响。2014 年 8 月，京东集团积极参与云南鲁甸地震的抗震救灾，共计向灾区捐赠 500 余万元的物资。京东集团还在第一时间开通了网银在线的线上捐助通道，同时建立了京东紧急援助救灾的管理平台，保证资源高效调配，迅速到达灾区。

2015 年，刘强东制定了京东集团针对农村电商的 3F 战略（工业品进农村战略、农村金融战略和生鲜电商战略）。这不仅是一个企业的商业行为，更为重要的意义在于，它的实施将有望解决长期存在于中国农村的"三难"问题（购物难、借钱难、挣钱难），为消除城乡消费差距、真正实现工业品下乡和农产品进城、促进农民增收提供切实可行的方法，是一项具有重大社会意义的善举。

在绿色公益方面，京东集团在 2013 年 6 月率先推出电子发票。据统计，应用电子发票后，一年可节约 5 亿张纸质发票，相当于 300 多吨优质纸张，近 2000 棵成年树木，减少近 200 吨二氧化碳排放量。如果全国企业推广使用电子发票，一年可节约近 2000 亿张纸质发票，相当于保护了近 3 万亩森林和土地，减少了近 10 万吨二氧化碳排放量。电子发票是大数据时代国民经济精细化管理的基本单元，使用电子发票，有助于工商监管及税务机关信息管理，有效制约发票的造假售假，维护公平诚信的市场环境。目前京东电子发票的覆盖范围已扩大至包括北京在内的全国 20 个省市自治区，为中国企业节能环保开拓了新思路和新方法，成为名副其实的绿色公益榜样力量。

在社会公益模式创新方面，京东公益活动"JD RUNNING"以持续竞跑的马拉松形式和公益众筹的募捐方式，借助京东的社会影响力，整合京东线上、线下平台资源，间接影响了超过 2 亿人次，为 165 个孤残、患病儿童点亮人生道路。另外，2014 年 9 月 24 日，京东集团在北京市民政局注册成立了京东公益基金会，原始注册资金为 200 万人民币，以"整合社会资源，推进社会公益发展"为宗旨，在教育、扶贫、医疗等领域开展社会公益慈善工作。

2015 年初，刘强东提出了京东的企业目标和远景是要成为一家"国民企业"。他表示："一家合格的国民企业应具备，坚守商业规范与道德，为国民创造最大价值，为全球贸易做出贡献，赢得世界的信任与尊重。"京东正是在这样一条宽广的企业社会责任道路上前进，它多年坚持的诚信经营理念以及为不断提升商品质量所做出的巨大努力，是对企业责任的敬畏和对消费者价值的尊重，为重建中国商业社会的责任和信任产生了积极的影响。

（资料来源：http://gongyi.jd.com/info/detail_mk_pwp_5549db0fcc896266d957379a_0.html.）

1.2.3 质量意识

根据国际标准化组织制定的国际标准《质量管理体系基础和术语》（ISO 9000：2015），产品质量是指产品反映实体满足明确和隐含需要的能力和特性的总和。然而企业必须注意，市场营销所指的产品质量是消费者期望的质量，而不是企业的生产质量。

质量是企业的生命，生产经营适应顾客需要的高质量的产品是形成企业竞争优势最重要的基础，是企业市场营销活动开展成功与否的前提。如果产品质量不合格，无论如何宣传，如何促销，即使提供的服务再好、再周到，顾客也不会购买，因为产品不能满足其最根本的需要。

有句名言：1%的产品事故，对购买到这 1%不合格产品的顾客而言就是 100%。因此，企业的上上下下都应该树立质量意识，奉行零缺陷制度，真正把消费者视为"上帝"，隐瞒、欺骗等短期行为是不可能创立名牌的。

案例 1-3

海尔张瑞敏砸冰箱的故事

1985 年的一天，张瑞敏的一位朋友要买一台冰箱，结果发现很多台冰箱都有毛病，最后勉强拉走一台冰箱。朋友走后，张瑞敏派人把库房里的 400 多台冰箱全部检查了一遍，发现共有 76 台冰箱存在各种各样的缺陷。张瑞敏把职工们叫到车间，问大家怎么办。多数人提出，既然不影响使用，不如便宜点儿卖给职工算了。当时一台冰箱的价格为 800 多元，相当于一名职工两年的收入。张瑞敏说："我要是允许把这 76 台冰箱卖了，就等于允许你们明天再生产 760 台这样的冰箱。"他宣布，这些冰箱要全部砸掉，谁干的谁来砸，并亲手抡起大锤砸了第一锤！很多职工砸冰箱时流下了眼泪。在接下来的一个多月里，张瑞敏发动和主持了一个又一个会议，讨论的主题非常集中："如何从我做起，提高产品质量"。3 年以后，海尔人捧回了我国冰箱行业的第一块国家质量金奖。

张瑞敏说："长久以来，我们有一个荒唐的观念，把产品分为合格品、二等品、三等品，还有等外品，好东西卖给外国人，劣等品出口转内销给自己用，难道我们天生就比外国人贱，只配用残次品？这种观念助长了我们的自卑、懒惰和不负责任，难怪人家看不起我们，从今往后，海尔的产品不再分等级了，有缺陷的产品就是废品，把这些废品都砸了，只有砸的心里流血，才能长点记性！"

正因为海尔能做到将产品品质放在第一位，所以才成就了海尔的今天。

（资料来源：http://www.passiontek.com.cn/fanganview.asp?id=469&lmtype=20.）

知识拓展 1-1

提高产品质量的意义

产品质量是任何一个企业赖以生存的基础，提高产品质量对于提高企业竞争力、促进企业的发展有着直接而重要的意义。

1）质量是企业的生命线，是实现企业兴旺发达的杠杆。一个企业有没有生命力，在经营上有没有活力，首先是看它能否生产和及时向市场提供所需的质量优良的产品。生产质量低劣的产品，必然要被淘汰，企业也就不可能兴旺发达。

2）质量是提高企业竞争能力的重要支柱。市场竞争首先是质量的竞争，质量低劣的产品是无法进入市场的。因此可以说，质量是产品进入市场的通行证。企业只能以质量开拓市场，以质量巩固市场。

3）质量是提高企业经济效益的重要条件。提高产品质量大多可以在不增加消耗的条件下，向用户提供使用价值更高的产品，以优质获得优价，走质量效益型道路，使企业经济效益提高。经验表明，只有有高的质量，才可能有高的效益。

1.2.4　创新意识

创新意识，是指人们对创新与创新的价值性、重要性的一种认识水平、认识程度以及由此形成的对待创新的态度,并以这种态度来规范和调整自己的活动方向的一种稳定的精神态势。

创新意识包括创新动机、创新兴趣、创新情感和创新意志。创新动机是创新活动的动力因素,它能推动和激励人们进行创新活动;创新兴趣是促使人们积极探求新奇事物的一种心理倾向,它能促进创新活动的成功;创新情感是引起、推进乃至完成创新活动的心理因素,只有具有正确的创新情感才能使创新成功;创新意志是在创新活动中克服困难,冲破阻碍的心理因素,创新意志具有目的性、顽强性和自制性。

企业创新的实质是为客户创造新的价值,同时为企业创造更多的价值。创新的途径包括产品创新、技术工艺创新、市场创新、组织创新、管理创新和观念创新等。创新可以为企业带来生机和活力,只有坚持不断创新的企业,才能在激烈的竞争中永葆优势。

1.2.5　服务意识

服务意识,是指企业全体员工在与一切企业利益相关的人或企业的交往中所体现的为其提供热情、周到、主动的服务的欲望和意识。它是服务人员自觉主动做好服务工作的一种观念和愿望,是发自服务人员内心的,是服务人员的一种本能和习惯。

营销服务是市场营销中的重要环节。良好的营销服务能保证产品的正确使用,降低不正确使用产品的风险性,又能增加企业对目标顾客群的了解,收集到顾客对自己产品的反馈意见,从而对产品加以改进。

知识拓展 1-2

顾客满意是提高购买频率的主要因素

热情、真诚地为顾客服务能使顾客满意,而顾客满意是提高购买频率的主要因素。哈佛大学研究指出:"再次光临的顾客比初次登门的人,可为公司带来 25%～85%的利润,而吸引他们再来的因素中,首先是服务质量,其次是产品本身,最后才是价格。"

1.3　市场营销观念

1.3.1　传统营销观念

营销观念,是指企业在一定时期、一定生产经营技术和市场环境条件下,制订营销战略,实施营销策略,组织开展营销活动,以及正确处理企业、顾客和社会三者利益关系的指导思想和行为准则。

传统营销观念是在卖方市场和从卖方市场向买方市场转变过程中形成的营销观念,是一种以生产为导向的营销观念,企业经营的重点是生产。传统营销观念主要表现为生产观念、产品观念和推销观念。

1. 生产观念

这种观念认为，消费者接受那些可以买得到和买得起的产品。企业要集中一切力量提高生产效率，增加产量，降低成本，而且生产什么就卖什么。在这种观念的指导下，企业的一切经营活动均以生产为中心，围绕生产来安排一切业务，即以产定销。

2. 产品观念

这种观念认为，消费者欢迎那些质量好、价格合理的产品。因此，企业只要提高产品质量，使产品物美价廉，顾客自会找上门来，企业无需大力推销。所谓"皇帝的女儿不愁嫁""好酒不怕巷子深"正是这种观念的具体体现。坚持产品观念必然导致市场营销近视症，即在营销中缺乏远见，只知道自己产品质量好，却看不到市场需求的变化，其结果往往是使自己陷入困境。

3. 推销观念

这种观念认为，企业若不大力刺激顾客的兴趣，顾客就不会购买企业的产品，或只少量地买一点，所以企业只有将其生产出来的产品进行大力推销，才能增加销量，获得利润。"有饵自有游鱼来"是这种观念的具体体现。其主要做法是利用广告宣传方式，千方百计把产品推销给顾客，有的投其所好，或使用恐惧心理、信息及各种花言巧语来说服顾客购买。

案例 1-4

T 型车的衰落

20 世纪初，汽车是由技术工人用手工制造而成的，因此，成本高，产量低，售价昂贵。当时，拥有汽车是少数人的特权，是地位与身份的象征。

福特公司意识到这是一个商业机会。福特认为，高价位妨碍了汽车市场的开拓，于是决定设法把汽车变成大众购买的普通商品。福特用大规模生产实现了这一点，他创造了世界上第一条汽车装配流水线。输送带系统的使用大大节省了生产时间，降低了成本与价格。

为了满足市场对汽车的大量需求，福特采用了当时颇具创新性的做法：只生产一种车型，即 T 型车，只有一种颜色，即黑色。于是，黑色的 T 型车几乎成了汽车的代名词。这样做的好处是福特能以最低成本生产，用最低的价格向消费者提供汽车。

T 型车几乎改变了美国人的生活方式，使美国变成了汽车王国。1908 年冬天，T 型车出厂后，美国人能以 825 美元的价格购买到一部轻巧、有力、两级变速、容易驾驶的 T 型车。这种简单、坚固、实用的小汽车推出后，它的创造者福特欣喜若狂。中产阶级的扩大增加了对汽车的需求，而福特公司成为了美国最大的汽车制造商。到 1914 年的时候，福特汽车占有了美国一半的市场份额。

　　然而好景不长，市场便悄悄地开始酝酿变革，消费者的偏好逐渐发生变化：消费者不再喜欢千篇一律的 T 型车，但是被胜利冲昏头脑的福特没有意识到这一点，没有及时随着消费者需求的变化而采取对策。于是，在 20 世纪 20 年代末期，福特在独霸廉价小汽车市场多年后，败给了通用汽车。

（资料来源：闫国庆. 2007. 国际市场营销学. 北京：清华大学出版社.）

1.3.2　现代营销观念

　　现代营销观念是在买方市场形成后产生的营销观念，它是一种以消费者或市场为导向的经营观念。企业在开展市场营销活动时，应树立的现代营销观念包括市场营销观念、大市场营销观念、社会营销观念和关系营销观念等。

　　1.　市场营销观念

　　市场营销观念，是一种以消费者的需要与欲望为导向的经营哲学。它把企业的生产经营活动看作一个不断满足消费者需求的过程，而不仅仅是制造或销售某种产品或服务的过程。市场营销观念强调以顾客需求为中心，按照顾客需求组织生产，以顾客满意为宗旨，通过顾客满意来获得利润。

　　2.　大市场营销观念

　　大市场营销观念，是指企业为了成功进入某个特定市场或者在特定市场上经营，打破各种贸易壁垒，需要在策略上运用经济、心理、政治和公共关系等手段，以赢得若干参与者的合作与支持。即在实行贸易保护的条件下，企业的市场营销策略除了 4P 策略（产品策略、价格策略、渠道策略、促销策略）之外，还要加上 2 个 P，即政治权力和公共关系。

　　3.　社会营销观念

　　社会营销观念，是一种以社会利益为导向的经营哲学。这种观念认为，企业应以维护和促进全社会的利益与发展为最高目标，企业的生产经营不仅要满足消费者的需要与欲望，而且要有利于社会的整体利益和长远利益，要将消费者利益、社会利益和企业利益三方面统一起来，求得三者利益的共同实现。企业在开展营销活动时，必须树立社会营销观念，维持社会利益、消费者利益与企业利益三者之间的平衡。

案例 1-5

让农村变美好　阿里巴巴电商扶贫

　　2015 年 10 月 16 日，2015 年减贫与发展高层论坛在北京举行。习近平主席发表了主旨演讲，提出全面小康是全体中国人民的小康，不能出现有人掉队，未来 5 年，将使中国现有标准下的 7000 多万贫困人口全部脱贫。这些贫困人口，绝大部分在农村。可以说解决好了农村扶贫问题，就能基本实现习主席提出的目标。

作为中国电子商务旗舰企业的阿里巴巴集团，旗下各平台在扶贫工作中进行了许多的实践。

1. 阿里的农村战略：让农村变美好

2014年10月阿里巴巴发布了农村战略，提出了"服务农民，创新农业，让农村变美好"的目标，计划在未来3~5年，拿出100亿元投入到1000个县的10万个行政村，用于当地电子商务服务体系的建设。

通过设立线下的县级运营中心和村级服务站，"农村淘宝"业务覆盖到了22个省147个县，包括了31个国定贫困县和42个省级贫困县，贫困县覆盖率达到50%。到2015年，"农村淘宝"业务扩至250个县，其中至少包括100个国定或省级贫困县。

一台电脑、一个大屏、一个货架、一间房，每个村淘服务站的硬件都是由阿里巴巴集团与当地政府合作建设完成的。村淘服务站让互联网和线上买卖交易走进了农村的千家万户，也成了村里男女老少新的热门活动中心。

2. 电商扶贫："营造渔场"

配合农村淘宝，阿里旗下的各项扶贫业务也加速推进，共同组成农村电商扶贫工作，从"授人以渔"到"营造渔场"。

1）菜鸟网络：阿里巴巴旗下的菜鸟网络搭建了"大家电配送网络"，覆盖了全国95%的区县，可在50万个村送货入村。

2）满天星溯源计划：在全国16个县，从东北的黑龙江，到云南的迪庆，为特色农产品设置了唯一二维码作为身份码。只要通过手机淘宝的扫码功能进行识别，就能验明"真身"，这样吃得更安全、放心。

3）淘宝大学：淘宝大学开展了县域电商人才培养计划，半年来已经为170多个国定和省级贫困县的县长培训了电商研修班课程，未来淘宝大学也希望可以给16万个贫困村驻村书记送课上门。

4）蚂蚁金服：蚂蚁金服连接了2300多家农村金融机构，服务了200多万农村电商和数量庞大的农村支付宝用户，为18万家农村小微企业提供了经营性贷款，累计放贷300亿元。

3. 再造农村：回家吧，家里变样了

未来，阿里旅游、阿里医疗、阿里文化等服务也将进入贫困县和贫困村，让贫困农民在乡村就可以享受到更好的生活服务和公共服务，使贫困地区的青山绿水增值，使农民的生活质量提高。

（资料来源：http://csr.alibaba.com/content/12931.）

阿里巴巴社会营销

4. 关系营销观念

关系营销，是指为了实现企业的营销目标、保持企业有利的市场地位、使企业持续稳定不间断地增加利润，企业应积极主动地与顾客、中间商、供应商、营销中介等建立并保持一种长期稳定、友好的合作关系，使有关各方都能实现各自的目标。

关系营销观念强调与各方建立长期稳定的良好关系，努力实现各方的满意和忠诚，从而为企业带来长远利益，实现企业与各方的共赢。

关系营销不同于交易营销。交易营销主要关注单次交易利润最大化，而不考虑与顾客建立长期关系。一般而言，常用的关系营销策略包括增加财务利益、增加社交利益和增加结构性联系利益 3 种。

1）增加财务利益。这种策略的关键是增加顾客的经济利益，其主要手段是利用价格刺激增加顾客的财务利益。频繁市场营销计划和俱乐部营销计划是企业可以用来增加顾客财务利益的 2 种主要策略。频繁市场营销计划是指对那些频繁购买以及按稳定数量进行购买的顾客给予财务奖励的营销计划。俱乐部营销计划是一种会员制营销，消费者既可以因其购买了企业的产品而自动成为俱乐部会员，也可以通过购买一定数量的商品，或者交付一定的会费而成为俱乐部会员。相对于非会员而言，企业俱乐部的成员能够享受到更多的优惠和服务。

2）增加社交利益。增加顾客的社交利益，在于企业营销人员通过了解单个顾客的需要和偏好，并使服务个性化和私人化，从而增加企业与顾客的社会联系交往的利益。

3）增加结构性联系利益。增加结构性联系利益是指增加企业与其顾客之间的结构性联系，并同时附加财务利益和社会利益。结构性联系要求企业向顾客提供这样的服务：它对关系客户有价值，但不能通过其他来源得到；这些服务通常以技术为基础，并被设计成一个传送系统，而不是仅仅依靠个人建立关系的行为，从而为客户提高效率和产出。

1.3.3 营销观念的发展

1. 战略营销观念

战略营销，是指营销人员站在整个企业竞争战略的高度考虑营销问题，在动态的市场营销环境下，做出明确的营销决策，在特定的时间和限定的资源范围内，通过战略性定位获得生存和可持续发展的竞争优势。

战略营销是站在企业竞争战略的高度进行营销战略的制订和营销方案的策划，是涉及企业总体发展的全方位的营销。它具有营销目标长期性、环境动态适应性、目标市场竞争性、资源利用协调性等特征。

1）营销目标长期性。企业营销战略的制定，不能只考虑企业的眼前利益，应立足于企业的长远利益，做出对企业营销过程中的各项活动具有普遍的、全面指导意义的管理决策，充分体现战略的前瞻性和高度的全局性。

2）环境动态适应性。企业所采取的一系列重大决策都必须根据营销环境的动态变化和企业自身的条件，进行周密的策划，制订有效的战略计划，使企业的目标和资源与企业的外部环境之间保持一种切实可行的战略适应关系。

3）目标市场竞争性。竞争是战略的本质，也是市场经济的现实。企业的战略要在分析竞争对手资源状况、发展前景的基础上，通过博弈分析和深思熟虑后做出选择。企业所有营销活动的全过程都必须以竞争作为基准，争夺市场、争夺顾客，阻止竞争者抢占企业的市场份额，从而确保企业在市场竞争环境中迅速扩张和成长。

4）资源利用协调性。战略营销是一个体系，是一个系统。它要求市场营销所涉及的内外部资源必须具有高度的协同性，在联合销售、渠道共享、品牌共享、客户关系共享等多方面实现协同。只有这样，企业才能达到资源利用的最优，从而获得竞争优势。

2. 绿色营销观念

绿色营销，又称环境营销，是指企业在整个营销过程中应充分体现环保意识和社会意识，向消费者提供科学的、无污染的、有利于节约资源使用和符合良好社会道德准则的商品和服务，并采用无污染或少污染的生产和销售方式，引导并满足消费者的有利于环境保护及身心健康的需求。绿色营销包括产品的绿色生产、绿色流通、绿色消费等。

1）绿色生产。绿色生产是绿色营销的起点。绿色生产包括产品的设计、使用的原材料、生产加工、包装等各个环节的绿色化。在绿色营销观念的指导下，产品设计应充分考虑环境保护及社会改良的要求，尽可能设计出无污染或少污染的、节约原材料耗用、有利于消费者长远利益和社会整体利益的产品；在包装材料和形式设计中，尽可能体现绿色化，不仅考虑商品的装饰性，更注重环境保护功能；在产品生产过程中，应采用无污染、低能耗的生产方式，并不断加大环保投入。

2）绿色流通。绿色流通是指在商品流通过程中所体现的绿色意识和行为。例如，采用绿色商品储运系统，实行绿色的商品定价，运用绿色的产品标志，进行绿色促销宣传，建立绿色专营商店等。绿色流通是保证从生产过程开始的绿色化得以最终实现的必要条件，只有流通过程绿色化了，在生产过程中制造的绿色商品才有可能传递给最终消费者，实现其使用价值和经济价值。

3）绿色消费。绿色消费是绿色营销的目标。绿色营销的核心是提倡绿色消费意识，进行以绿色产品为主要标志的市场开拓，营造绿色消费的群体意识，创新绿色消费的宏观环境。绿色消费适应了人们保护和改善生态环境、实现全球经济可持续发展的要求。

案例 1-6

格兰仕绿色回收废旧家电

2006 年 7 月 5 日，格兰仕集团在北京推出"绿色回收废旧家电——光波升级 以旧换新"活动，消费者手中任何品牌的废旧家电，均可折换 30~100 元，用于购买格兰仕集团部分型号微波炉和小家电，同时格兰仕集团联合专业环保公司对回收的废旧小家电进行环保处理，为绿色奥运做出自己的贡献。活动推出后，北京市场连续 3 日单日销售突破 1000 台，高端光波炉的销售同比增长 69.6%。北京电视台、北京晚报、北京青年报、中国青年报、京华时报、北京娱乐信报、中国经营报等都对活动进行了追踪报道。随后活动向山东、福建、辽宁、云南、吉林、重庆等10多个省市蔓延。格兰仕集团"绿色回收废旧家电"活动成为2006年淡季小家电市场中一道靓丽的风景。

家电厂家关注废旧电器回收应是且也将是大势所趋。按照欧洲联盟（以下简称欧盟）"强制家电制造企业无偿回收废旧产品"的环保指令，若制造企业不履行回收义务就会被禁销产品。所以即便是从这个角度来看，相关家电制造企业也应及早"练兵"，继"绿色生产、绿色制造、绿色供应"之后，主动着眼于"绿色回收"，让绿色理念贯穿到整个企业产业链的每个环节和每个细节中。

（资料来源：http://www.ehvacr.com/html/marketing/anlifenxi/2006/0911/9179.html.）

3. 网络营销观念

网络营销，是一种以互联网为媒介和平台，以全新的方式、方法和理念实施市场营销活动，使交易参与者（企业、团体、组织和个人）之间的交易活动更有效地实现的新型市场营销方式。网络营销是在互联网上开展的营销活动，它具有以下特征。

1）跨时空。网络营销能够超越时间约束和空间限制进行信息传播和交换，因而使得企业能有更多时间和更大空间开展营销活动，可以每天24小时随时随地地提供全球性营销服务。

2）多媒体。互联网可以传输多种媒体的信息，包括文字、声音、图像等，使得为达成交易进行的信息交换可以以多种形式存在，可以充分发挥营销人员的创新性和能动性。

3）交互式。网络营销活动中，企业与顾客始终保持着信息的双向沟通和交流。企业可以随时了解顾客的需求并有针对性地发送个性化信息，实现一对一的个性传播；顾客可以直接将信息和要求传送给企业营销人员，从而由被动的承受对象和消极的信息接受者变为主动参与者和重要的信息源。

4）人性化。网络营销是一对一的、理性的、消费者主导的、非强迫性的、循序渐进的，而且是一种低成本与人性化的营销，可以避免推销员强势推销的干扰，并通过信息提供与交互式交流，与消费者建立长期稳定的良好合作关系。

5）成长性。互联网用户的数量快速增长并遍及全球，使用者多属于年轻、收入水平较高、受教育程度较高的一族，这部分群体的购买力强且具有很强的市场影响力，因此，网络营销是一个极具开发潜力的目标市场。

6）整合性。网络营销可以完成从发布产品信息、收款到售后服务的全过程，这是一条全程的营销渠道。另外，企业可以借助互联网将不同的营销传播活动进行统一设计规划和协调实施，以统一的传播资讯向消费者传达信息，从而避免不同传播的不一致性产生的消极影响。

7）超前性。互联网是一种功能强大的营销工具，同时兼备渠道、促销、电子交易、互动顾客服务以及市场调查分析与研究等多种功能，它所具备的一对一的营销能力正好符合定制营销和直复营销的未来趋势。

8）高效性。网络营销应用计算机储存信息，信息储存量大，可以大大方便消费者进行信息查询，所传送的信息数量和精确度也远远超过其他媒体，同时，它能够帮助企业适应市场需求，及时更新产品陈列或调整产品价格，及时有效地了解和满足顾客的需求。

9）经济性。网络营销使交易双方通过互联网进行商品交换，代替了传统的面对面的交易方式，一方面可以减少促销文本印刷费用、店面租金、水电费用、人工成本等，另一方面可以减少由于来回多次交换带来的商品损耗。

10）技术性。网络营销建立在以高技术作为技术支撑的互联网基础之上，这要求企业必须有一定的技术投入与技术支持，必须改变企业原有的传统组织形态，提升信息管理部门的功能，引进懂得营销与计算机技术的复合型技能人才，这样才能具备和增强企业未来的市场竞争优势。

案例 1-7

"你是我的菜"的创意花束

2015 年的情人节，原本平淡无奇。但因为一款"你就是我的菜"的创意花束，导致上海一家互联网鲜花平台"花花 100"，瞬间爆红网络。

2 月 14 日那天，在上海、广州等大城市拥有上百家实体花店合作伙伴的花花 100，情人节期间生意原本已是一如过往、"不出意料"的好。但当天中午 12 时 30 分，新浪微博"颜值很高"的独立医生张强，发了一条由"花花 100"上海一家花店创作的、用青菜、胡萝卜、金针菇、花菜、青椒等十多种蔬菜组成的创意花束"你是我的菜"的图片微博，并加了一句"接地气、营养好"。

自此以后，整个微博就被这句"你是我的菜"加速刷屏。当天 15:30 分，文化名人洪晃同样用这束"蔬菜花"发了一条微博，并配文"Happy VD!"。转发数量迅速超越张强，从数十个上升到数百个，以致一直与洪晃多有互动的邱露薇，也忍不住在当晚 18:52 分转发了这条微博，并配上了"过了零点，正好宵夜"的幽默点评。

这样的触发点，被上海宜山路的"花花 100"花店闫老板，顺手拿过来，进一步做了一个更大、更立体的宣传：情人们收到这束健康花朵后，两人可以直接一道"涮小火锅"。

闫老板的巧妙借势，进一步催化了当天的生意热潮。他表示，以往情人节鲜花生意本来就火爆，一般前后两三天营业额在 8 万元左右，今年的情人节，得益于"菜花"传播热推动，营业额最终翻了 1 倍，令他大感意外。

"花花 100"的创业团队，对"菜花"能够引爆情人节，倒不感到特别意外。这个团队的骨干来自大众点评、诺基亚、盛大游戏等，对电子商务架构和网络营销推广，有丰富经验和独特理解。团队高管中，有做了礼品市场 10 多年的，对礼品和鲜花市场实体和网络融合，已经摸索了多年，故一起步就能回避许多容易犯的错误。按照"花花 100"最新的商业计划书披露数据，其在 11 个城市已经拓展了 100 多家授权店，平台总销售额破 5000 万元。

（资料来源：http://money.163.com/15/0304/08/AJRNI1QQ00253G87.html.）

4. 定制营销观念

定制营销，是指企业在大规模生产的基础上，进行市场极限细分，将每一位顾客都视为一个单独的细分市场，根据每一个人的特定需求设计市场营销组合策略，以满足每位顾客的特定需求。定制营销的特点如下。

1）零库存生产。定制营销将每一位顾客都视为一个单独的细分市场，根据每一个人的特定需求来组织生产，这表明它将不再按照以市场预测为基础制订的生产计划组织生产，而是完全按订单组织生产，最终实现零库存的管理目标。

2）大规模生产。定制营销建立在大规模生产的基础上，在充分了解消费者需求差异、消费潜力、购买习惯和态度等因素的情况下，根据不同的标准将消费者分为若干大类，为每一个目标市场提供适销对路的产品和服务项目，同时运用先进的营销策划和网络等先进技术，建设一条快速反应、灵活多变的流水线以实现大规模的流水线生产。

3）数据库营销。数据库营销，是指企业收集和积累消费者的大量信息，并将这些信息处理后，挖掘出富有价值的信息，并有的放矢地与顾客进行沟通，以达到说服消费者购买产品的目的。定制营销通常需要以顾客数据库作为营销工具。企业可以将与顾客发生的每一次联系都记录下来，包括顾客购买的数量、价格、采购的条件、特定的需求、业余爱好、家庭成员的名字、生日等信息。这样，企业就会知道自己的新产品开发出来之后会有哪些顾客购买，企业的老顾客目前会有哪些新的需求，从而制订更具针对性的营销策略，更好地服务老顾客，更好地维系老顾客，与顾客建立紧密的联系。

4）细分极限化。定制营销中，市场细分已经达到了极限，每一个顾客就是一个子市场，企业要根据每一个人的特定需要来确定自己的营销组合策略。

5）顾客参与性。企业在定制营销时，为确保顾客的满意度，必须需要顾客的参与。在这种营销方式下，顾客直接向企业提出自己的要求，并且同技术人员一起合作，共同设计产品的蓝图。当顾客得到产品时，也可以直接向企业反映自己的满意程度和提出建议。

5. 文化营销观念

文化营销，是指企业将其文化运用于市场营销之中，用文化的方式来经营销售其产品，即企业有意识地构建其个性价值观并寻求与消费者相匹配的个性价值观，在营销过程中充分表达某些消费者的价值取向，从而引起价值共鸣，最终完成营销全过程。

文化营销的本质目的在于营建企业新型文化价值链，以文化亲和力将各种利益关系群体紧密维系在一体，发挥协同效应，以引起消费者的联想，产生美好的想象，激发消费者心底的情感，震撼其心灵，从而增强企业整体竞争优势。文化营销主要包括以消费者的个性文化需求为导向的市场营销观念、具有丰富多彩的文化品格的营销策略组合和以文化观念为前提的营销手段和营销服务。

（1）产品文化化

产品文化化，是指通过对产品进行文化植入，赋予产品企业文化个性和精神内涵，增加顾客对产品的独有感知价值。文化营销的视野中，产品不仅要满足消费者的物质使用要求，而且需满足其文化精神的需求。企业对产品的包装、命名、品牌、造型等均需增加文化品位、文化气息与氛围，从而建立起产品与文化需求的联系。

（2）促销文化化

促销文化化，是指通过对促销进行文化包装，赋予促销企业文化个性和精神内涵，增加顾客对产品的独有感知价值。在促销过程中，文化起着十分重要的作用。在一定的促销方式中，塑造一个特定的文化氛围，向消费者传递文化特质的同时，突出企业产品的文化性能，以文化推动消费者对企业的认识，就能够使企业形象和产品在消费者心目中留下长久、深刻的印象。在促销活动中，做好"主题行动"，使营销过程始终贯穿一条成功的主线。

案例 1-8

奇瑞 QQ 公司的个性化文化营销

奇瑞 QQ 公司通过个性化的文化营销塑造，形成产品独特的品牌价值和文化归属感。QQ 的名称与网络文化具有很强的依附性，奇瑞 QQ 价值定位为时尚文化，在业界普遍以"性能价格比"为汽车的宣传定位的重点时，这种时尚个性化的产品形象定位，突显出形象的识别效能和宣传效果，在社会上造成特立独行的个性化拓展，在消费者群体中产生了强烈的价值认同和品牌认可效应。

奇瑞 QQ 公司在汽车文化节期间，大范围发行一本命名为《I-Q》的车友杂志。杂志内容大多以表现汽车文化及"Q"族文化为主，囊括了以汽车改装、车友会介绍、车主访谈、时尚消费、产品综合信息等为内容的各大精彩栏目，是一本兼具可读性与实用性的时尚小刊物。而奇瑞 QQ3 这一款车型，也借助于一系列个性化汽车文化营销手段与传播策略，成为时尚个性一族表达自我个性的时尚符号。

奇瑞 QQ3 上市初首创时尚汽车概念，掀起国内"时尚"消费潮流；其后，又通过一系列文化活动宣传"快乐、积极、爱心"的品牌内涵，将 26 万奇瑞 QQ3 车主的生活形态变成文化现象，从而产生巨大的凝聚力；全国首个"QQ 汽车文化节"的推出更让奇瑞 QQ3 的品牌附加值得到升华，形成目前的"QQ 族群文化"。

（资料来源：http://www.5ucom.com/info/138706.shtml.）

EQ 寄语

一位哲人说过："你的心态就是你的主人。"在现实生活中，我们不能控制自己的遭遇，却可以控制自己的心态；我们不能改变别人，却可以改变自己。其实，人与人之间并无太大的区别，真正的区别在于心态。所以，一个人成功与否，主要取决于其心态。

生活中，一个好的心态，可以使你乐观豁达；一个好的心态，可以使你战胜苦难；一个好的心态，可以使你淡泊名利，过上真正快乐的生活。人类几千年的文明史告诉我们，积极的心态能帮助我们获取健康、幸福和财富。作为营销人员，将要面对更多的困难、更大的挑战，此时更需要保持良好积极的心态，沉着应战。

能力训练

一、知识训练

1. 判断题

1）从现代市场营销的观点来看，产品是指企业向市场提供的、能够满足消费者和用户某种需求的任何有形物品。 （　　）

2）市场是指某种商品现实购买者的需求的总和。 （　　）

3）购买欲望是把消费者潜在购买力转变为现实购买力的重要条件。 （　　）

4）交易营销主要关注单次交易利润最大化，而不考虑与顾客建立长期关系。 （　　）

5）所谓"皇帝的女儿不愁嫁"是关系营销观念的具体体现。 （　　）

6）组织市场的需求是由消费者市场的需求派生出来的。 （　　）

2. 选择题

1）市场营销观念是一种强调以（　　）为中心的营销观念。
　　A. 企业利润　　　　B. 产品　　　　　　C. 顾客需求　　　　D. 销售

2）个人或家庭为了生活消费而购买商品或服务的市场是指（　　）。
　　A. 生产者市场　　　B. 中间商市场　　　C. 政府市场　　　　D. 消费者市场

3）消费者购买频率较低，挑选性强，在质量、价格、花色、款式等方面需要反复挑选和比较才能决定购买的物品是指（　　）。
　　A. 选购品　　　　　B. 便利品　　　　　C. 特殊品　　　　　D. 渴求品

4）"好酒不怕巷子深"是（　　）的具体体现。
　　A. 生产观念　　　　B. 产品观念　　　　C. 推销观念　　　　D. 社会观念

5）（　　）不是市场的构成要素。
　　A. 人口　　　　　　B. 购买力　　　　　C. 购买场所　　　　D. 购买欲望

6）企业将其文化运用于市场营销之中，用文化的方式来经营销售其产品或服务的营销观念是指（　　）。
　　A. 文化营销　　　　B. 绿色营销　　　　C. 战略营销　　　　D. 定制营销

二、分析训练

1. GE: 绿色就是战略的案例分析

在 GE（通用电气公司），有一项多年前开始的雄心勃勃的计划是与绿色相关的，那就是"绿色创想"。"绿色创想"是 GE 的一项面向环保的全球性战略，在这个面向绿色的战略里，GE 将大幅度增加对环保技术的研发投入，同时将环保产品和服务作为新的业务增长点。按照这个计划，5 年内他们用于全球环保产品的研发将从原来的 7.5 亿美元提高到 15 亿美元，并于 2010 年实现 200 亿美元的销售目标。GE 董事长兼首席执行官杰夫·伊梅尔特说："我们认为'绿色创想'能带来很多收益，研究开发'绿色创想'产品不仅能帮助我们的客户面对环境问题，而且能保证我们的公司盈利，GE 在过去所取得的成绩已经证明了这个想法的正确性。"

"绿色创想"并不仅仅是一个环保计划，更准确地说是一个商业计划，它为 GE 的企业形象增色不少。GE 的"绿色创想"负责人罗琳说："对于我们的企业来说，'绿色创想'是一个商业方面的战略，所以这个战略作为商业战略必须有利于增长，有利于技术，有利于 GE 公司的业务。"绿色创想"这个项目并不代表 GE 必须在环保和经济增长方面做选择，我们这个"绿色创想"的项目并不是一个无私的项目，或者仅仅是一种追求，或者是一个量的项目，也不是一个纯粹为了盈利的项目，而是将它们有机地结合在一起，只有这样才能创造出市场，才能创造出成功的产品。"

从 2006 年 5 月起，"绿色创想"广告出现在北京、上海和广州的机场，通过 6 幅组图广告向经过的旅客播撒"绿色创想"的理念——地球在水杯中发芽，装盐的小瓶子里撒出了纯净的水滴，本该浓烟滚滚的烟囱里涌出了翩翩彩蝶，机车下的铁轨变成了常青藤……清新的画面简单、直观地表现了 GE 的绿色理念。风能发电、清洁燃煤发电、GEnx 飞机发动机、Evolution 机车和海水淡化科技等"绿色产品"体现了 GE 环保科技的多元化。

除了户外广告，GE 在中国的此次推广活动还首次大规模采用了互联网络进行"互动式"的沟通，从而加强受众对"绿色创想"的感受。GE 创建了"绿色创想"网站，在网站上伊梅尔特为访问者介绍"绿色创想"的理念。GE 还在网站上设计了"环保乐园"游戏和动画广告来推广 GE 的品牌，让客户有机会交互地与 GE 品牌进行亲密接触。

分析：

1）GE 的"绿色创想"贯彻的是一种怎样的营销观念？

2）GE 是如何贯彻实施该营销观念的？

2. "十二喜"以"文化营销"赢市场的案例分析

准确捕捉最新市场动向，以前沿理念带动企业发展。灵尚国际企业集团融合数字、时间、年龄、心理、属相、星座等中国吉祥数字文化，创立了"十二喜"童装品牌，以别出心裁的命名，营造出浓郁鲜明的传统文化氛围，打响了"文化营销"的第一炮。

文化，作为品牌建设中至关重要的组成部分，一直是"十二喜"全力倡导和用心经营的。"引航国内童装时尚潮流，做富有爱心的榜样童装品牌，做母亲的事业，帮助儿童健康、聪慧、快乐成长"。透过这样的品牌理念，我们不难看出"十二喜"的创业理念和品牌背后的文化内涵。

做童装就是做人，想孩子所想，做孩子想做；像关心自己事业一样关心别人事业，像关爱自己孩子一样关爱别人孩子。2005 年 12 月 29 日，"十二喜"冬日献爱心，为江西地震灾区捐赠 30 万元衣物；2006 年 5 月 20 日，"十二喜"儿童乐园式企业门户网站正式启动；2006 年 6 月 20 日，"十二喜"发起的"智慧同行，快乐主张"夏令营活动正式启动；2006 年 12 月 15 日，"十二喜"荣获山东电视台十大创业项目之最佳创业项目奖；2007 年 6 月 13 日，中央电视台（CCTV2）《财富故事会》报道"十二喜"；2007 年 7 月 29 日，"十二喜"四周年峰会在北京隆重举行；2008 年 1 月 1 日，"十二喜"童装品牌折扣店项目正式启动。

关爱儿童的成长和生活，并将爱心与责任贯穿于品牌建设的始终，如今，"爱"已伴随着"十二喜"的发展传播至大江南北。

2008 奥运年，为弘扬奥运精神，"十二喜"把中国传统文化元素融入产品的设计和研发中。在设计理念方面，"十二喜"紧贴时尚潮流脉搏，结合儿童特点，注重体现优质、健康、益智、舒适、环保、个性化的特点，实现流行与优质、实用呼应，时尚与健康、益智并存，借助童装这一载体，宣传奥运精神，弘扬中国传统文化，并与孩子们一起为奥运喝彩！

依托多年发展的品牌优势，"十二喜"更将折扣产品纳入销售阵营，这使消费者有了更多的选择，无论是追求品牌的中高端客户还是普通的老百姓，都可以轻松地选购到自己喜爱的童装。

分析：

1）灵尚国际企业集团贯彻的是一种怎样的营销观念？

2）灵尚国际企业集团是如何贯彻实施该营销观念的？

三、技能训练——成功营销企业案例搜索技能训练

1. 训练目的

1）能搜索到一个成功营销企业的案例。

2）能清晰表达出该营销案例的内容。

3）能总结归纳出该企业的成功之处。

4）能简要说出选择该营销案例的理由。

2. 训练指导

1）布置任务：将教学班学生按每 6～8 人的标准划分成若干个任务小组，每个小组成员搜寻一份成功营销企业案例。

2）搜索选择：各小组成员总结归纳自己搜寻到的成功营销企业案例的成功之处，列明选择该案例的理由，之后形成成功营销企业案例搜索技能训练报告。

3）课堂陈述：各个任务小组成员上交成功营销企业案例搜索技能训练报告，由指导教师从每小组中选择一份具有代表性的成功营销企业案例搜索技能训练报告，并邀请其作者代表小组上台陈述。

4）评价效果：各个小组代表陈述后，指导教师点评该次成功营销企业案例搜索技能训练的情况，并由全班学生不记名投票，评选出该次搜索技能训练的获奖小组，给予表扬与奖励。

第 2 章
市场调查设计

目的要求

1. 知识目标

1）能叙述和列举市场调查的概念和特点。
2）能列出和掌握市场调查的步骤。
3）能列举和分辨市场调查的方法。
4）能记清和掌握市场调查问卷的设计方法。
5）能熟记和列举市场调查计划的内容。
6）能熟记和列举市场调查报告的构成。

2. 技能目标

1）能综合运用本章知识剖析现实案例。
2）能顺利完成调查问卷搜索技能训练。

3. 素质目标

好习惯是开启成功的钥匙，养成好习惯应从现在开始，从点滴小事做起。

重点难点

1）市场调查的方法与内容。
2）市场调查计划的制订。
3）市场调查问卷的设计。
4）市场调查报告的撰写。

EQ 故事

好习惯是开启成功的钥匙

在世界航空史上，加加林是一个标志性的名字，他不仅是苏联也是全人类第一位进入太空的宇航员。1961 年，他乘坐重达 4.75 吨重的"东方 1 号"宇宙飞船在太空中遨游了 108 分钟，那时，他年仅 27 岁。

为什么加加林能够如此幸运呢？要知道，在挑选这个"第一位"时，和他实力不相上下的竞争者多达几十名。原来，一切都源于"脱鞋"这个小小的习惯性动作。

经过长时间的考验，20 余名异常优秀的选手被筛选出来，而最终能够飞上太空的只有一人，到底是谁呢？飞船的主设计师科罗廖夫有些头疼了。没想到，在升空之前的一周，这个问题竟然被轻而易举地解决了。它源于科罗廖夫的一个小小发现：在进入飞船之前，在 20 余名选手中，只有加加林一人会脱掉鞋子，只穿袜子进入座舱。这个细微的举动感动了科罗廖夫，让他觉得这个 27 岁的青年不仅懂规矩，而且极为珍爱他为之倾注半生心血的宇宙飞船。于是，他决定让加加林完成人类首次太空飞行的神圣使命。就这样，一个不经意的细节让加加林出色的修养和素质体现了出来，最终成为了遨游太空的第一人。

EQ 点评 成功往往源于细节，源于不经意的习惯。要想成功，先从培养好习惯开始，须知一个人的品质、修养与敬业精神往往体现在小事当中。市场调查也是一样，需要调查人员具有经常细心地收集整理各种材料的好习惯，而不能临时抱佛脚，为了调查而临时组织搜集、整理、分析材料。

案例导引

海尔洗衣机成功打开日本市场

日本的本土家电市场堪称世界顶级市场，凭其高品质、高技术含量而独树一帜，加上其家电产品的精细化水平、消费者的苛刻和挑剔以及当地人对国产品牌的保护意识，令欧美的西门子、惠而浦等众多名牌家电在日本市场打拼 10 多年，也未做出令人满意的成绩。

认识到市场是千变万化的，顾客的需求也各有差异，海尔集团凭着"创造市场"的信念，对日本市场进行了深入的市场调查。经过仔细地研究后发现，在日本，单身族占了相当大的比例，大约有 1300 万人，单身女性等单身族用户拥有的洗衣机容量一般为 4~6 千克，但这么大的容量往往得不到充分利用。市场调查后，海尔用了半年时间成功开发出 2.3 千克容量洗衣机——个人洗衣机，并于 2002 年 11 月 1 日推向日本市场。该产品通过减少容量以及将功能减少到必要的最低限度，从而使外形尺寸缩小到 43 厘米×42 厘米×70 厘米，质量也只有 16.5 千克，并且用水量和耗电量也比 4~6 千克的洗衣机更节省。除柔洗等基本功能以外，该机还配备了可以在 13 分钟内完成洗涤的快速模式，这对于单身族相当有吸引力。产品备有白色、粉红色、蓝色 3 种颜色，完全是按日本消费者的偏好设计的。"个人洗衣机"不仅深受日本单身消费者的青睐，而且成为很多普通家庭和医院的首选。

　　在"个人洗衣机"迅速走红日本的同时，海尔集团又通过大量的市场调查细分市场，迅速推出了专门为日本消费者设计的全自动洗衣机、专为中老年消费者设计的洗衣机，个性化的设计及满足当地化洗衣需求的差异化性能特征受到了挑剔的日本消费者的青睐，各系列海尔洗衣机在日本市场上全面开花。2004 年 3 月 5 日，据世界著名的 GFK 市场调查公司最新调查结果显示：海尔 HSW-50S2 波轮洗衣机在日本市场上单型号销量已连续 5 个月高居日本国外洗衣机品牌销量第一名，并成为了日本家电市场销量上升最快的国外洗衣机新品。

　　海尔成功打开日本洗衣机市场的关键原因是，海尔集团通过深入的市场调查和分析，将市场逐层细分，找到最佳切入点，然后层出不穷地创造出个性化、高科技产品以满足不同国家、不同层次、不同消费者的各种需求，从而赢得了品牌效益和庞大的顾客群。

(资料来源：闫国庆. 2007. 国际市场营销学. 北京：清华大学出版社.)

2.1　市场调查概述

2.1.1　市场调查的概念与特征

1. 市场调查的概念

　　市场调查，是指企业为某一特定的市场问题，运用科学的方法，系统地搜集、整理和分析有关市场的信息资料，对市场现状进行反映和描述，以认识市场发展变化规律的过程。

2. 市场调查的特征

　　市场调查具有以下特征：

　　1）市场调查是一种有目的、有意识地认识市场的活动。市场调查是企业为解决特定的市场问题，如某产品销售量大幅度下降、新产品上市的定价问题等，为企业的营销策划和营销决策提供信息资料而开展的活动。

　　2）市场调查是一个系统的过程。市场调查不是单个资料的记录、整理或分析的活动，而是一个周密策划、精心组织、科学实施，由一系列工作环节、步骤、活动组成的过程，它包括对信息的搜集、判断、整理、分析、研究等过程。

　　3）市场调查具有较强的专业性。首先，市场调查需要借助一套科学的方法，包括观察调查法、访问调查法、实验调查法等；其次，市场调查还需要应用统计学、社会学、心理学和计算机科学等方面的知识。

2.1.2 市场调查的类型

市场调查分为以下 4 种类型。

1. 探索性调查

探索性调查，是指当研究的市场问题或范围不明确，为了发现问题，了解市场情况而做的试探性调查。探索性调查主要用来发现问题，通过对搜集到的信息资料进行分析，找出营销问题的症结所在。

2. 描述性调查

描述性调查，是指对所研究的市场现象的客观实际情况如实地加以描述和反映的市场调查。描述性调查主要用来描述客观情况，通过调查，如实地记录并描述诸如某种产品的市场潜力、顾客态度和偏好等方面的信息。

3. 因果性调查

因果性调查，是指为了研究市场现象与影响因素之间客观存在的联系而进行的市场调查。因果性调查主要用来找出变量之间的因果关系，如产品价格与销售量、广告费用支出与销售量之间的关系等。

4. 预测性调查

预测性调查，是指对未来可能出现的市场变动趋势进行预测所开展的市场调查。预测性调查用来在描述性调查和因果性调查的基础上，对市场的潜在需求进行估计和测算。

2.1.3 市场调查的内容

市场调查的内容如下：

1. 消费者信息调查

消费者信息调查的内容包括：①消费者个人特征信息，如性别、年龄、文化程度、职业、收入等；②消费者需求状况信息，如价格定位、购买行为（购买能力、购买习惯、支付方式、送货方式等）、服务需要（服务要求、服务方式、服务内容等）、需求量（现实需求量、潜在需求量）等。

2. 产品或服务信息调查

产品或服务信息调查的内容包括产品或服务的供求状况、市场占有率、产品销售趋势、现有产品或服务的满意度与不足之处、客户对产品或服务需求的新变化等。

3. 目标市场调查

目标市场信息的调查，通常表现为对购买力、市场容量、变化趋势方面的调查，包括有产品或服务的市场容量、供求状况、企业开拓市场的能力、企业发展市场中存在的问题（资金、渠道、产品更新等方面）、竞争格局、竞争激烈程度等。

4. 竞争对手信息调查

竞争对手信息调查主要调查企业的主要竞争对手及潜在竞争对手的数量与实力，内容包括主要的竞争对手、竞争对手的市场份额、实力、竞争策略、营销战略的定位和手段、发展潜力等。

5. 营销环境信息调查

营销环境信息调查主要调查企业所面对的营销环境情况，内容包括：①宏观环境信息的调查，如政治法律环境、经济环境、自然环境、人口环境、科技环境、文化环境等环境信息；②微观环境信息的调查，如合作者、供应商、营销中介、社区公众等方面的信息。

6. 广告效果调查

广告效果调查，是指为了获取广告对接受者的影响而做的调查，主要调查广告的销售效果（广告发布之后，商品销售量的变化情况）和广告本身的效果（广告被社会公众关注的程度）。

2.1.4　市场调查的方法

市场调查的方法如下：

1. 间接调查法

间接调查法，也称文案调查法、二手资料调查法，是指企业调查人员从企业内部或外部的各种文献、档案资料中收集有关历史和现实的市场经济活动资料，并对其进行分析研究的调查方法。

（1）间接调查法资料来源

间接调查法是进行市场调查的首选方法。间接调查法取得资料的途径包括外部资料来源和内部资料来源。

1）外部资料，是指企业之外的机构、团体、媒介等所提供的资料，包括国家统计资料、行业协会信息资料、公开出版的图书资料，以及从大众传播媒体、各种信息机构、计算机信息网络、国际组织等处获取的资料。

2）内部资料，是指企业内部各部门收集、保存的各种经营活动资料，主要包括企业职能部门的资料（如会计、统计、计划部门的统计数字、报表、原始凭证、会计账目等）、企业经营机构的资料（如进货统计、销售报告、库存记录、合同文书、客户订货单、消费者反馈意见等）、企业的各种会议记录和以往的市场调查报告等。

（2）间接调查的具体方法

间接调查法具体包括查找法、索取法、收听法、咨询法等。

1）查找法，是指企业的调查人员利用检索工具逐个查找文献资料的方法。例如，利用搜索引擎在网络上搜索资料。

2）索取法，是指企业的调查人员向有关机构直接索取所需的市场资料的方法。

3）收听法，是指企业的调查人员通过收听广播及新兴的多媒体传播系统而收集各种有用的信息资料的方法。

4）咨询法，是指企业的调查人员向有关情报或信息咨询中心进行咨询而获得资料的方法。

2．直接调查法

直接调查法，也称实地调查法、一手资料调查法，是指由企业的市场调查人员亲自搜集第一手资料，经过整理、分析而得出调查结论的调查方法。

（1）直接调查法资料来源

直接调查法取得资料的途径如下：

1）直接参与各种展览会、展销会、交易会，取得各种有关企业介绍、产品介绍、产品目录等方面的信息资料。

2）实地进行考察，身临其境，感受市场气氛，观察市场动态，寻找现实的、潜在的客户。

3）与经销商直接谈判，了解对方对经销产品的迫切感、需求量等信息。

4）直接购买竞争对手的产品，进行外形、特色、性能等方面的分析与实验，掌握产品的变化趋势，从而指导开发本企业的新产品。

（2）直接调查的具体方法

直接调查法具体包括访问调查法、观察调查法、实验调查法等。

1）访问调查法，指调查人员采用访谈询问的方式，向被调查者了解市场实际情况，搜集有关资料，从而获得有关市场信息资料的调查方法。它是市场调查中最基本的、最常用的调查方法，具体包括面谈调查、邮寄调查、电话调查、留置调查、网络调查等方法。

① 面谈调查，指企业调查人员通过与被调查者面对面的访谈而获得资料的方法。

② 邮寄调查，指调查人员将设计好的调查问卷通过邮局寄给被调查者，由被调查者填好后在规定的时间内寄回的调查方法。

③ 电话调查，指调查人员通过电话向被调查者了解有关情况的一种调查方法。

④ 留置调查，指调查人员将调查问卷当面交给被调查者，说明调查意图和要求，由被调查者自行填写，再由调查人员按约定日期收回的一种调查方法。

⑤ 网络调查，指调查人员利用计算机网络系统，将调查问卷通过电子邮件发给被调查者或发到网上，由被调查者填写后发回或提交的一种调查方法。

2）观察调查法，指调查人员通过观察，记录被调查者的言行及市场现象等，从而获得有关信息资料的调查方法。观察调查法具体包括直接观察与间接观察、公开观察与非公开观察、人工观察与仪器观察、横向观察与纵向观察等。

① 直接观察，是指调查人员直接介入调查的情境之中进行观察。

② 间接观察，是指调查人员不直接介入所调查的情境，通过观察与调查对象直接关联的事物来推断调查对象的情况。

③ 公开观察，是指在被调查者知道调查人员身份的情况下进行的调查。

④ 非公开观察，是指调查人员在调查过程中不暴露自己身份，而进行的市场调查。

⑤ 人工观察，是指调查人员直接到观察现场记录有关内容，根据实际情况对观察到的现象做出合理推断的调查方法。

⑥ 仪器观察，是指利用仪器，如录音机、摄像机等进行观察的调查方法。

⑦ 横向观察，是指在同一时期对若干个调查对象同时进行观察，以取得横向对比的静态资料的调查方法。

⑧ 纵向观察，是指在不同时期对调查对象进行连续观察，以取得该调查对象在连续多个时期的动态资料的调查方法。

案例 2-1

肯德基公司对子公司的调查

美国肯德基公司的子公司多达 9000 多个，遍布全球 60 多个国家。然而，肯德基公司身居万里之外的美国，怎么了解它的子公司的经营状况呢？一次上海肯德基公司收到 3 份美国肯德基公司寄来的鉴定书，对他们外滩快餐厅的工作质量分 3 次进行鉴定评分，分别是 83、85、88 分。上海肯德基公司中外方经理都为之瞠目结舌，这 3 个分数是怎么评定的？原来，美国肯德基公司雇佣、培训了一批人，让他们佯装顾客，秘密潜入店内进行检查评分。这些神秘顾客来无影、去无踪，而且没有时间规律，这使得各快餐厅的经理、雇员时时感到某种压力，丝毫不敢大意。

（资料来源：王枝茂. 2002. 市场调查与预测. 北京：中国财政经济出版社.）

3）实验调查法，指通过实验对比来取得市场情况第一手资料的调查方法。实验调查法具体包括实验室实验调查和现场实验调查两种类型。

① 实验室实验调查，是指在人为设计的环境中进行的实验调查。例如，在某种特别设计的模拟商场里，请一些顾客在观看了企业产品广告以后购买商品，以调查其购买行为。

② 现场实验调查，是指在自然状况下进行的实验调查。例如，在几家商场以不同的价格销售同一种商品，以检验是否有必要改变商品的价格。

实验调查法是搜集因果关系方面信息较适当的方法之一，它主要通过改变影响调查对象的某些因素，而保持其他因素不变，以此来衡量因素改变对调查对象的影响效果。例如，研究包装对产品销售量的影响，在其他因素不变的情况下，产品包装改变前后销售量的变化就可看作该包装改变的效果。

实验调查法的具体应用形式包括试用、试销、展览销售等。一般来说，改变商品品质、商品包装、调整商品价格、推出新产品、变动广告形式与内容、变动商品陈列等情况，都可以采用实验调查法来调查其效果。

案例 2-2

日本三叶咖啡的实地调查

日本三叶咖啡馆为了扩大销售，曾做过这样一个实验：用红色、咖啡色、黄色和青色 4 种不同颜色的杯子分别装入浓度相同的等量咖啡，请消费者品尝。结果有90%以上的消费者认为红色杯子里的咖啡太浓，咖啡色杯子里的咖啡较浓，黄色杯子里的咖啡适中，青色杯子里的咖啡太淡。据此，该店老板决定用红色杯子来盛咖啡，结果咖啡馆的生意红火。

（资料来源：孙天福. 2006. 市场营销基础. 上海：华东师范大学出版社.）

2.2 市场调查设计

2.2.1 市场调查的步骤

市场调查一般由 4 个主要步骤组成：确定市场调查任务、制订市场调查计划、执行市场调查计划、撰写市场调查报告。

1. 确定市场调查任务

确定市场调查任务，就是确定产品营销过程中存在的问题及市场调查所要达到的目标。企业营销过程中存在的问题可归纳为 3 种：

1）现实问题：企业营销业务正出现的问题。对于正发生的营销问题，企业必须及时调查、分析原因，采取措施予以解决。

2）潜在问题：企业营销业务发展中可能会出现的问题。对于可能会发生的营销问题，企业应进一步密切观察其发展变化，并制订相应措施，以防其出现不良影响。

3）发展问题：企业规划新的营销行动而存在的发展方向和目标方面的问题。对于营销的发展问题，企业必须在充分调查、研究的基础上，进行战略发展规划，以保证营销决策的正确性。

2. 制订市场调查计划

市场调查计划，也称市场调查方案，是指企业对某项市场调查所做的具体设计，其制订是对调查工作各个方面和全部过程的全面考虑和安排。它包括调查目的任务、调查对象、调查方法、调查日程、调查预算等内容。

3. 执行市场调查计划

（1）组织调查队伍

一般由本单位自己组织人员进行市场调查。在条件许可的情况下，企业可委托专门的调查机构进行调查。

（2）设计调查问卷

调查问卷是市场调查工作的一项重要工具，其设计的好坏直接影响调查的效果。设计的调查问卷既要具有科学性，又要具有艺术性。

（3）开展实地调查

实地调查要求调查人员按照调查计划规定的时间、地点、方法、内容进行具体的调查，收集有关的资料。在调查中，不仅要注意收集二手资料，而且要注意收集一手资料，以保证调查质量。

4．撰写市场调查报告

（1）整理调查资料

调查人员运用科学方法，对调查所得资料进行审核、分类和分析，使之系统化、条理化，并以简明的方式准确地反映所调查问题的真实情况。

（2）撰写调查报告

市场调查报告是市场调查研究成果的集中体现。要求调查人员根据调查目的和任务，利用收集到的调查资料，经过分析研究，做出判断性结论，提出建设性的措施和意见。

2.2.2　市场调查计划的内容

市场调查计划的内容一般包括调查研究背景、调查目的、调查对象、调查方法、调查人员、调查日程、调查经费预算、调查质量控制措施等内容。

1．调查研究背景

市场调查是为市场决策服务的，它旨在通过资料的搜集，探求市场发展的规律。因此，研究市场问题，确定调查项目时要充分考虑一些背景因素，如政治环境、经济环境、文化环境、科技环境等。

2．调查目的

调查目的，就是企业市场调查所要达到的具体目标。确定调查目的，就是明确在调查中要解决哪些问题，通过调查要取得哪些资料。在实践中，调查目的的提炼可围绕以下 3 个方面进行：①为什么要进行调查；②通过调查想要获得什么样的资料；③利用已获得的资料想要做什么。

案例 2-3

倍轻松公司广告效果调查目的设计

倍轻松公司是一家中小型保健品企业，公司主打产品倍轻松口服液的重点销售区域为华南和华东地区市场，销售对象主要是中老年消费者。2014 年以前公司很少做广告宣传，但 2015 年公司年度广告投入成本达 800 万元，主要投放形式为电视广告、各零售点的 POP 广告、印刷品广告以及少量的灯箱广告等。为了有针对性地开展 2016 年度的产品宣传推介工作，促进产品品牌形象的传播和产品销售量的进一步提高，以便在竞争激烈的保健品市场中立于不败之地，公司拟开展一次广告效果的调查，以供决策层参考。

倍轻松公司广告效果调查目标可以设计为：

1）分析现有的各种广告媒介的宣传效果；

2）了解现行广告作品的知晓度和顾客认同度；

3）了解重点销售区域——华南和华东地区市场的消费特征和消费习惯。

3. 调查对象

调查对象，是指根据调查目的确定调查的范围以及所要调查的总体。调查单位，是指根据抽样设计在研究对象中抽出的承担调查内容的个别单位。例如，对某学校学生的日常消费行为进行调查，该学校的所有学生构成本次调查的对象；而具体选中进行调查的学生，则为调查单位。

4. 调查方法

市场调查计划需要规定采用什么样的调查方法取得调查资料。一般来说，二手资料的取得，可以采取文案调查法。一手资料的取得，可以采取实地问卷调查方法。

5. 调查人员

确定调查人员，主要是确定参加市场调查人员的条件和人数，包括对调查人员的必要培训。调查人员的素质要求包括：

1）敬业：忠于工作，认真踏实，不歪曲问题。
2）耐心：不会因为重复、机械性工作而烦恼。
3）开朗：善于与人交往并愿意与人讨论各种问题。
4）积极：努力完成规定的访问任务，并不为困难所折服。
5）细心：在工作中尽量避免差错，认真记录问题答案。

6. 调查日程

调查日程，就是各个时期具体调查工作的安排。调查日程安排表格式见表 2-1。

表 2-1　调查日程安排表格式

时间	事项	责任人
7 月 1 日至 7 月 12 日	讨论确定研究目标方法	
7 月 13 日至 7 月 31 日	查阅二手资料	
	形成问卷初稿	
	决定样本构成	
	选择样本	
	选择问卷的试答样本	
8 月 1 日	与委托人讨论问卷初稿	
8 月 2 日至 8 月 5 日	修改问卷	
8 月 6 日至 8 月 9 日	试答问卷，完成样本选择	
8 月 10 日	确定最后问卷	
8 月 11 日	提交倡议书	
8 月 12 日	寄出问卷	
8 月 13 日至 8 月 31 日	回收问卷	
9 月 1 日至 9 月 15 日	整理回收问卷	
9 月 16 日至 9 月 22 日	分析结果	
9 月 23 日至 9 月 29 日	准备报告	
9 月 30 日	提交市场调查报告	

7. 调查经费预算

市场调查活动的开展需要耗费一定的人力、物力和财力，因此，在制订市场调查计划时，必须编制调查经费预算，合理估计市场调查的各项开支。调查经费预算，是对市场调查活动各种可能发生的费用项目和金额做出估计和测算，并用数字形式将它表达出来的费用开支计划。

调查费用一般包括调查人员的工资、交通食宿费、通信费、调查礼品费、调查问卷印刷费、资料处理费等。在进行调查经费预算时，要将可能需要的费用尽可能地考虑周到，以免将来出现一些不必要的麻烦而影响调查的进度。

调查费用的多少，受调查规模的大小、内容的多少和时间的长短等的影响，在预算费用时，要本着实事求是、互利互惠的原则，确定经费的多少。编制经费预算的一般原则是：在有限的调查经费条件下，力求取得较好的调查效果；或是在保证调查目标实现的条件下，力求使调查经费支出最少。

8. 调查质量控制措施

调查质量控制措施如下：

1）抽查某一调查区域的抽样调查情况。

2）询问受访者，了解调查员的调查情况。

3）检验调查结束的问卷是否完整，有无遗漏，可否补救。

4）定期定时开碰头会，了解调查过程中遇到的问题，讨论解决方法。

5）了解调查进度和进行情况，并予以指导。

2.2.3　市场调查问卷设计

调查问卷，也称市场调查表，是企业市场调查人员在向调查对象做访问调查时用以记录调查对象的态度和意愿的书面形式。调查问卷设计，是指企业调查设计人员根据调查目的和要求，将所需调查的问题具体化，使调查人员能顺利获取调查信息资料的一种手段。

1. 调查问卷的构成与设计要求

（1）调查问卷的构成

1）问卷开头：主要用于介绍调查的目的、意义、填答说明、问候语等，一般作为问卷的开头部分。

2）问卷正文：调查问卷的主体部分，是调查者所要了解调查的具体内容部分，包括所要调查的问题和答案。

3）问卷结尾：主要用于记录被调查者的意见、感受或记录调查情况，也可以是感谢语以及其他补充说明。

（2）调查问卷的设计要求

1）紧扣主题，重点突出。

2）结构合理，排列有序。

3）简明通俗，易懂易答。

4）长度适宜，内容紧凑。

5）编码规范，便于统计。

2. 提问项目的设计

（1）提问项目设计的方法

1）开放式提问：问卷所提的问题事先没有确定的答案，被调查者可以自由回答问题，不受任何限制的提问。该类提问能真实地了解被调查者的态度和情况，但答案很难归纳统计，一般只能有一、两个。

2）封闭式提问：问卷内的题目，调查者事先给定了答案或范围，被调查者只能选择其中一项或几项的提问，包括是非题、单项选择题、多项选择题、排序题、事实性问题等。

（2）提问项目设计的要求

1）语言要通俗，避免专业术语。

2）表达要具体，避免抽象笼统。

3）表述要客观，避免诱导倾向。

4）用词要准确，避免含糊不清。

5）用语要委婉，避免敏感问题。

（3）提问项目设计的顺序

1）问题的安排应具有逻辑性。

2）问题的安排应先易后难。

3）能引起被调查者兴趣的问题放在前面。

4）开放性问题放在后面。

案例2-4

东方油气客户满意度调查表

2.2.4 市场调查范围确定

调查范围，也称调查空间，是指企业开展市场调查的区域范围，即调查在什么地区进行，在多大范围内进行。市场调查范围确定可选择的方式包括全面调查、重点调查、典型调查和抽样调查等。

1. 全面调查

全面调查，也称普查，是指对调查对象中的每一个个体都进行调查的调查方式。全面调查是一种一次性调查，是为把握某一时点上、一定范围内调查对象的基本情况而开展的调查。通过全面调查，企业可以了解市场的一些至关重要的基本情况，对市场状况做出全面、准确的描述，从而为制订市场策略、计划提供可靠的依据。

2. 重点调查

重点调查，是指对调查对象中具有举足轻重地位的调查单位进行调查的调查方式。所谓重点单位，是指其单位数在总体中占的比例不大，而其某一数量标志值在总体总量中占的比例却比较大的单位。通过对这些重点单位的调查，企业可以了解总体某一数量特征的基本情况。

3. 典型调查

典型调查，是指对调查对象中具有代表性或典型性的调查单位进行调查的调查方式。只要所选择的单位具有较充分的代表性，运用这种方式进行市场调查所得到的结果，应能反映市场变化的一般规律和基本趋势。

4. 抽样调查

抽样调查，是指从调查对象中抽取一定数量的调查单位进行调查，依据抽样的结果推断总体特征的调查方式。抽样调查是一种被广泛使用的有效的调查方式，它克服了重点调查与典型调查方式的主观随意性和样本代表性不强的弱点，又克服了全面调查组织困难与费用高的不足，是一种比较科学和客观的调查方式。

2.2.5　市场调查报告写作

1. 市场调查报告的概念

市场调查报告，是指对市场调查的问题和数据进行分析研究而形成的一种反映市场调查活动的现状，对企业市场营销未来发展提出相关建设性建议的报告。

市场调查报告是市场调查研究成果的集中体现，其撰写的好坏将直接影响到整个市场调查研究工作的成果质量。一份好的市场调查报告，能给企业的市场经营活动提供有效的导向作用，能为企业的决策提供客观依据。

2. 市场调查报告的构成

从严格意义上说，市场调查报告没有固定不变的格式。不同的市场调查报告写作，主要依据调查的目的、内容、结果以及主要用途来决定。但一般来说，各种市场调查报告在结构上都包括标题、导言、主体和结尾几个部分。

（1）标题

市场调查报告的标题，即市场调查的题目。标题必须准确揭示调查报告的主题思想。标题要简单明了、高度概括、题文相符。例如,《××市居民住宅消费需求调查报告》《关于化妆品市场调查报告》《××产品滞销的调查报告》等,这些标题都很简明,能吸引人。

（2）导言

导言,是市场调查报告的开头部分,一般说明市场调查的目的和意义,介绍市场调查工作的基本概况,包括市场调查的时间、地点、内容和对象以及采用的调查方法、方式。这是比较常见的写法。也有的在调查报告的导言中,先写调查的结论是什么,或直接提出问题等,这种写法能增强读者阅读报告的兴趣。

（3）主体

主体部分是市场调查报告中的主要内容,是表现调查报告主题的重要部分。这一部分的写作直接决定调查报告的质量高低和作用大小。主体部分要客观、全面阐述市场调查所获得的材料、数据,用它们来说明有关问题,得出有关结论,对某些问题、现象要做深入分析、评论等。总之,主体部分要善于运用材料,以表现调查的主题。

（4）结尾

结尾主要是形成市场调查的基本结论,也就是对市场调查的结果做一个小结。有的调查报告还要提出对策措施,供有关决策者参考;有的调查报告还有附录,附录的内容一般是有关调查的统计图表、有关材料出处、参考文献等。

3. 市场调查报告写作要求

市场调查报告写作的一般程序是:确定标题,拟定写作提纲,取舍选择调查资料,撰写调查报告初稿,最后修改定稿。

市场调查报告写作的基本要求一般包括:

1）调查报告力求客观真实、实事求是。调查报告必须符合客观实际,引用的材料、数据必须是真实可靠的,要反对弄虚作假,或迎合上级的意图,挑他们喜欢的材料撰写,总之,要用事实来说话。

2）调查报告要做到调查资料和观点相统一。市场调查报告要以调查资料为依据,即调查报告中所有观点、结论都有大量的调查资料作为根据。在撰写过程中,要善于用资料说明观点,用观点概括资料,二者相互统一,切忌调查资料与观点相分离。

3）调查报告要突出市场调查的目的。撰写市场调查报告,必须目的明确,有的放矢,任何市场调查都是为了解决某一问题,或者为了说明某一问题。市场调查报告必须围绕市场调查的目的来进行论述。

4）调查报告的语言要简明、准确、易懂。调查报告是给他人看的,无论是厂长、经理,还是其他一般的读者,他们大多不喜欢冗长、乏味、呆板的语言,也不精通调查的专业术语,因此,撰写调查报告语言要力求简单、准确、通俗易懂。

案例 2-5

大学生消费现状的调查报告

EQ 寄语

古今中外凡在学术上有所建树者，都无一不具有良好的习惯。习惯有好习惯和坏习惯之分，好习惯是开启成功的钥匙，是我们事业上的得力助手，它时时刻刻跟随你、帮助你，给你希望、给你动力，成就你的光彩人生；坏习惯则是一扇向失败敞开的门，是我们事业的拆台者，它无声无息地拖累你、平庸你，让你的人生灰暗、事业成空。朋友们，积千累万，不如养成好习惯，从现在开始，从小事做起，让一个个好习惯伴随你开启成功的大门。

市场调查也是一样，需要调查人员具有经常细心地收集整理各种材料的好习惯，不能总是临时抱佛脚，为了调查而临时组织搜集、整理、分析材料，这样的调查结果也无法满足调查需求，达不到调查的目的。

能 力 训 练

一、知识训练

1. 判断题

1）市场调查，就是指企业搜集有关市场信息的过程。　　　　　　　　（　　）

2）一般来说，改变商品品质、商品包装、调整商品价格、推出新产品、变动广告形式与内容、变动商品陈列等情况，都可以采用实验调查法来调查其效果。（　　）

3）市场调查的首选方法是实地调查法。　　　　　　　　　　　　　　（　　）

4）在市场调查中，不仅要注意收集二手资料，更要注意收集一手资料，以保证市场调查质量。　　　　　　　　　　　　　　　　　　　　　　　　　　　（　　）

5）市场调查问卷设计要多采用专业术语，以提高问卷设计的水平。　　（　　）

6）市场调查报告，是指对市场调查的问题和数据进行分析研究而形成的一种反映市场调查活动的现状，对企业市场营销未来发展提出相关建设性建议的报告。（　　）

2. 选择题

1）对市场现象的客观实际情况如实地加以描述和反映的市场调查，是指（　　）。

    A. 探索性调查　　B. 描述性调查　　C. 因果性调查　　D. 预测性调查

2）属于直接调查法的是（　　）。

    A. 查找法　　　B. 访问法　　　C. 索取法　　　D. 收听法

3）对市场调查工作各个方面和全部过程进行通盘考虑和安排的调查设计，是指（　　）。

    A. 市场调查任务　　　　　　B. 市场调查问卷

    C. 市场调查计划　　　　　　D. 市场调查报告

4）从调查对象中抽取一定数量的调查单位进行调查，依据抽样的结果推断总体特征的调查方式，是指（　　）。

    A. 典型调查　　B. 重点调查　　C. 问卷调查　　D. 抽样调查

5）（　　）是市场调查研究成果的集中体现。

    A. 市场调查方案　　　　　　B. 市场调查报告

    C. 市场调查目标　　　　　　D. 调查日程安排

6）为把握某一时点上，一定范围内调查对象的基本情况而开展的调查，是指（　　）。

    A. 直接调查　　B. 间接调查　　C. 全面调查　　D. 网络调查

二、分析训练

1. 电脑下乡调查问卷的案例分析

电脑下乡调查问卷

1）您是否知道电脑加入"家电下乡"？

    A. 知道　　　　B. 不知道

2）您打算何时购买下乡电脑？

    A. 今年购买　　　　　　　　B. 明年购买

    C. 没有计划　　　　　　　　D. 已经购买电脑

3）您预计下乡电脑的价格是多少？

    A. 2000元以内　　B. 2000~3000元　　C. 3000~4000元　　D. 4000元以上

4）您以前用过电脑吗？

    A. 用过　　　　B. 没用过　　　C. 偶尔接触过

5）您购买下乡电脑的原因是什么？

    A. 子女学习　　　　　　　　B. 了解农业信息及其他

    C. 娱乐消遣　　　　　　　　D. 看新闻

6）关于电脑下乡，您最担心什么问题？

    A. 补贴不到位　　　B. 质量不过关　　　C. 维修困难　　　　　D. 买后用不上

7）您所在乡镇有无电脑售后服务网点？

    A. 有　　　　　　　B. 没有

8）按您认为的知名度进行排名，前 3 位是哪几个品牌？

    A. 联想　　　　　　B. 戴尔　　　　　　C. 海尔　　　　　　D. 方正

    E. 神舟　　　　　　F. 宏基　　　　　　G. 惠普　　　　　　H. 浪潮

    R. 同方　　　　　　J. 满疆　　　　　　K. 万利达

    L. 西计三山天骄　　M. 长城　　　　　　N. TCL

9）您购买电脑的标准是什么？

    A. 价格便宜　　　　B. 操作简单　　　　C. 品牌知名度高　　D. 能玩游戏

10）您所在的乡镇是否有宽带网络？

    A. 有　　　　　　　B. 没有

11）如果有网络，一个月大概需要的网费是多少？

    A. 10~100 元　　　B. 100~200 元　　　C. 200 元以上

12）您家现在拥有几台电脑？

    A. 1 台　　　　　　B. 2 台　　　　　　C. 没有

分析：

1）该市场调查问卷主要调查了哪些方面的内容？

2）该份调查问卷从问卷构成角度分析是否存在不足之处？

2. 居民家庭饮食消费状况调查报告的案例分析

××市居民家庭饮食消费状况调查报告

为了深入了解本市居民家庭在酒类市场及餐饮类市场的消费情况，特进行此次调查。调查由本市某大学承担，调查时间是 2001 年 7 月至 8 月，调查方式为问卷式访问调查，本次调查选取的样本总数是 2000 户。各项调查工作结束后，该大学将调查内容予以总结，其调查报告如下：

一、调查对象的基本情况

1）样品类属情况。在有效样本户中，工人占总数比例 18.2%，农民占总数比例 7.4%，教师占总数比例 11.4%，机关干部占总数比例 10.8%，个体户占总数比例 12.5%，经理占总数比例 8.52%，科研人员占总数比例 2.84%，待业户占总数比例 5.1%，医生占总数比例 1.14%，其他人占总数比例 22.1%。

2）家庭收入情况。本次调查结果显示，从本市总的消费水平来看，相当一部分居民还达不到小康水平，大部分的人均收入在 1000 元左右，样本中只有约 2.3% 的消费者收入在 2000 元以上，因此，可以初步得出结论，本市总的消费水平较低，商家在定价的时候要特别慎重。

二、调查分析部分

1. 酒类产品的消费情况

（1）白酒比红酒消费量大

分析其原因，一是白酒除了顾客自己消费以外，用于送礼的较多，而红酒主要用于自己消费；二是商家做广告也多数是白酒的广告，红酒的广告很少，这直接导致白酒的市场大于红酒的市场。

（2）白酒消费多元化

1）从买白酒的用途来看，约52.84%的消费者用来自己消费，约27.84%的消费者用来送礼，其余的是随机性很大的消费者。

买酒用于自己消费的消费者，其价格大部分在20元以下，其中10元以下的约占26.7%，10～20元的占22.73%。从品牌上来说，稻花香、洋河、汤沟酒相对好，尤其是汤沟酒，约占18.75%，这也许跟消费者的地方情结有关。从红酒的消费情况来看，大部分价格也多集中在10～20元，其中，10元以下的占10.23%，价格档次越高，购买力相对越低；从品牌上来说，以花果山、张裕、山楂酒为主。

送礼者所购买的白酒其价格大部分为80～150元（约28.4%），约有15.34%的消费者选择150元以上。这样，生产厂商的定价和包装策略就有了依据，定价要合理，又要有好的包装，才能增大销售量。从品牌的选择来看，约有21.59%的消费者选择五粮液，10.795%的消费者选择茅台；另外对红酒的调查显示，约有10.2%的消费者选择40～80元的价位，选择80元以上的约5.11%。总之，从以上的消费情况来看，消费者的消费水平基本上决定了酒类市场的规模。

2）购买因素比较鲜明。调查资料显示，消费者关注的因素依次为价格、品牌、质量、包装、广告、酒精度，这样就可以得出结论，生产厂商的合理定价是十分重要的，创名牌、求质量、巧包装、做好广告也很重要。

3）顾客忠诚度调查表明，经常换品牌的消费者占样本总数的32.95%，偶尔换的占43.75%，对新品牌的酒持喜欢态度的占样本总数的32.39%，持无所谓态度的占52.27%，明确表示不喜欢的占3.4%。可以看出，一旦某个品牌在消费者心目中形成，是很难改变的，因此，厂商应在树立企业形象、争创名牌上狠下功夫，这对企业的发展十分重要。

4）动因分析。主要在于消费者自己的选择，其次是广告宣传，然后是亲友介绍，最后才是营业员推荐。不难发现，怎样吸引消费者的注意力，对于企业来说是关键，怎样做好广告宣传，消费者的口碑如何建立，将直接影响酒类市场的规模。对于商家来说，营业员的素质也应重视，因为其对酒类产品的销售有着一定的影响作用。

2. 饮食类产品的消费情况

本次调查主要针对一些饮食消费场所和消费者比较喜欢的饮食进行，调查表明，消费有以下几个重要特点：

1）消费者认为最好的酒店不是最佳选择，而最常去的酒店往往又不是最好的酒店，消费者最常去的酒店大部分是中档的，这与本市居民的消费水平是相适应的，现将几个主要酒店比较如下：

泰福大酒店是大家最看好的，约有31.82%的消费者选择它，其次是望海楼和明珠大酒店，都是 10.23%，然后是锦花宾馆。调查中我们发现，云天宾馆虽然是比较好的，但由于这个宾馆的特殊性，只有举办大型会议时使用，或者是贵宾、政府政要才可以进入，所以调查中作为普通消费者的调查对象很少会选择云天宾馆。

2）消费者大多在自己工作或住所的周围选择酒店，有一定的区域性。虽然在酒店的选择上有很大的随机性，但也并非绝对如此，例如，长城酒楼、淮扬酒楼也有一定的远距离消费者惠顾。

3）消费者追求时尚消费，如对手抓龙虾、糖醋排骨、糖醋里脊、宫保鸡丁的消费比较多，特别是手抓龙虾，在调查样本总数中约占 26.14%，以绝对优势占领餐饮类市场。

4）近年来，海鲜与火锅成为市民饮食市场的两个亮点，市场潜力很大，目前的消费量也很大。调查显示，表示喜欢海鲜的占样本总数的 60.8%，喜欢火锅的约占 51.14%，在对季节的调查中，喜欢在夏季吃火锅的约有 81.83%，在冬天的约为 36.93%，火锅不但在冬季有很大的市场，在夏季也有较大的市场潜力。目前，本市的火锅店和海鲜馆遍布街头，形成居民消费的一大景观和特色。

三、结论和建议

1．结论

1）本市的居民消费水平还不算太高，属于中等消费水平，平均收入在 1000 元左右，相当一部分居民还没有达到小康水平。

2）居民在酒类产品消费上主要用于自己消费，并且以白酒居多，红酒比较少；用于个人消费的酒品，无论是白酒还是红酒，其品牌以家乡酒为主。

3）消费者在买酒时多注重酒的价格、质量、包装和宣传，也有相当一部分消费者持无所谓的态度，对新牌子的酒认知度较高。

4）对酒店的消费，主要集中在中档消费水平上，火锅和海鲜的消费潜力较大，并且已经有相当大的消费市场。

2．建议

1）商家在组织货品时要根据市场的变化制订相应的营销策略。

2）对于消费者较多选择本地酒的情况，政府和商家应采取积极措施引导消费者的消费，实现城市消费的良性循环。

3）由于海鲜和火锅消费的增长，导致城市化管理的混乱，政府应加强管理力度，对市场进行科学引导，促进城市文明建设。

分析：

1）该市场调查报告主要包括哪些构成部分？

2）一份好的市场调查报告一般应包括哪些基本要求？

三、技能训练——市场调查问卷搜索技能训练

1．训练目的

1）能搜索到一张完整的市场调查问卷。

2）能清晰表达出该市场调查问卷的内容。

3）能总结归纳出该市场调查问卷的特色或特点。

4）能简要说出选择该市场调查问卷的理由。

2. 训练指导

1）布置任务：将教学班学生按每 6～8 人的标准划分成若干个任务小组，每个小组成员搜寻一份市场调查问卷。

2）搜索选择：各小组成员总结归纳自己搜寻到的市场调查问卷的特点（该问卷的提问是否符合要求），列明选择该市场调查问卷的理由，之后形成市场调查问卷搜索技能训练报告。

3）课堂陈述：各个任务小组成员上交市场调查问卷搜索技能训练报告，由指导教师从每组中选择一份具有代表性的市场调查问卷搜索技能训练报告，并邀请其作者代表小组上台陈述。

4）评价效果：各个小组代表陈述后，指导教师点评该次市场调查问卷搜索技能训练的情况，并由全班学生不记名投票，评选出该次搜索技能训练的获奖小组，给予表扬与奖励。

第 3 章
市场营销环境

1. 知识目标

1）能理解和列举市场营销环境的内容。
2）能列出和掌握 SWOT 分析的内容和应用。
3）能熟记和列举市场营销职业道德。
4）能熟记和应用马斯洛需要层次理论。
5）能列举影响消费者购买行为的因素。
6）能理解和掌握消费者购买行为的分析方法。

2. 技能目标

1）能综合运用本章知识剖析现实案例。
2）能顺利完成 SWOT 分析表搜索技能训练。

3. 素质目标

责任心是成就事业的可靠途径，凡事都必须尽心尽力、尽责而为。

重点难点

1）市场营销环境的构成。
2）SWOT 分析的内容。
3）市场营销职业道德。
4）消费者购买行为分析。

EQ 故事

生命的最后一分钟

在大连市，许多市民记住了这样一个名字："黄志全。"他并不是什么名震中外的大人物，而只是一名普通的司机。人们之所以能够记住他，是因为他在生命的最后一分钟里所做的事情。

某天，大连市公汽联营公司 702 路 422 号双层巴士司机黄志全在行车途中心脏病发作了，在生命结束前的一分钟，他做了如下 3 件事：

第一件事，他把车缓缓地开到路边，停下，然后用尽生命的最后力气拉下了手动刹车闸；

第二件事，他把车门打开，让乘客可以安全下车；

第三件事，他将发动机熄火，确保了车辆和乘客的安全。

做完了这 3 件事以后，黄志全的头垂下了，他趴在方向盘上，永远地停止了呼吸。这件事在当地传开之后，所有听到的人无不震惊，无不感动。

这名平凡而伟大的司机，用他临终时的行为，为人们解释了什么叫做"尽职尽责"。在生命即将结束的时刻，他在意的不是自己正在忍受的痛苦，不是死神降临的恐惧，而是作为一名司机应该顾虑的满车乘客的安危。所以，他用惊人的毅力支撑着自己完成了最后的使命，然后才安然地闭上了眼睛。

EQ 点评　即使身处平凡的岗位，从未想过要成为什么名人、英雄，我们也应该将敬业、负责的态度坚持到底，这不仅是最基本的职业道德，更是我们身为社会一员的基本责任。作为营销人员，我们同样要做到负责和敬业，要具有高度的自觉性和承担责任的勇气。

案例导引

坚果手机的推出，意味着锤子高端战略的失败

2015 年 8 月 25 日，锤子科技公司在上海发布新品牌坚果手机，宣布这款售价 899/999 元的手机主要面向大学生和年轻人群体。对于坚果手机的推出，IT 评论人孙永杰在接受《中国经营报》记者采访时表示："一方面，锤子科技公司在手机定位上的转变佐证了手机产业的发展趋势，即处于两头的高端手机和低端手机受到广大消费者的青睐；另一方面，锤子科技公司推出一个新的坚果品牌，就是间接承认了其在高端市场上的失败。"

锤子科技公司自 2012 年成立以来做过两款手机，一款是 2014 年 5 月 20 日发布的锤子 T1，另一款就是坚果手机。据了解，从锤子科技公司做的第一款手机锤子 T1 开始，到坚果手机发布会当天，在这将近 1 年 3 个月的产品周期里，锤子 T1 的出货量为 255626 部，均价为 2600 元/部（最初定价 3000 元/部），锤子 T1 出货量与此前罗永浩（锤子科技创始人）希望在其 12 个月的生命周期里达到 50 万部的销量相

比，相当于腰斩。

　　锤子手机的挫败，从战略层面上来看，是其核心能力与产品定位之间的脱节，产品本身不足以支撑中高端的定价。锤子 T1 定位为中高端智能手机，最初瞄准的是 3000 元以上的细分市场，这意味着它避开了国产手机扎堆的中低端市场，直接杀入了三星、苹果等国际一线手机厂商的地盘。在 3000 元这一档位，三星、苹果部署了大量迭代产品。这些产品已经赚取了利润，也经受了市场竞争的充分考验，大规模产量使得它们的品质和价格趋于稳定，品牌溢价中的水分被挤出，对于消费者而言，属于"高性价比"产品。

　　锤子科技公司的定位决定了它接下来面对的竞争格局——不得不拿自己的当家产品，与国际大品牌的迭代产品正面交锋。这也意味着用自己的"上等马"，来和对方的"中等马"对决，这已经把自己置于不利的竞争地位。更何况，锤子只有一匹马，且这匹马的成色还有待于市场的检验。

　　而在产品层面，锤子 T1 瞄准市场上的现有产品所进行的针对性改进或创新，是值得肯定的，但充其量只是"锦上添花"的"花拳绣腿"，根本不足形成核心竞争力，更无法成为高溢价的理由。

（资料来源：王丽娜. 2015 年 09 月 06 日. 坚果手机的推出，意味着锤子高端战略的失败. 中国经营报.）

3.1　营销环境分析

3.1.1　市场营销环境的概念

　　企业总是要在一定的环境条件下开展市场营销活动，因此，市场营销环境对企业的生存与发展具有重要意义。市场营销环境，是指与企业营销活动有潜在关系的所有外部力量和相关因素的集合。市场营销环境主要包括宏观环境和微观环境。

　　1. 宏观环境

　　宏观环境，是指那些给企业造成市场营销机会和形成环境威胁的外部因素，包括人口、经济、政治、法律、科学技术、社会文化及自然地理等多方面的因素。

　　2. 微观环境

　　微观环境，是指企业可以控制或施加影响的，对企业营销活动构成直接影响的因素，包括与企业紧密相连、直接影响其营销能力的供应商、营销中间商、顾客、竞争者及社会公众和影响其营销管理决策的企业内部各个部门及员工。

3.1.2　宏观环境分析

　　1. 人口环境

　　人口环境，是指影响企业营销活动开展的人口总量及其特性因素。市场是由人口、购买力和购买欲望 3 个要素构成，其中，人口是构成市场的第一要素，人口的多少决定着市场容量的大小,一般来说,人口越多,市场规模就越大。另外,人口的年龄结构、地理分布、婚姻状况、人口密度、人口流动性及其文化教育程度等人口特性,也会对市场格局产生深刻的影响,并直接影响着企业的市场营销活动。因此说,人口环境是营销人员在研究市场营销环境时应重视的因素之一。

人口环境主要包括人口总量、人口结构、人口分布、人口迁移、婚姻家庭变化等。人口总量,是指一个地区的全部人口,包括当地常住居民和流动人口量;人口结构,是指一个地区人口的年龄构成、性别构成、籍贯构成等;人口分布,是指一个地区的人口布局;婚姻家庭变化,是指一个地区的婚姻状况与家庭结构变化。

2. 经济环境

经济环境,主要是指影响企业营销的购买力因素。购买力是构成市场的第二要素,而社会购买力的大小是受宏观经济环境制约的,是经济环境的反映。影响购买力的因素主要有消费者收入水平、消费者信贷、消费结构等。

(1)消费者收入水平

消费者收入是影响购买力的最重要的因素,消费者收入水平的高低,直接影响着消费者购买力的大小。然而,消费者并不是将其全部的收入都用来购买商品,消费者的购买力只是其中的一部分。因此,需对消费者收入水平进行分析,明确"个人收入""个人可支配收入""个人可任意支配收入"等几个基本概念。

个人收入,是指消费者个人从各种来源中所取得的全部收入,包括消费者个人的工资、退休金、红利、租金、馈赠收入等。个人可支配收入,是指在个人收入中扣除税款和非税性负担后所得的余额,它是个人收入中可以用于消费支出或储蓄的部分,构成实际的购买力。个人可任意支配收入,是指在个人可支配收入中减去用于维持个人与家庭生存不可缺少的费用(如房租、水电、食物、燃料、衣着等项开支)后剩余的部分。它是消费需求变化中最活跃的因素,是企业开展营销活动时所要考虑的主要因素。

(2)消费者信贷

消费者的购买力还受到消费者的储蓄与信贷的影响。消费者信贷表现为两种情况:一是储蓄与消费支出的比例。一般情况下,储蓄与消费支出呈反比例关系。储蓄通常被看作一种推迟了的、潜在的购买力,但在一定时期内,在消费者实际收入水平不变的情况下,如果储蓄增加,消费者的购买力和消费支出必然会减少。二是消费信贷。消费信贷,也称信贷消费,是指消费者凭借其个人信用先取得商品使用权,然后按期归还贷款的一种信贷消费方式。消费信贷实际上就是消费者提前支取未来的收入,提前消费,这将增大一定时期内消费者的购买力。

(3)消费结构

消费结构,也称消费支出模式,是指消费者收入中用于衣食住行及娱乐、健康、教育等方面支出的比例。消费结构主要影响着市场商品结构,进而影响企业的投资方向。衡量消费结构变化的最重要的指标就是恩格尔系数。

恩格尔系数是衡量一个国家、地区、城市、家庭生活水平高低的重要参数。恩格尔系数是指消费中用于食物方面的支出占家庭总支出的比例,即

恩格尔系数=（食物支出/总支出）×100%

恩格尔系数越高，食物支出占总消费支出的比例越大，则生活水平越低；反之，恩格尔系数越低，食物支出占总消费支出的比例越小，则生活水平越高。

根据联合国粮食及农业组织提出的标准，恩格尔系数在 60%以上为贫困，50%～59%为温饱，40%～49%为小康，30%～39%为富裕，低于 30%为最富裕。

知识拓展 3-1

消费者物价指数

消费者物价指数（Consume Price Index，CPI），是反映与居民生活有关的产品及劳务价格统计出来的物价变动指标，通常作为观察通货膨胀水平的重要指标。如果消费者物价指数升幅过大，表明通货膨胀已经成为经济不稳定因素，中央银行就会有紧缩货币政策和财政政策的风险，从而造成经济前景不明朗。因此，该指数过高的升幅往往不被市场欢迎。

例如，在过去 12 个月，消费者物价指数上升 2.3%，表示消费者生活成本比 12 个月前平均上升 2.3%。当生活成本提高，货币价值便随之下降。也就是说，一年前收到的一张 100 元纸币，当前只可以买到价值 97.70 元的货品及服务。

一般说来，当 CPI 增幅大于 3%时，就是通货膨胀（Inflation）；而当 CPI 增幅小于 5%时，就是严重的通货膨胀（Series Inflation）。

3. 自然环境

自然环境，是指企业发展过程中所需的生态环境以及人们和政府对生态环境所采取的态度。随着经济的快速增长，企业所面临的生态环境越来越恶化。目前，自然环境的变化主要表现为自然资源短缺、环保费用上升、公众生态需求增加、政府对环境保护的加强等。因此，对于企业来说，必须坚持不懈地奉行社会营销观念和绿色营销观念，坚定不移地走可持续发展道路，实行清洁生产、文明生产，协调环境与发展的关系，使企业的发展既能满足人们的需要，又不对环境构成威胁，达到社会、经济、资源与环境的平衡与协调。

4. 科学技术环境

科学技术环境，是指企业在产品的设计、开发、制造和营销过程中所受到的科技发展的影响。科学技术是社会生产力中最活跃的和决定性的因素，是第一生产力。作为重要的营销环境因素，它不仅直接影响企业的生产与经营，而且与其他环境因素相互依赖、相互作用，影响企业的营销活动。

科学技术的发展，对企业影响最大的是产品更新换代速度加快，产品的市场寿命周期大大缩短。在这种情况下，企业必须不断地进行技术创新，赶上技术进步的浪潮，否则，就将会被市场无情地淘汰。

5. 政治法律环境

政治法律环境,主要是指直接或间接地影响企业市场营销活动的各种政策、法律、法规以及社会团体的活动。企业开展市场营销活动,熟悉国家的政治法律环境是非常必要的,企业也只有了解并遵守国家的有关法律法规与政策,依法开展营销活动,才能得到国家法律法规的保护,得到国家有关政策的支持。

政治法律环境主要包括规范企业经营活动的法律法规以及国家支持或限制企业发展的政策导向。为应对国际金融危机,促进社会就业、拉动经济增长、调整产业结构、推动产业优化升级,自 2009 年 1 月 14 日开始,我国相继推出了钢铁、汽车、船舶、石化、纺织、轻工、有色金属、装备制造、电子信息以及物流业十大产业调整振兴规划,并陆续制定了若干支持经济发展的政策,如家电下乡政策、汽车下乡政策、汽车家电"以旧换新"补贴政策(说明:汽车下乡和汽车以旧换新补贴政策于 2010 年 12 月 31 日执行完毕)。

知识拓展 3-2

家电下乡政策

6. 社会文化环境

(1)文化的内涵及其特征

文化,是一个社会规定人们行动的社会规范及式样的总体系,由语言、宗教、价值观、生活方式、对物质财富和权势的态度、社会阶层等基本要素组成。文化是人们行动的基准和规范,是整个社会的重要组成部分,它具有以下 4 个方面的基本特征:

1)文化的核心是价值观。任何一个人或组织总是要把自己认为最有价值的对象作为其追求的最高目标、最高理想或最高宗旨,一旦这种最高目标和基本信念成为统一个人或组织成员行为的共同价值观,就会形成个人或组织内部强烈的凝聚力和整合力,成为个人或组织成员共同遵守的行为规范。

2)文化的中心是以人为本的人本文化。人是整个社会和组织中最宝贵的资源和财富,也是社会和组织活动的中心,因此,社会和组织只有充分重视人的价值,最大限度地尊重人、关心人、理解人、凝聚人、培养人和造就人,才能充分调动人的积极性,发挥人的主观能动性,提高社会和组织全体成员的社会责任感和使用感。

3)文化的管理方式以软性管理为主。社会和组织文化是一种以文化形式出现的现代管理方式,它通过柔性的文化引导,建立起社会和组织内部合作、友爱、奋进的文化心理环境，以及协调和谐的人群氛围，自动地调节社会和组织成员的心态和行为。

4）文化的重要任务是增强群体凝聚力。社会和组织文化通过建立共同的价值观和寻找观念共同点，不断强化社会和组织成员之间的合作、信任和团结，使之产生亲近感、信任感和归属感，实现文化的认同和融合，在达成共识的基础上，使社会和组织具有一种巨大的向心力和凝聚力，实现社会和组织成员行动的齐心协力和整齐划一。

（2）社会文化环境因素

社会文化环境，是指各种社会人文及文化因素的特定状况及其变化对企业市场营销活动的影响，主要包括宗教信仰、风俗习惯、价值观念、职业道德、语言文字等，其中职业道德对于营销人员而言是非常重要且必需的。

职业道德，是指从事一定职业劳动的人们，在特定的工作和劳动中以其内心信念和特殊社会手段来维系的，以善恶进行评价的心理意识、行为原则和行为规范的总和，它是人们在从事职业的过程中形成的一种内在的、非强制性的约束机制。营销职业道德是指与市场营销活动相适应的特殊道德要求。守信、负责、公平是市场营销最主要的、最基本的道德要求。

1）守信。守信要求营销人员在市场营销活动中要讲究信誉。信誉是指信用和声誉，它是在长时间的商品交换过程中形成的一种信赖关系。它综合反映出一个企业、营销人员的素质和道德水平。只有守信，才能为企业和营销人员带来良好的信誉。守信就必须要信守承诺，不仅要信守书面承诺，还要信守口头承诺。

2）负责。负责要求营销人员在营销过程中对自己的一切经济行为及其后果承担政治的、法律的、经济的和道义上的责任。营销人员在营销过程中应向顾客讲实话，提供满足其需要的商品，千方百计地为顾客着想。坚持负责原则，要求营销人员具有高度的自觉性和承担责任的勇气，必要时甚至要牺牲自己的利益。

3）公平。公平是社会生活中一种普遍的道德要求，要求平等地对待每一个营销对象。营销对象不论男女老幼，贫富尊卑，都有充分的权利享有他们应得到的服务。另外，在与对手的竞争中也应坚持公平的原则。营销不可避免地存在竞争。竞争是提高服务质量、改善服务态度的动力，而市场经济鼓励营销人员之间展开大胆竞争，充分发挥自己的聪明才智，开展公平合理、光明正大的竞争。

7. 产品行业环境

行业，是指由生产相近产品的企业所组成的集合，这些企业相互竞争，相互影响。依据美国哈佛大学教授迈克尔·波特的研究，一个行业内部的竞争状态取决于 5 种基本竞争作用力：行业内现有企业间的竞争、新进入者的威胁、替代品的威胁供应商议价能力及买方议价能力（见图 3-1）。企业面临的挑战就是需要通过准确地判断，在行业中找到适当的位置，使其能积极地影响这些力量，甚至能成功地战胜这些力量。

1）行业内现有企业间的竞争。现有企业之间的竞争往往是 5 种作用力中最重要的一种。影响行业内现有企业间竞争激烈程度的因素主要有：行业增长缓慢，行业存在大量或均衡的竞争对手，高额固定成本或库存成本的存在，缺少差异化或顾客转移成本低，高退出障碍等。

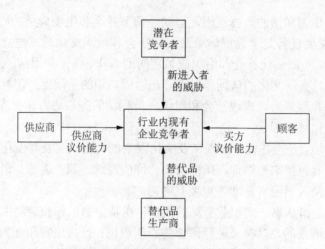

图 3-1 影响行业竞争强度的作用力

2）新进入者的威胁。如果新进入者可以很容易地进入某行业，则该行业内的竞争强度将加剧。影响行业进入障碍的因素主要有规模经济、产品差别化、转移购买成本、资本需求、在位优势、政府政策等。

3）替代品的威胁。替代品是指那些来自不同行业的产品或服务，但这些产品或服务的功能与该行业相同或相似。替代品之间的替代关系越接近，替代品的价格越有吸引力或用户改用替代品能降低成本时，替代品带来的竞争压力将会增强。替代品威胁的主要内容包括：判断哪些产品是替代品，判断哪些替代品可能对企业经营构成威胁等。

4）供应商议价能力。如果供应商的讨价还价能力强，则会加剧行业的竞争；反之，则会使行业的竞争强度减弱。影响供应商议价能力的因素主要有：要素供应方行业的集中化程度，要素替代品行业的发展状况，本行业是否是供方集团的主要客户，要素是否为该企业的主要投入资源，要素是否存在差别化或其转移成本是否低，要素供应方是否采取前向一体化的战略等。

5）买方议价能力。如果顾客的讨价还价能力强，则会加剧行业的竞争；反之，则会减弱行业的竞争强度。影响买方议价能力的因素主要有：买方是否大批量或集中购买，买方这一业务在其购买额中的份额大小，产品是否具有价格合理的替代品，买方面临的购买转移成本的大小，本企业的产品是否是买方在生产经营过程中的一项重要投入，买方是否有后向一体化的战略，买方行业的获利状况，买方是否具有充分的产品信息等。

3.1.3 微观环境分析

1. 企业内部环境

企业内部环境，是指影响企业市场营销活动开展的各种内部因素，主要包括企业的资源、能力和核心竞争力等。

（1）资源

资源是指企业用来为顾客提供有价值的产品或服务的生产要素。一般来说，资源可以分为有形资源和无形资源两大类（见表 3-1）。

表 3-1 企业资源类别表

类别	内容	具体表现
有形资源	实物资源	企业厂房和设备的位置以及先进程度； 获取原材料的能力
	财务资源	企业的借款能力； 企业产生内部资金的能力
无形资源	组织资源	企业信息系统以及其正式的计划、控制和协调系统
	技术资源	技术的含量，如专利、商标、版权和商业机密
	人力资源	知识、信任、管理能力、组织惯例
	企业形象	理念识别、行为识别、视觉识别
	企业文化	精神文化、规范文化、行为文化

1）形象识别：将企业的经营理念、管理色彩、产品促销、商标设计等内容融为一体，运用整体性传播手段来塑造良好的企业形象的一种经营策略。

形象识别系统包括 3 个方面的内容：

① 理念识别（Mind Identity，MI）。企业经营管理的指导思想或观念，包括企业价值观、经营哲学、企业精神、行为准则、活动领域（事业领域）。

② 行为识别（Behavior Identity，BI）。企业在其经营理念指导下所表现出的较为统一的行为特征，包括对内行为识别，如员工教育、工作环境、文体活动；对外行为识别，如社会公益活动、市场调查、信息沟通。

③ 视觉识别（Visual Identity，VI）。由企业的广告、商标、包装、建筑物、服饰等一系列的具体"语言"所表达的较为统一的独特的企业形象，包括企业名称、企业标志、标准字、标准色、商标、宣传标语口号。

2）企业文化。在一定的政治、经济、文化背景条件下，企业在生产与工作实践过程中所创造或逐步形成的价值观念、行为准则、作风和团体氛围的总和。

企业文化主要由 3 个层次构成：①精神文化层，这是企业文化的核心层，主要由作为企业指导思想与灵魂的各种价值观与企业精神所组成；②规范文化层，这是企业文化的中间层，主要由各种组织规范、组织准则、组织制度所组成；③行为（物质）文化层，这是企业文化的表层，主要由组织成员的行为和生产与工作的各种活动，以及这些行为与活动的各种物化形态所构成。

企业文化具有导向功能、约束功能、凝聚功能和激励功能。

① 导向功能。企业文化能对企业整体和企业每个成员的价值取向及行为取向起到引导作用。

② 约束功能。通过完善管理制度和道德规范来实现对企业领导和职工的约束。

③ 凝聚功能。表现为企业文化以人为本，尊重人的感情，从而在企业中营造出一种团结友爱、相互信任的和睦气氛，强化了团体意识，使企业职工之间形成强大的凝聚力和向心力。

④ 激励功能。表现为企业文化中共同的价值观念使每个职工都感到自己存在和行为的价值，自我价值的实现是人的最高精神需求的一种满足，这种满足必将形成强大的激励。

案例 3-1

腾讯公司的企业文化

1. 愿景：最受尊敬的互联网企业

1）不断倾听和满足用户需求，引导并超越用户需求，赢得用户尊敬。

2）通过提升企业地位与品牌形象，使员工具有高度的企业荣誉感和自豪感，赢得员工尊敬。

3）推动互联网行业的健康发展，与合作伙伴共同成长，赢得行业尊敬。

4）注重企业责任，关爱社会、回馈社会，赢得社会尊敬。

2. 使命：通过互联网服务提升人类生活品质

1）使产品和服务像水和电一样源源不断地融入人们的生活，为人们带来便捷和愉悦。

2）关注不同地域、不同群体，并针对不同对象提供差异化的产品和服务。

3）打造开放共赢平台，与合作伙伴共同营造健康的互联网生态环境。

3. 经营理念：一切以用户价值为依归

1）注重长远发展，不因商业利益伤害用户价值。

2）关注并深刻理解用户需求，不断以卓越的产品和服务满足用户需求。

3）重视与用户的情感沟通，尊重用户感受，与用户共成长。

4. 管理理念：关心员工成长

1）为员工提供良好的工作环境和激励机制。

2）完善员工培养体系和职业发展通道，使员工获得与企业同步成长的快乐。

3）充分尊重和信任员工，不断引导和鼓励，使其获得成就的喜悦。

（资料来源：http://www.tencent.com/zh-cn/cc/culture.shtml.）

腾讯公司的企业文化

（2）能力

能力，也称企业资源转换能力，是指把企业资源加以统筹整合以完成预期任务和目标的技能。资源和利用资源的能力一起构成企业竞争优势的基础。企业的能力主要有 3 种类型，见表 3-2。

表 3-2 企业能力类别表

企业能力类型	内容
管理能力	计划、组织、领导、控制
职能领域能力	营销、人力资源、研发、制造、管理信息系统、财务
跨职能的综合能力	学习能力、创新能力、战略性整合能力

（3）核心竞争力

核心竞争力，是指能为企业带来相对竞争优势的资源与能力。作为企业竞争优势的来源，核心竞争力使企业在竞争中脱颖而出并能反映企业的特性。企业通过核心竞争力，能为产品和服务创造特有的价值，从而最终超越竞争对手。

在市场竞争中，企业要获得相对竞争优势，就要培育有价值的能力、稀有的能力、难以模仿的能力和不可替代的能力。有价值的能力，是指那些能为企业在外部环境中利用机会、降低威胁且能为顾客创造价值的能力；稀有能力，是指那些极少数现有或潜在竞争对手能拥有的能力；难以模仿的能力，是指其他企业不能轻易建立起来的能力；不可替代的能力，是指那些很难被了解，也很难被替代的能力。

2. 供应商和营销中介

供应商，是指向企业及其竞争者提供生产上所需的资源的企业和个人，包括提供原材料、设备、能源、劳务和资金等。企业应选择在质量、价格以及在运输、信贷、承担风险等方面条件均不错的供应商。

营销中介，是指参与促销、分销以及把产品配送到最终购买者的企业和个人，包括中间商、实体分配机构、营销服务机构、金融中介等。中间商，是指协助企业寻找顾客或销售商品的企业或个人；实体分配机构，主要是指物流公司，它是协助企业储存货物并把货物从产地运送到销售地的专业物流企业；营销服务机构，是指为企业的营销活动提供服务的企业或个人，包括营销调研公司、广告公司、咨询公司等。

3. 顾客

顾客，是指企业决定为之服务的目标市场。顾客需求是企业生存的源泉。顾客是企业市场营销活动的起点，也是市场营销活动的对象和终点，这是企业较重要的环境因素之一。企业必须紧紧围绕顾客需求这个中心来开展市场营销活动。

4. 竞争者

竞争者，是指在同一市场中，针对相似目标顾客群提供类似产品的企业。

（1）竞争者分析的内容

对竞争者的分析应集中于与其直接竞争的企业，通过竞争者的分析，企业应了解 4 个方面的内容：①什么驱动着竞争者，也就是说未来的目的是什么；②竞争者正在做什么，能够做什么，即指其当前战略与策略；③竞争者对行业是怎么看的，即其想法；④竞争者的能力是什么，它的强项与弱点在哪里。

（2）竞争者分析的方法

竞争者分析的关键是收集到相关的数据和信息。在掌握竞争者的相关数据和信息的基础上，企业可以选用市场占有率分析、财务状况分析、产能利用率分析、创新能力分析、领导力分析、企业文化分析等分析方法，从不同角度分析不同性质、不同力量的竞争者，在了解对方的基础上，发展自己的能力，并形成相应的营销对策。

（3）竞争者的反应模式

一般来说，竞争者的反应模式有 4 种：

1）从容型竞争者。这类竞争者对竞争举措反应不迅速或不强烈。

2）选择型竞争者。这类竞争者只对特定类型的竞争举措做出反应。

3）凶猛型竞争者。这类竞争者对任何竞争举措都会迅速地做出强烈的反应。

4）随机型竞争者。这类竞争者的反应模式具有随机性，对于同样的一种竞争举措，可能会也可能不会做出反应。

5. 公众

公众，是指对企业开展市场营销活动具有实际或潜在影响的一切团体和个人，包括融资公众、媒介公众、政府公众、社团公众、社区公众、一般公众、内部公众等。

公众对企业的生存与发展将产生巨大的影响，他们可能会产生增强企业实现其目标的影响，也可能会产生妨碍企业实现其目标的影响。因此，企业必须采取积极适应的措施，主动处理好与公众的关系，树立企业良好的形象，促进企业营销活动顺利地开展。

3.1.4　市场营销环境管理

市场营销环境通常采用 SWOT 方法分析后实施管理。

1. SWOT 的含义

SWOT，是指企业内部环境中的长处或优势（Strong）与弱点或劣势（Weak）、企业外部环境中的机会（Opportunity）与威胁（Threat）。

1）营销机会。在企业营销活动富有吸引力的领域，企业拥有竞争优势。

2）环境威胁。环境中不利于企业营销的因素，对企业形成挑战，对企业的市场地位构成威胁。

3）相对优势。企业在营销过程中相对于对手更加有利的条件，表现为技术、成本、产品差别化等方面的优势。

4）相对劣势。企业在营销过程中相对于对手更加不利的条件，表现为产品、成本、价格、促销、渠道等方面的劣势。

2. SWOT 分析

SWOT 分析法是常用的一种企业优劣势比较分析法（见表 3-3），它是通过对企业内部环境中的优势与劣势、企业外部环境中的机会与威胁的分析来扬企业之长，避企业之短，寻找最佳营销决策方案的方法。

表 3-3 SWOT 分析表

	潜在优势	潜在劣势
优势与劣势	设计良好的战略； 强大的产品线； 宽的市场覆盖面； 良好的营销技巧； 品牌知名度高； 研发能力与领导水平高； 信息处理能力强； …… 核心业务拓展； 开发新的细分市场； 扩大产品系列； 将研发导入新领域； 打破进入堡垒； 寻找快速增长的市场； ……	不良战略； 过时、过窄的产品线； 不良的营销计划； 没有信誉； 研发能力下降； 部门之间争斗； 公司控制力量薄弱； …… 公司核心业务受到攻击； 国内外市场竞争加剧； 为进入设置堡垒； 被兼并的可能； 新产品或替代品的出现； 经济形势下滑； ……

3. 营销环境管理策略

（1）面对机会的策略

1）抢先策略。当市场机会比较明朗，企业有一定的实力去把握时，企业可以抢先一步，积极应对，开发新产品，抢占市场。

2）紧跟策略。当市场机会不太明朗，企业也没有足够的承受能力去承担其风险时，企业可以在领先企业开拓市场时，紧跟领先企业的市场步伐，开发新市场。

3）观望策略。当市场机会不明朗，其质量也不高时，企业可以先观望一段时间，待时机成熟一些后，再做决定。

（2）面对威胁的策略

1）反抗策略。试图限制或扭转不利因素的发展。

2）减轻策略。通过调整市场营销组合等来改善环境适应，以减轻环境威胁的程度。

3）转移策略。转移到其他盈利更多的行业或市场。

3.2 营销行为分析

3.2.1 消费者需求分析

1. 需求的内涵及其理论

（1）需求的内涵

需求（Demand），指人们有能力购买并且愿意购买某个具体产品的欲望。它是"不足之感"和"求足之愿"的统一，是需要与欲望的统一。例如，一个人到联想电脑专卖店购买联想牌笔记本电脑。

为更好地理解"需求"这个专业术语，必须把它与 "需要"、"欲望"区分开来。

1）需要（Need）：人们没有得到基本满足的感受状态。它是人们生理上或心理上的一种缺乏的感觉，是人们因为生理上或心理上缺乏某种东西而产生的一种紧张的感觉，即所谓的"不足之感"。需要是人本身所固有的，不能被营销者所创造。

2）欲望（Want）：人们想得到某种基本需要的具体满足物的愿望。它是人们想要消除或减轻不足之感而获得某类满足物的追求愿望，即所谓的"求足之愿"。例如，一个人需要娱乐，他想到去购买电脑玩游戏。

（2）需要层次理论

需要层次理论是由美国心理学家亚伯拉罕·马斯洛于 1943 年提出来的，这一理论揭示了人的需要与动机的规律。马斯洛提出人的需要可分为 5 个层次，即生理需要、安全需要、社交需要、尊重需要和自我实现需要。

1）需要的层次。

① 生理需要。维持人类自身生命的基本需要，如对衣、食、住、行的基本需要。这是人们一切需要中最基本的需要，是推动人们行动的主要动力。

② 安全需要。人们希望避免人身危险和不受失去职业、财物等威胁方面的需要，如防止人身受到伤害、防止职业病的侵袭、避免经济上的意外灾害等。

③ 社交需要。人们希望与别人交往，避免孤独，与同事和睦相处、关系融洽的需要。例如，希望与同事之间保持良好的关系；朋友之间的友谊持久而真挚；进行社会交往，成为社会集体中的一员等。

④ 尊重需要。当第三层次需要满足后，人们开始追求受到尊重，包括自尊与受人尊重，即希望别人尊重自己的人格、承认自己的劳动，并给予尊敬、赞美、赏识等。

⑤ 自我实现需要。使人能最大限度地发挥潜能，实现自我理想与抱负的需要。这是最高层次的需要。例如，希望在社会科学、自然科学方面做出贡献，取得成就；成为一名著名的科学家、出色的运动员或公司总裁等。

案例 3-2

卖防盗网的故事

有一个小伙子，专门制作、销售防盗网。有一天，他来到一楼房前，他眼前一亮，被惊呆了。他发现这楼都没有安装防盗网，心里琢磨着，这真是一个大市场，好久没有这样的发现了，但转念一想，也不对呀，会不会这楼没有人住呢？

接下来几天，小伙子蹲守在该楼后，经过一番观察，发现这楼除了一楼个别房间，其他都住满了。小伙子欣喜若狂，终于碰到一桩好生意了。

第二天开始，小伙子一家一家去拜访，告之他们安装防盗网的好处。一周下来，没有一户人家愿意接受小伙子的建议。小伙子百思不得其解，这么好的东西，而且价格又便宜，大家怎么都不需要呢？小伙子感觉非常郁闷，但又不甘心放弃这桩好生意。

又一周过去了，小伙子还是一无所获。无奈之下，小伙子承租了一楼的一间房子，在那里打算住下一段时间。他立即给这租来的"家"安装了防盗网。

　　二楼的邻居发现一楼安装了防盗网，心里开始紧张了，难道一楼出事了吗？第二天一清早就找到这个小伙子，要求立即给他们家安装防盗网。二楼的防盗网刚刚安装，三楼的住户按捺不住了，也要求小伙子尽快给他们家安装……很快整个楼房全都安装了防盗网。

　　小伙子会心地笑了，之后，他退了租约，并拆除了一楼的防盗网，满心欢喜地离开了。

　　为什么刚开始大家都不愿意接受小伙子的建议，而后又主动找上门要求小伙子尽早安装防盗网呢？

　　道理很简单，刚开始时，大家都没有安装防盗网，觉得这里很安全，尤其是一楼的住户也没安装，二楼以上的住户觉得住得更踏实。然而，一旦一楼住户安装了防盗网，二楼的住户必然感到不那么安全了，认为盗匪会沿着一楼的防盗网爬上二楼，于是必须要立即安装防盗网，之后三楼、四楼，直至八楼都产生了同样的想法，于是大家都不约而同地装上了防盗网。

　　2）需要层次理论的内容。

　　① 不同层次的需要可同时并存。不同层次的需要可同时并存，但只有低一层次需要得到基本满足之后，较高层次的需要才会对人的行为发挥推动作用。

　　② 人的行为主要受优势需要所驱使。在同一时期内同时存在的几种需要中，总有一种需要占主导、支配地位，称之为优势需要，人的行为主要受优势需要所驱使。

　　③ 满足了的需要不再成为激励力量。任何一种满足了的低层次需要并不因为高层次需要的发展而消失，只是不再成为主要激励力量。

知识拓展 3-3

创立人类动机理论的马斯洛

　　亚伯拉罕·马斯洛（1908—1970年），美国社会心理学家、人格理论家和比较心理学家，人本主义心理学的主要发起者和理论家。1933年，他在威斯康星大学获博士学位，第二次世界大战后转到布兰代斯大学任心理学教授，曾任美国人格与社会心理学会主席和美国心理学会主席（1967年）。

　　马斯洛的主要著作有《动机与人格》（1954年）、《存在心理学探索》（1962年）、《科学心理学》（1967年）、《人性能达到的境界》（1970年）等。

　　马斯洛的著作论文《人类动机论》最早发表于1943年的《心理学评论》。他的动机理论，又称需要层次理论。他认为，健全社会的职能在于促进普遍的自我实现。他相信，生物进化所赋予人的本性基本上是好的，邪恶和神经症是由于环境所造成的，越是成熟的人，越富有创作的能力。

　　2. 消费者需求的特征

　　1）需求无限扩展性。人们的需求是永无止境的，永远不会停留在某一水准上。随着社会经济技术的进步和消费者收入的提高，消费者的需求也将不断扩展。

2）需求的多层次性。尽管人们的需求无穷无尽，但不可能同时得到满足。每个人总要按照自己的支付能力和客观条件的许可，依据需求的轻重缓急，有序地实现，这就形成了需求的多层次性。

3）需求复杂多变性。由于多种因素的影响，消费者对产品和服务的需求不但是复杂多样、千差万别的，而且是经常变化的。

4）需求的可诱导性。消费者的需求有些是本能的、生而有之的，但大部分是在外界的刺激诱导下产生的。宏观环境的改变、企业营销活动的开展、社会交往与人际沟通的启发以及政府的政策导向等，都将使消费者的需求发生变化和转移。

5）需求趋向个性化。随着经济的快速发展，人们的收入水平也迅速提高，消费者需求由以原来低层次需求为主向以高层次精神需求为主转变，同时，消费需求日益趋向个性化，对服务水平和产品的品质有了更高的要求。例如，同样是购买电脑，喜欢玩电子游戏的消费者首先关注的是电脑的速度，爱学习的消费者看重的是电脑的文字处理能力，喜欢音乐的消费者则重视电脑的音质等。

6）需求趋向流行性。消费者购买产品，越来越讲究消费的品位，期望将产品的效用评价与其个性特征融为一体，而消费品位是极易模仿而流行的，因此，许多产品都将显现出流行化的趋势。

7）需求趋向品牌化。品牌的功能在于减少消费者选择产品所花费的心力，选择知名品牌无疑是一种省时、可靠又不冒险的决定。这一功能恰好符合消费者的消费心理。现在的消费者购买产品，已不仅仅是想得到一件能满足其实用需求的"实物产品"，而是需要一件既能满足其实用需求，又能满足其精神需求的"品牌产品"。

8）需求趋向感性化。现在的消费需求已从物质需求转向精神需求，推崇感性消费，特别看重产品的附加价值。具体表现为：①美学性，即要求使用的各种物品能具有符合其个性特征的美感和艺术欣赏性；②体感性，即通过眼、耳、鼻、舌等身体感觉器官对产品的实际接触，能感受到最大的愉悦；③心因性，即购买的产品，能带来精神、心理或宗教信仰等方面的满足。

3. 消费者需求管理

根据消费者需求水平、时间和性质的不同，可归纳出8种不同的需求状况，不同的需求状况，市场营销管理的任务、方法和措施是不同的，见表3-4。

表 3-4　市场营销需求管理表

需求状况	营销管理的任务	营销方法	措施
否定需求	解释需求	转换性营销	转变观念，重新设计产品
无需求	产生需求	刺激性营销	引导需求，激发需求
潜在需求	发现需求	发展性营销	消除壁垒，降低门槛
退却需求	再生需求	再营销	促销激励，产品开发
不规则需求	配合需求	同步性营销	差别定价，区别对待
充分需求	保持需求	维持性营销	维持充分，延长周期
过度需求	减少需求	减低性营销	提高价格，减少促销
无益需求	消减需求	反营销	劝说引导，资格认证

3.2.2 购买动机分析

需要是购买动机的基础，是购买行为的起点，同样也是企业市场营销的出发点。动机，是指人们进行行动的内部原动力（或称内在驱动力），是激励人们行动的内在原因。购买动机，则指在购买消费活动中，使消费者产生某些购买行为的具体的内在驱动力。

购买动机是引起购买行为的关键因素，企业应高度重视消费者购买动机的分析与研究。消费者的购买动机一般包括理智动机、感情动机、惠顾动机，见表 3-5。

表 3-5　购买动机类型

动机类型	定义	特点	表现倾向	
理智动机	建立在人的理性认识上的购买动机	看重商品质量，讲求实用，对价格和售后服务更加关心	求实倾向	注重产品的使用价值、讲究实惠、使用方便，不大强调产品的外观、花色和款式
			求廉倾向	注重产品的价格，对便宜、降价、处理的商品具有浓厚的兴趣，而对商品的花色、款式等外在形象不太注意
感情动机	由人的情绪或情感需求所引起的购买动机	依据人的情绪或情感需求	求新倾向	不大计较产品的价格，而是把注意力集中在产品的外在形式上，期望领导消费新潮流
			求优倾向	注重产品的内在质量，追求产品的质量优良，而对产品的外观式样、价格等不做过多考虑
			求名倾向	对名牌产品具有特殊的偏好，而对非名牌产品缺乏信任感，很注重产品的名称、产地、销售地点等
			求美倾向	注重产品的式样、色调、造型等形式美，重视产品对环境的装饰作用和对人体的美化作用
惠顾动机	消费者对某一品牌商品产生特殊的信任与偏好后，重复性、习惯性地购买该品牌商品的购买动机	依据理智的经验和深厚的感情基础	—	

3.2.3 购买行为分析

1. 购买行为的类型

消费者购买行为，是指消费者通过支出（包括货币或信用）而获得所需商品或服务的选择过程。购买行为是建立在复杂多样的购买动机基础之上的，其类型主要包括 4 种，见表 3-6。

表 3-6　消费者购买行为的类型

介入度 品牌差异	购买时高度介入	购买时低度介入
品牌差异大	复杂购买行为	寻求多样化购买行为
品牌差异小	化解不协调购买行为	习惯性购买行为

1）复杂购买行为。消费者初次购买差异性很大的耐用消费品时发生的购买行为。需要经过一个认真考虑过程，广泛收集各种有关信息，反复评估，最后慎重做出购买选择。

2）寻求多样化购买行为。为了使消费多样化而经常变换品牌的一种购买行为。

3）化解不协调购买行为。消费者购买差异不大的商品时发生的一种购买行为。

4）习惯性购买行为。一种简单的购买行为，一种常规的反应行为，即购买时一般不需寻找、搜集有关信息，习惯性购买商品的行为。

2. 影响购买行为的因素

1）个性因素。个性，是一个人身上表现出的经常的、稳定的、实质性的心理特征。个性的差别直接导致其购买行为的不同。个性因素主要包括个人的年龄、职业、收入、个性、生活方式等。

2）社会因素。消费行为作为个人行为，首先受到个人因素的影响，但消费者作为整个社会生活群体的一个组成部分，又受到其所处的社会历史条件的制约和社会因素的影响，这主要包括社会文化、相关群体、社会阶层、家庭等，它们都将影响消费者的购买行为。其中，家庭是影响一个人购买行为的首要因素，在购买者决策的所有参与者中，购买者家庭成员对其决策的影响最大。

3）经济因素。经济因素是影响消费者购买行为的直接因素，主要包括消费者收入、消费品价格（包括消费品本身的价格、消费品的预期价格和相关的其他消费品的价格）等。

4）心理因素。消费者的购买行为受其心理的支配，影响消费者购买行为的心理因素包括激励、知觉、态度、学习等心理过程。激励，是指市场营销者设法激发足以引起消费者行为的动机，使之有利于企业营销目标的实现。知觉，是指人们通过感觉器官，对客观刺激物和情境的反应。学习，是人们受驱动力、刺激物、提示物（诱因）、反应、强化等一系列因素相互作用的过程。态度，是指人们对事物的看法，它体现着一个人对某一事物的喜好与厌恶的倾向，消费者的态度一旦形成很难改变。

案例 3-3

本田摩托打入美国市场

日本本田公司的摩托车最初进军美国市场时，曾面临不利情况：美国公众对摩托车持否定态度，把它同犯罪活动联系在一起。要开拓美国市场，就必须设法改变公众的态度。该公司以"你可在本田摩托车上发现最温雅的人"为主题，大力开展促销活动，广告画面上的骑车人都是神父、教授、美女等，于是逐渐改变了公众对摩托车的态度。

（资料来源：龙璇. 2004. 市场营销学. 北京：对外经济贸易大学出版社.）

3. 消费者购买行为模式

消费者购买行为模式中最具代表性的是刺激-反应模式，即市场营销和市场环境因素刺激消费者的潜在意识，消费者根据自己的特征处理这些信息，经过一定的决策过程，最后做出购买行为（见图 3-2）。

图 3-2　消费者购买行为模式

4. 消费者购买决策过程

1）确认需要。这是购买行为的起点，在这一阶段，企业应利用强烈的刺激以唤起及激发消费者的需求。

2）收集信息。消费者信息来源主要有个人来源、商业来源、大众来源和经验来源，其中最主要的是商业来源，影响力最大的是个人来源。在该阶段，企业应加大宣传力度，做好产品的展示和陈列。

3）评价比较。这是决策过程的决定性环节，在这一阶段，企业应努力在消费者心目中的首要位置树立自己的产品形象及品牌。

4）决定购买。在该阶段，企业应提供详细的产品信息、销售服务，以促成其购买。

5）购后行为。常言道，"最好的广告是顾客的满意"。因此，在该阶段，企业应加强售后服务，改善消费者的购后感受。

5. 消费者购买行为分析

消费者购买行为通常可以采用 5W1H 分析方法进行分析。5W1H 分析法的内容包括以下 6 个方面：

1）What：消费者购买行为追求的能满足自己需求的产品或服务是什么。

2）When：消费者购买行为一般发生在什么时候。

3）Where：消费者获得该产品或服务一般通过什么渠道或消费者的购买行为一般发生在什么地点。

4）Why：消费者购买的主要动机或目的是什么。

5）Who：购买行为的发起者、影响者、决策者、执行者以及产品的最终使用者是谁。

6）How：消费者习惯或喜欢通过什么样的购物方式实现自己的购买行为。

EQ 寄语

责任是一个人应该具备的基本素养，一个人的责任心如何，决定着他在工作中的态度，决定着其工作的好坏和成败。一个人没有责任心，即使他有再大的能耐，也不一定能做出好的成绩来。作为市场营销人员，我们应向顾客讲实话，提供满足其需要的产品，千方百计地为顾客着想，要坚持负责原则，具有高度的自觉性和承担责任的勇气，必要时甚至要牺牲自己的利益。

能 力 训 练

一、知识训练

1. 判断题

1）市场营销环境，是指与企业营销活动有潜在关系的所有外部力量和相关因素的集合。　　　　　　　　　　　　　　　　　　　　　　　　　　　　　（　　）

2）个人可支配收入，是消费需求变化中最活跃的因素，是企业开展营销活动时所要考虑的主要因素。　　　　　　　　　　　　　　　　　　　　　　　　（　　）

3）恩格尔系数是衡量一个国家、地区、城市、家庭生活水平高低的重要参数。恩格尔系数越高，表明其生活水平越低；反之，则其生活水平越高。　　　　　　（　　）

4）企业只有了解并遵守国家的有关法律法规与政策，依法开展营销活动，才能得到国家法律法规的保护，得到国家有关政策的支持。　　　　　　　　　　　（　　）

5）守信、负责、公平是市场营销最主要的、最基本的道德要求。　　　（　　）

6）需要是购买动机的基础，是购买行为的起点，同样也是企业市场营销的出发点。
　　　　　　　　　　　　　　　　　　　　　　　　　　　　　　　　　（　　）

2. 选择题

1）由企业的广告、商标、包装、建筑物、服饰等一系列的具体"语言"所表达的较为统一的独特的企业形象识别，是指（　　　）。

A．理念识别　　　　B．行为识别　　　　C．视觉识别　　　　D．语言识别

2）在对企业营销活动富有吸引力的领域中，企业拥有竞争优势，该领域对于企业来说称为（　　　）。

A．营销机会　　　B．环境威胁　　　　C．相对优势　　　　D．相对劣势

3）能使人最大限度地发挥潜能，实现自我理想与抱负的需要，是指（　　　）。

A．生理需要　　　　　　　　　　　B．社交需要

C．尊重需要　　　　　　　　　　　D．自我实现需要

4）建立在人的理性认识上，比较看重商品质量，讲求实用，对价格和售后服务更加关心的购买动机，是指（　　　）。

A．感情动机　　　B．理智动机　　　　C．惠顾动机　　　　D．理念动机

5）消费者在选购产品时，不大计较产品的价格，而是把注意力集中在产品的外在形式上，他们总是期望领导消费新潮流，该种购买动机倾向为（　　　）。

A．求新倾向　　　B．求优倾向　　　　C．求名倾向　　　　D．求美倾向

6）对消费者购买决策影响最大的信息来源是指（　　　）。

A．商业来源　　　B．大众来源　　　　C．个人来源　　　　D．经验来源

二、分析训练

1. 微软企业文化的案例分析

微软公司在管理中一直坚持以人为本的管理思想，这是微软公司独占鳌头的法宝之一。微软公司的管理者深刻地认识到，再尖端的科学创新，它的载体还是人，所以他们非常注重调动员工的积极性和创造性。

微软公司的企业文化是"以工作为乐"的价值观和"奋力拼搏""勇攀高峰"的精神，通过领导者带头以身作则，通过民主化和人性化的管理，充分营造一种尽可能宽松、和谐的工作氛围，微软公司的产权共享制度更是把企业员工的切身利益和公司的命运紧密联系在一起。

分析：

1）微软公司坚持的是怎样的一种企业文化？

2）企业文化对企业员工将产生怎样的影响？

2. 亚马逊公司崛起的案例分析

亚马逊公司的崛起富有戏剧性色彩，创办人杰夫·贝佐斯 30 岁出头，创办亚马逊公司之前是一个企业的经理人。一天，当他上网浏览网页时，发现一个惊人的统计数字：网络使用人数以每月 2300% 的速度在增长。于是他花了两个月的时间研究了网络营销业的潜力与前景，然后做出决策：辞掉现有工作，和他妻子开着老式雪佛兰轿车，跑到西部打算创立网络零售业。

贝佐斯认为适合虚拟的网上商场销售的商品有 20 余种，包括图书、音乐制品、杂志、PC 和软件等，最后他选择了图书。主要出于三个方面的考虑：一是美国每年出版的图书将近 130 万种，而音乐制品大约只有 30 万种；二是美国音乐制品市场已经由 6 家大的录制公司控制，而图书市场还没有形成垄断，即使是老牌连锁店巴诺的市场占有率也只有 12%，而且每年图书行业的营业额能够达到 250 亿美元，另外，全球每年出版的书籍多达 300 多万种，书籍零售有 820 亿美元的市场；三是读书是很多人的爱好，在国外，有 80% 的人说读书是他们的业余爱好之一。因此，最后他选择了书籍作为网络销售的突破口，公司地点在西雅图，因为那里是书籍发行商英格姆（INGRAM）的大本营。

1995 年 7 月，贝佐斯在西雅图市郊贝尔维尤的一栋租来的有两个房间的屋子里，投入第一笔 30 万美元的创业资金，成立了亚马逊书店。1995 年 8 月，亚马逊卖出了第一本书。在开始两年的时间里，亚马逊处于沉寂状态，两年后，亚马逊开始神话般地崛起。在短短的半年时间内，亚马逊完成了第一个目标，成为全球最大的网上书店，从而改变了出版业的整个经济形态。从 1995 年 6 月到 1997 年 5 月近两年的时间里，亚马逊进行了苦苦的探索，在 1997 年的后半年实现了质的飞跃。那时，亚马逊没有劲敌，因为这是一个全新的市场，亚马逊是进入这个市场的第一人。

4 年后，亚马逊公司拥有了 1310 万名顾客，书目数据库中含有 300 万种图书，超过世界上任何一家书店，成为网上零售先锋。1999 年，亚马逊的销售额达到 30 亿美元。1999 年，亚马逊的创始人贝佐斯当选为美国《时代》周刊本年度风云人物，这位年轻的企业家对网上书店的远见，掀起了全球网上购物的革命。

分析：

1）贝佐斯为什么要创立亚马逊网上书店？

2）公司创立成功应考虑哪些营销环境因素？

三、技能训练——SWOT 分析搜索技能训练

1. 训练目的

1）能搜索到一张有完整的 SWOT 分析表。

2）能清晰表达出该 SWOT 分析表的内容。

3）能总结归纳出该 SWOT 分析表的特色或特点。

4）能简要说出选择该 SWOT 分析表的理由。

2. 训练指导

1）布置任务：将教学班学生按每 6～8 人的标准划分成若干个任务小组，每个小组成员搜寻一份 SWOT 分析表。

2）搜索选择：各小组成员总结归纳自己搜寻到的 SWOT 分析表的特点（该分析表的主要表现），列明选择该 SWOT 分析表的理由，之后形成 SWOT 分析表搜索技能训练报告。

3）课堂陈述：各个任务小组成员上交 SWOT 分析表搜索技能训练报告，由指导教师从每组中选择一份具有代表性的 SWOT 分析表搜索技能训练报告，并邀请其作者代表小组上台陈述。

4）评价效果：各个小组代表陈述后，指导教师点评该次 SWOT 分析表搜索技能训练的情况，并由全班学生不记名投票，评选出该次搜索技能训练的获奖小组，给予表扬与奖励。

第4章
市场定位策略

目的要求

1. 知识目标

1）能理解和列举市场细分的概念和依据。
2）能列举和运用市场细分的方法和程序。
3）能列举和分析目标市场的标准与模式。
4）能列出和掌握市场定位的要素与程序。
5）能熟记和应用市场定位的依据与方法。

2. 技能目标

1）能综合运用本章知识剖析现实案例。
2）能完成准确市场定位案例搜索技能训练。

3. 素质目标

坚持差异化，多为客户提供个性化的增值服务，有效提高客户的满意度和忠诚度。

重点难点

1）市场细分的方法。
2）目标市场的选择。
3）目标市场营销模式。
4）市场定位的依据。

营销就要出其不意

有这样一个山村，村里人世世代代以开山卖石头为生。有一个青年自从发现本地的石头总是奇形怪状之后，便决定不卖"重量"卖"造型"，不出几年，他成了村里第一个盖瓦房的人。

当不许开山、只许种树的政策下来，许多村民开始忙着种果树时，这个青年又急忙种起了柳树。因为他发现本地的特色桃很好卖，但客人们总是不愁买不到桃而发愁买不到装桃的筐。几年后，他成了村里第一个在镇上买房的人。

再后来，他做起了服装批发生意，并且和另一家服装批发店隔街相对。如果对方的批发价是 500 元一套，他就卖 450 元；如果对方也降到 400 元，他就卖 350 元。所以，一个季节下来，对面只批发出去了不到一百套服装，而他却批发出去了近千套。

终于，对方忍无可忍地跟他吵了起来。面对着众多前来看热闹的人，他一副唯唯诺诺、好人受气的样儿，让人看了心生可怜，并由衷佩服他的宽宏大量，因此之后总会光临他的小店、以便顺应天意让"好人有好报"。

可是人们不知道的是，其实这两家店都是他的。而之所以自己会跟自己吵起来，完全是因为花钱做广告实在太贵了，而且人们还不一定信。

EQ 点评　营销人员在开展营销活动时，相比物质和知识的丰富，想象力和创造力的丰富更为重要，因为只有与众不同的想法，才可能带给人们与众不同的收获，才可能赢得营销上的制高点。

案例导引

TCL 女性液晶电脑的准确定位

在产业链和消费群发生变化的大前提下，根据自身的优势和当前的产业环境，TCL 公司确定了"抛开价格战，以产品的本地化创新来细分市场及用户群体，通过产品的差别化创新，引领行业走入细分期并站稳细分市场领导地位的市场战略"。

2004 年 3 月的一个下午，TCL 公司数码电子事业部总裁杨伟强在座椅中稍稍调整了一个坐姿，继续翻看着手中的文件，这份长达数十页的材料正是 TCL 公司去年年底推出的锐翔 A 系列差异化电脑的市场调研报告。尽管在过去的 3 个月举行了大量的促销活动，中间还穿插了春节这个传统的电脑销售旺季，但锐翔 A 系列的市场表现依然相当糟糕。但是，报告的最后一个部分引起了杨伟强的注意：在性别比例一节，锐翔 A 系列的男女购买比例为 1∶1，而在真正的使用者中，女性用户比例高达 80%。其实无论从哪个方面来看，锐翔 A 系列的设计都并不完全具备女性属性，但其纤巧的外形意外地赢得了女性用户的青睐。"细分市场的大方向是不会错的，或许是细分的标准错了？"一周后，一项关于电脑使用者情况的调查在北京、上海、重庆、广州等城市展开了。最终的调查结果果然不出所料，尽管个人电脑已经发展了整整 25 年，但其上面依然聚集了大多的男性色彩，而女性用户对目前个人电脑在外观、色彩、易用性等方面的表现却相当失望，尽管今天她们对电脑的消费能力一点也不输给男性。这一调查结果更加坚定了杨伟强的决心：女性电脑必将是下一个金矿。杨伟强决意要打造一款从设计理念到硬件配置再到外观界面都充满女性色彩的产品，要把女性电脑做到骨子里。

2005 年 3 月 8 日，TCL 全球首台女性液晶电脑——"S.H.E"美丽上市！S.H.E，一个很女人的名字，婀娜的"S"造型荡漾着女性无限的性感美姿，如游弋于水面享受自我的白天鹅；整个 Logo 设计圆润而不失硬朗，婉约中透着自信，一如今天的白领精英女性——优雅而不失性感，自信中洋溢着激情。目标群因此定位为这些追逐个性的时尚女性一族。

S.H.E 不仅仅是一种概念创新，事实上从设计理念到产品品位，从硬件配置到软件应用，从 ID 设计到细节雕琢，TCL 公司都对其进行了全方位的创新，以满足女性对 PC 雅致与柔美的美丽主张。

在北京，外观柔美的 S.H.E 推出仅两天便卖出了 112 台。一个月后，S.H.E 在全国的销量便超过了 15 000 台。而正由于 S.H.E 的热卖，TCL 电脑 2005 年上半年销量比 2004 年同期猛增 40%，并且细分市场的产品占到整个 TCL 电脑销量的不小份额。

（资料来源：吕巍，周颖. 2007. 战略营销. 北京：机械工业出版社.）

4.1 市场细分概述

4.1.1 市场细分及其作用

1. 市场细分的概念

市场细分，是指企业根据消费者需求的差异性，将某一特定产品的整个市场细分为若干个需求基本相同的消费者群（即子市场）的活动。

市场细分的理论最早是由美国营销学专家温德尔·斯密在 20 世纪 50 年代提出的，现已被理论界和企业界广泛接受并运用。有人称之为营销学研究中继"消费者为中心观念"之后的又一次革命。

2. 市场细分的理论基础：消费需求的异质性

根据消费需求的异质性，可以将整个市场分为同质市场与异质市场。

同质市场，简单地说就是消费需求基本相同的市场，即消费者对某一产品的需求相同或相似，对企业的营销策略反应相同或相似，这种产品的市场称为同质市场。

异质市场，简单地说就是消费需求存在差异的市场，即消费者对某一产品的需求存在差异，如对产品的质料、特性、规格、档次、款式、质量、价格、包装等方面的需求是不同的，或者在购买行为、购买习惯等方面存在差异，这种产品的市场称为异质市场。

3. 市场细分的作用

市场细分的作用如下：

1）有利于企业确定自己的目标市场。目标市场能否正确选择，直接决定着企业今后一系列发展战略的确定，决定了企业今后若干年的发展后劲。企业只有通过市场细分，将总体的大市场细分为若干小市场，才能根据自己的各方面条件从中选择合适的目标市场。

2）有利于分析和发掘新的市场机会。通过市场细分，一方面可以更准确地发现消费者需求的差异性和需求被满足的程度，更好地发现和抓住市场机会，回避风险；另一方面，可清楚地掌握竞争对手在各细分市场上的竞争实力和市场占有率的高低，以便更好地发挥自己的竞争优势。

3）有利于企业集中有限资源重点投放。企业，尤其是中小企业，其资源及市场经营能力是有限的，在整个市场上或较大的子市场上不是大企业的对手，只有在市场细分的基础上，见缝插针，拾遗补阙，集中有限的资源并形成规模优势，才能使自己在竞争中不断发展和壮大，取得合适的市场业绩。

4）有利于企业制订和调整市场营销策略。市场细分后，每个市场变得小而具体了，细分市场的规模、特点显而易见，消费者的需求清晰了，企业就可以根据不同的产品需求制订出不同的市场营销组合策略；否则，企业所制订的市场营销组合策略就会无的放矢。

4.1.2 市场细分的方法

1. 地理细分

地理细分，是指根据消费者所处的地理区域、地形气候等地理因素来细分市场。地理细分是市场细分最普遍的方法。例如，将市场细分为南方市场和北方市场。地理细分表见表 4-1。

表 4-1　地理细分表

细分依据	可能的细分市场
地点	国内与国外、东南西北部、城市与乡村
地形	山区、平原、丘陵
气候	温暖、寒冷
规模	小、中、大
交通网络	公共交通、驾车、骑车、步行

2. 人口细分

人口细分，是指根据人口统计资料所反映的内容来细分市场，如年龄、性别、收入、职业、文化水平等。人口是构成市场的基本要素之一，也是市场细分常用的依据。例如，将市场细分为青年市场、中老年市场、少年市场。人口细分表见表 4-2。

表 4-2 人口细分表

细分依据	可能的细分市场
人口总量	根据需要定量
年龄	幼儿、儿童、青少年、中年、老年
性别	男、女
收入	高、中、低收入
教育	文盲、小学、初中、高中、大学
流动	连续居住 2 年以上、连续居住 1 年、居住 1 年以下
居住类型	游客、当地就职者、当地居民
职业	蓝领、白领、专业技术人员、政府官员
婚姻状态	单身、已婚、离异、丧偶
住户大小	1、2、3、4、5 人或更多人
民族或种族	汉族、回族、壮族等，黑人、白人、黄种人
宗教信仰	佛教、伊斯兰教、基督教等

3. 心理细分

心理细分，是指根据消费者所处的社会阶层、生活方式、个性特点等对市场进行细分。例如，心理因素有求美、求实、求新、求名。心理细分表见表 4-3。

表 4-3 心理细分表

细分依据	可能的细分市场
社会阶层	从下下层到上上层
家庭生命周期	从未婚到寡居
人格	从内向到外向、从通情达理到顽固不化
态度	消极、中立、积极
创新性	创新、传统、落伍
舆论领袖	没有、一些、很多
语言	各种不同语言
兴趣爱好	运动、艺术、文学等
风格	求实、喜新、仿效、名牌

4. 行为细分

行为细分，是指根据消费者对产品的购买动机、使用状态、信赖程度、品牌爱好等来细分市场。例如，对于电脑，有的注重实用，有的追求性能，有的关心价格。行为细分表见表 4-4。

表 4-4 行为细分表

细分依据	可能的细分市场
购买数量	大量、中量、小量
购买频率	经常性购买、偶尔购买
购买时间	常年购买、季节性购买、周一到周五、周六与周日

续表

细分依据	可能的细分市场
购买地点	集中购物中心、分散购物中心
购买结构	从非正式到正式、从单个到联合
购买重要性	从不重要到很重要
使用率	少、适中、多
使用经验	从没有到很多
品牌忠诚	没有、一些、完全
产品功能	根据产品特征确定组合

4.1.3 市场细分的程序

市场细分的程序如下：

1）选定产品市场范围（尚未满足需求的产品）。例如，春兰集团在对市场充分调查后发现空调器尚未普及，而且国内生产厂家甚少，市场容量足够自己发展，因此，选定投产空调器。

2）估计潜在顾客的基本需求。例如，关于空调器的性能，需要能制冷和制热。

3）分析潜在顾客的不同需求。例如，由于家庭居住面积的大小不同，需要功率大小不同的空调器；由于家庭收入不同，需要价格不同且功能各异的空调器。

4）剔除潜在顾客的共同需求。例如，一般顾客都希望空调器噪声小、耗电量低，这是共同需求，不能作为市场细分的依据。

5）为细分市场定名。例如，宾馆客房空调器、汽车专用空调器、家用空调器等。

6）进一步认识各细分市场的特点，做进一步细分和合并。例如，随着人们生活水平的提高，家庭装修宾馆化，宾馆客房空调器和家用空调器可以合并为家用空调器；家用空调器又可细分立柜式空调器、分体式空调器、窗式空调器等。

7）测量各细分市场的大小，从而估算可能获利水平。

4.1.4 有效细分市场的标准

有效细分市场的标准如下：

1）可衡量性。企业对细分后界定的子市场，其规模和购买力可以衡量。

2）可接近性。细分后界定的子市场，企业可以有效地接近和为之服务。

3）可盈利性。细分后界定的子市场的规模能保证企业获得足够的经济效益。

4）可实施性。企业自身有足够的能力针对有关子市场实施营销计划。

4.2 市场定位

4.2.1 目标市场选择

1. 目标市场选择的标准

目标市场，是指在市场细分的基础上，企业选定的、准备以相应产品和服务去满足其需要的消费者群。目标市场选择标准包括以下几方面。

1）有一定的规模和发展潜力。企业进入某一市场期望有利可图，如果市场规模过于狭小或者趋于萎缩状态，则企业进入后难以获得发展。因此，企业必须考虑该子市场是否具有吸引力，包括它的市场容量、成长性、盈利性、规模经济性、风险性等，选择一个具有一定的规模和发展潜力的目标市场。

2）符合企业的经营目标和能力。企业在选择目标市场时，必须考虑对子市场的投资与企业的经营目标和资源是否一致。某些子市场虽然有较大的吸引力，但不符合企业的经营目标，就应该放弃；另外，也必须考虑本公司是否具备在该子市场获胜所必需的技术和资源。只有选择那些企业有条件进入、能充分发挥其资源优势的子市场作为目标市场，企业才会立于不败之地。

2. 目标市场营销模式

（1）集中性营销模式

集中性营销模式，也称密集性营销模式，是指企业集中所有力量，以一个或少数几个性质相似的子市场作为目标市场，制订一套营销方案，力图在较少的子市场上占有较大的市场份额。企业实行集中性营销模式，可选择的目标市场包括：

1）密集单一市场。企业在众多的细分市场中只选择一个子市场作为营销的目标市场，进行集中营销。

2）有选择的专门化。企业同时选择几个相关度很小或根本没有关系的细分市场作为营销的目标市场，但每个细分市场都有可能盈利。

3）市场专门化。企业为满足某个顾客群体的多种需要而向他们提供多种产品或服务。

4）产品专门化。企业只生产或销售某一种类的产品，把它推向不同的市场。

（2）完全市场覆盖模式

完全市场覆盖模式，是指企业通过生产各种产品和提供各种服务，全方位地满足整体市场的需求。完全市场覆盖模式下，企业可以通过无差异营销策略和差异性营销策略达到覆盖整个市场的目的。

1）无差异营销策略。企业在市场细分后，不考虑各子市场的特性，而只注重子市场的共性，决定只推出单一产品，运用单一的市场营销组合，力求在一定程度上适合尽可能多的顾客的需求。

2）差异性营销策略。企业决定同时为多个子市场服务，设计不同的产品，并在营销组合上加以相应的改变，以适应各个子市场的需要。

4.2.2　市场定位决策

市场定位决策

1. 市场定位的要素

市场定位，是指企业根据现有产品在市场上所处的位置，塑造本企业与众不同的有鲜明个性或特色的形象，以适合目标消费者的需要或偏好。市场定位的实质就是要使本企业的产品与其他企业严格区分开来，使消费者明显感觉和认识到这种差别，从而在消费者心目中占有特殊的位置。

市场定位的要素主要包括：

1）确定产品特色。市场定位的出发点和根本要素是要确定产品的特色。企业首先要了解市场上竞争者的定位状况，他们提供的产品或服务具有哪些特点；其次要了解消费者对某类产品各属性的重视程度。在此基础上，结合企业的自身条件，确定企业产品的特色。

2）树立市场形象。企业所确定的产品特色，是企业有效参与市场竞争的优势。要使这些独特的优势发挥作用，影响消费者的购买决策，需要以产品特色为基础树立企业鲜明的市场形象，通过积极主动而又巧妙地与消费者沟通，引起消费者的注意与兴趣，求得消费者的认同。

3）巩固市场形象。消费者对企业的认识不是一成不变的。由于竞争者的干扰或沟通不畅，会导致企业的市场形象模糊，使消费者对企业的理解出现偏差，态度发生转变。因此，建立市场形象后，企业还应不断地向消费者提供新的论据和观点，及时矫正与市场定位不一致的行为，巩固市场形象，维持和强化消费者对企业的看法和认识。

2. 市场定位的依据

1）档次定位。依据产品的不同档次进行市场定位。

2）特色定位。依据产品的内在特色进行市场定位。

3）利益定位。依据产品向消费者提供的利益进行定位。

4）使用者定位。依据产品与某类消费者的生活形态和生活方式的关联来进行市场定位。

5）文化定位。依据产品的文化特点进行市场定位。

6）功效定位。依据产品的功效进行市场定位。

7）品质定位。以产品优良的或独特的品质作为诉求内容的市场定位。

8）首席定位。强调产品在同行业或同类产品中的领导地位、专业性地位的市场定位。

9）概念定位。使产品在消费者心目中占据一个新的位置，形成一个新的概念，甚至造成一种思维定式的市场定位。

10）比附定位。也称攀附名牌，借助名牌之名而使自己的品牌生辉的市场定位。如明确承认同类产品中另有最负盛名的品牌，自己只不过是第二而已。

11）质量-价格定位。将质量与价格结合起来构筑品牌识别的定位。

12）企业理念定位。企业用自己的具有鲜明特点的经营理念和企业精神作为定位诉求的市场定位。例如，"IBM 就是服务"是美国 IBM 公司的一句响彻全球的口号，是 IBM 公司经营理念的精髓所在。

3.　市场定位的方法

1）初次定位。新成立的企业或企业新品牌、新产品初次投入市场，或产品进入新市场时，企业对产品所进行的市场定位。

2）重新定位。企业在市场情况或自身能力发生变化时决定改变原有市场形象，确定新的市场形象而进行的市场定位。

案例 4-1

万宝路的重新定位

万宝路的中文意思是"只是因为浪漫，男人总忘不了爱"。美国的 20 世纪 20 年代，许多青年受到了战争的创伤，他们经常在香烟中冲淡悲伤。女性抱怨白色的香烟嘴沾染了她们的唇膏，很不雅观。莫里斯决定生产一种女性的香烟，于是万宝路诞生了。

万宝路最初的品牌定位很不成功，他们当初主要把万宝路定位在女性烟这个档次上，结果男人对其冷落。遭受第一次的挫折后，万宝路重新进行品牌定位，把受众转向了广大的男性烟民，使之具有男子汉的气质，以一个西部牛仔的形象打开了品牌市场，通过广告策划，在消费者心中树立起了"哪里有男子汉，哪里就有万宝路"的品牌形象，万宝路成为男子汉的气质象征。

（资料来源：苏亚民. 2002. 现代营销学. 北京：中国对外经济贸易出版社.）

3）对峙定位。企业选择靠近于现有竞争者或与现有竞争者重合的市场位置，争夺同样的顾客所进行的市场定位。

4）回避定位。企业回避与目标市场上的现有竞争者直接对抗，将其位置定位于市场空白点的市场定位。

案例 4-2

七喜饮料的定位营销

在七喜饮料问世之前，美国的可乐饮料独步天下，可口可乐与百事可乐早已成为美国市场饮料的代名词。而此时，七喜公司要打入饮料市场，谈何容易！可是，七喜公司在广告中这样说道，"你知道在碳酸饮料中，除了可乐，还有别的吗？有！那就是非可乐型饮料！七喜就是非可乐型饮料！"接着，七喜又连续轰炸，直到让人们明白除了可乐，还有非可乐饮料，而七喜公司是非可乐饮料的代名词。

（资料来源：罗绍明. 2009. 市场营销实训. 北京：机械工业出版社.）

4.　市场定位的步骤

1）分析市场竞争态势与本企业的竞争优势。确定企业的竞争优势是一个"知己知彼"的过程，在此过程中主要回答以下 3 个问题：一是竞争对手的市场定位如何？二是目标市场需求满足程度如何，还缺什么？三是面对竞争者的市场定位和目标市场的需求，企业应该和能够做什么？通过对这 3 个问题的回答，企业就可以把握和确定自己的潜在竞争优势了。

2）发掘与选择企业相对竞争优势，确立市场定位。选择企业相对竞争优势的目的是在局部树立起绝对优势。选择企业相对竞争优势的过程就是将企业各方面的实力与竞争者进行比较的过程。比较的内容包括经营管理、技术开发、采购、生产、市场营销、财务、产品等。

3）凸现本企业独特的竞争优势，传播市场定位。这一步骤的主要任务是沟通，即通过有计划地宣传、广告、促销等活动，将本企业的竞争优势准确地传播给消费者，使他们了解、认同、喜欢和偏爱本企业的市场定位，在消费者心目中建立起与该定位相一致的形象。

EQ 寄语

客户的需求因人而异，作为销售人员，我们必须识别、分析客户的不同需求及客户对服务的不同期望，以提供针对性的增值服务，满足客户的特定需求。企业应努力开展差异化营销，这样才可以将企业有限的资源有的放矢，发挥最大的效率与效益，实现客户满意的同时也给企业带来源源不断的财富。

能 力 训 练

一、知识训练

1. 判断题

1）目标市场，是指在市场细分的基础上，企业选定的、准备以相应产品和服务去满足其需要的消费者群。　　　　　　　　　　　　　　　　　　　　　　（　　）

2）企业选择目标市场时，可以不必考虑对子市场的投资是否与企业的经营目标和资源相一致。　　　　　　　　　　　　　　　　　　　　　　　　　　　（　　）

3）概念定位，是指企业强调产品在同行业或同类产品中的领导地位、专业性地位的市场定位。　　　　　　　　　　　　　　　　　　　　　　　　　　　（　　）

4）企业选择完全市场覆盖模式比集中性营销模式更容易成功，这主要因为完全市场覆盖模式的市场更大。　　　　　　　　　　　　　　　　　　　　　　（　　）

5）市场定位的实质就是要使本企业的产品与其他企业严格区分开来，使消费者明显感觉和认识到这种差别，从而在消费者心目中占有特殊的位置。　　　　（　　）

6）初次定位，是指新成立的企业或企业新品牌、新产品初次投入市场，或产品进入新市场时，企业对产品所进行的市场定位。　　　　　　　　　　　　　（　　）

2. 选择题

1）企业根据消费者需求的差异性，将某一特定产品的整个市场细分为若干个需求基本相同的消费群的活动，是指（　　）。

    A. 市场划分　　　B. 市场分类　　　C. 市场细分　　　D. 市场区分

2）市场细分的理论基础是（　　）。

    A. 购买能力的异质性　　　　　B. 消费需求的异质性

    C. 购买动机的异质性　　　　　D. 产品品质的异质性

3）根据消费者所处的社会阶层、生活方式、个性特点等对市场进行细分，是指（　　）。

    A. 行为细分　　B. 心理细分　　C. 人口细分　　D. 地理细分

4）企业根据现有产品在市场上所处的位置，塑造本企业与众不同的有鲜明个性或特色的形象，以适合目标消费者的需要或偏好，是指（　　）。

    A. 市场定位　　B. 市场细分　　C. 目标营销　　D. 需求管理

5）市场定位的出发点和根本要素是（　　）。

    A. 树立市场形象　　　　　　　B. 巩固市场形象

    C. 确定产品特色　　　　　　　D. 把握顾客需求

6）企业在市场情况或自身能力发生变化时决定改变原有市场形象，确定新的市场形象而进行的市场定位，是指（　　）。

    A. 比附定位　　B. 重新定位　　C. 对峙定位　　D. 特色定位

二、分析训练

1. "王老吉本草"凉茶市场定位的案例分析

作为"四大国粹"之一的"本草文化"，是我国传统文化的重要代表，其背后的商业价值自然不可小觑。"王老吉本草"凉茶，有如一夜东风来，很快地风靡大江南北，短短数年间销售额激增了 4 倍。

"凉茶"是广东地区一种由中草药熬制、具有清热祛湿等效果的"药茶"。在众多老字号凉茶中，"王老吉"极为著名，至今已有 180 年历史。20 世纪 90 年代，广东加多宝饮料有限公司在取得"王老吉"品牌经营权之后的六七年间，王老吉饮料的市场销售还只是业绩平平。到了 2003 年，"王老吉"亮相中央电视台，其销量才突然激增，如今已是红遍了中国的大江南北。

"王老吉"饮料能迅速蹿红，其中原因不一而足。

若是论其配料，似乎也无神奇，不过是本草中仙草、蛋花、布渣叶、菊花、金银花、夏枯草、甘草这些具有清热祛火功能的"亦食亦药"成分。

应该说，首推其功的，还是战略咨询公司协助企业完成的品牌重新定位及其战略规划。新定位的语言表现为一句"怕上火，就喝王老吉"。这一定位表现所针对的情形，是人们饮食不免辛辣、工作节奏过快、生活压力太大而容易导致上火。

一个正确的定位，通常应该是着眼于"迎合"而不是"改变"消费者既有的认知感受和潜在需求。因为经验告诉我们，消费者是不会轻易地被人所改变的。中国广袤大地上的消费者，尽管多数人并无服用"凉茶"的习惯，对广东凉茶也不甚了解，但他们对传统中医文化讲了几千年的"湿热"、"上火"一类概念却耳熟能详，而且颇以为然。

"王老吉"于是抓住中国消费者担心上火这一既有的认知和需求，从本草中去深挖"防上火"、"降火"的商业价值，并且发挥得淋漓尽致。

分析：

1）"王老吉"饮料是怎样进行市场定位的？

2）"王老吉"饮料市场定位成功的关键是什么？

2. 动感地带市场定位的案例分析

中国移动通信集团公司以往的营销战略和手段往往给人一种成熟、稳重、大气和深远的感觉，而其以新奇、大胆、年轻、时尚、前卫的手段打造的"动感地带"，也大有"不鸣则已，一鸣惊人"之势，半年多时间就吸纳近千万客户。

"动感地带"是中国移动通信集团公司继神州行、全球通以来推出的第三大品牌，是一个年轻的、富于变化和想象的产品。"动感地带"有着明确的目标客户群——15～25岁的年轻一族。中国移动通信集团公司深入研究了这个年龄段的人群的消费特点，将他们全身上下散发的动感气质注入到产品中来，并根据这些特点对语音业务和数据业务进行了选择，组合出适合他们的业务和资费。"动感地带"不仅为顾客提供优质的语音通话服务，还有丰富的数据业务，如超值短信、个性铃声、图片下载、走着玩的移动QQ、手机游戏、移动Flash等时尚、新奇、好玩的各色服务，不仅满足了年轻人的消费需求，而且吻合了他们的消费特点和文化。

在推出后短短的不到一年的时间里，"动感地带"已经成为了很多年轻人非常钟爱的一种个性化的移动通信选择，成为彰显年轻个性、张扬时尚好奇的生活追求之一。加上中国移动通信集团公司又邀请娱乐领域的巨星周杰伦作为其品牌形象代言人，更使得喜欢动感歌舞、尊崇个性主张的年轻一族对其青睐有加。

年轻一族在消费时讲求品牌，追逐时尚，对新鲜事物充满兴趣，崇尚个性，思维活跃，是社会消费潮流的忠实追随者。而"动感地带"以创新的短信套餐形式营造现代文化理念，搭建生活沟通的新方式，开辟获取信息的新渠道，从而成功地俘获了年轻一代的心。

分析：

1）"动感地带"是怎样进行市场定位？

2）"动感地带"选择哪类顾客为其目标市场？

三、技能训练——准确市场定位企业案例搜索技能训练

1. 训练目的

1）能搜索到一个准确市场定位的案例。

2）能清晰表达出该定位案例的内容。

3）能总结归纳出该企业的成功之处。

4）能简要说出选择该定位案例的理由。

2. 训练指导

1）布置任务：将教学班学生按每 6～8 人的标准划分成若干个任务小组，每个小组成员搜寻一份准确市场定位企业案例。

2）搜索选择：各小组成员总结归纳自己搜寻到的准确市场定位企业案例的成功之处，列明选择该案例的理由，之后形成准确市场定位企业案例搜索技能训练报告。

3）课堂陈述：各个任务小组成员上交准确市场定位企业案例搜索技能训练报告，由指导教师从每小组中选择一份具有代表性的准确市场定位企业案例搜索技能训练报告，并邀请其作者代表小组上台陈述。

4）评价效果：各个小组代表陈述后，指导教师点评该次准确市场定位企业案例搜索技能训练的情况，并由全班学生不记名投票，评选出该次搜索技能训练的获奖小组，给予表扬与奖励。

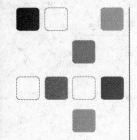

第 5 章
市场营销战略

目的要求

1. 知识目标

1）能叙述和列举市场营销战略的特征与要素。
2）能熟记和列举市场竞争战略的工具与类型。
3）能理解和掌握波士顿咨询公司分析法的运用。
4）能理解和掌握多因素投资组合矩阵法的运用。
5）能叙述和列举市场发展战略的类型。
6）能叙述和列举市场营销计划的要求与构成。
7）能理解和掌握市场营销计划的实施与控制。

2. 技能目标

1）能综合运用本章知识剖析现实案例。
2）能顺利完成市场营销计划搜索技能训练。

3. 素质目标

追求卓越、精益求精，事事精细成就百事，时时精细成就一生。

重点难点

1）市场营销战略。
2）市场竞争战略。
3）市场发展战略。
4）市场营销计划。

EQ 故事

提高专业技能水平成功在于精益求精

5 年前，小王和小李共同走进了一家工厂，做了一名普通的员工。工作很简单，就是开冲压机，班长把模具装好，交给两人作业就行了。刚开始，他们都十分认真，工作也很努力。3 个月后，小王就感到不耐烦了，认为：这样的工作，既辛苦又累，每天重复着同样的工作，毫无乐趣；凭自己的聪明才智，应该做好一点的工作；另外，工资又这么低，干得再好，也不能从公司那里得到更多的好处，老板也不会多给一点工资。因此，这份工作根本就不值得好好做。于是，他整天做事也不动一点脑筋，只想着跳出这个车间。

小李可就不一样了，他干了一段时间后，发现开冲压机并不是一份简单的工作，整天与模具打交道，于是他对模具产生了很大的兴趣，他一边工作，一边仔细地观察模具的结构以及生产的原理；经常向同事、朋友们了解关于模具的知识；下了班就扎进图书室查阅资料。凭着他熟练的工作实践和丰富的知识积累，渐渐地他也学会了装模、修模、调模以及处理各种问题。他精艺的技能水平和对工作认真负责的态度，很快被上级领导观察到了，并很快被调入了工模部做了一名制模工。

3 年以后，小王仍然开着那台冲压机，拿着一份并不高的薪水；而小李却成为了一名优秀的制模师傅，他们之间的工资水平和各种福利待遇有着明显的差距，这是为什么呢？很简单，专业水平的高低决定了你在工作中能够创造价值的大小。当今社会的竞争形势如此激烈，如果我们不能在某一专业上做到精益求精，那么实现成长与目标就无从谈起，而且下一个遭受淘汰命运的人就是我们。

EQ 点评 在这个竞争日益激烈的社会，追求卓越、精益求精对我们每个人都是非常重要的。学习无止境，奋斗无止境，作为营销人员，我们不能满足于现状，必须不断学习、不断更新自己的知识，提升自我，将精益求精坚持到底。

案例导引

成功秘诀——砍掉 99% 的产品

某家公司是由 5 家体育器材厂合并而来的，合并时资金只有 2000 万元，但是负债高达 11000 万元，而旗下的体育用品从滑翔机、篮球架到帆船板，可谓"海陆空"齐备。

怎样才能走出困境，将企业做大做强？总经理做出了一个大胆的决定：砍掉 99% 的产品，将上百个产品商标、几千种产品削减到只剩几十种，集中发展留下的 1% 乒乓球产品。这样一来，产品质量大大改善，单价得以提高，从成立时的 1995 年到 2005 年的 10 年间，其产品价格在国际市场上翻了 4 倍以上，卖一套球产品的利润就等于卖一套家具。

国际桌球器材的产品标准一向都由欧日企业决定。为抓住更大的商机，他们决定开发新的国际标准。通过设立百万元基金，调集公司的技术精英成立"大球项目组"，与国家体育局科研所合作研发。经过无数次的选料、试验、模拟击球，1999年初，公司开发出属于中国的 40 毫米乒乓球标准。因为中国乒乓球实力在全球数一数二，中国国家队拿着他们的产品，进行全球游说，最终竟说服国际桌球联盟将这家公司的标准确定为临时国际标准。

10 年来，他们赞助了中国国家队 18 次国际顶尖赛事，历届乒乓球国手大多成了该公司的签约球员，他们的产品几乎成为了世界冠军的专用品牌。

这家公司就是上海红双喜运动器材公司。凭借聚焦经营，公司近 5 年营业收入每年增长 25%，目前掌握了全球 20%、中国近 40% 的市场，年销售额超过 3 亿元。

（资料来源：耿景辉. 2011. 成功秘诀：砍掉 99% 的产品. 学习之友，(3)：61-62.）

5.1 市场营销战略

5.1.1 市场营销战略概述

1. 市场营销战略的含义

战略，是指企业为了实现预定目标，对企业的全局的、长远的和重大的问题做出的运筹规划。它是实现企业长期发展目标的总方针、重点的部署和资源安排。

市场营销战略，是指企业为实现自己的总目标和任务所制定的长期性、全局性的营销规划。

2. 市场营销战略的特征

市场营销战略的特征见表 5-1。

表 5-1　市场营销战略的特征

序号	特征	特征内涵
1	整体性	以企业的全局为对象，根据企业总体发展需要而制定，它的着眼点是企业全局的发展和企业的总体行动
2	长期性	着眼于企业的未来，谋求企业的长远发展，关注的是企业的长远利益，因此，它是涉及企业长期性发展的战略
3	稳定性	企业的整体性、深远性的战略，决不能朝令夕改，是相对稳定的战略，一般不轻易改变
4	适应性	要根据企业内部条件和外部环境的变化，适时调整，以适应各种变化因素，化劣势为优势，不断寻求新的发展机遇
5	指导性	具有行动纲领作用，对企业的一切行动都具有指导性作用

3. 市场营销战略的构成要素

市场营销战略的构成要素见表 5-2。

表5-2 市场营销战略的构成要素

序号	特征	特征内涵
1	战略思想	企业制定实施战略所依据的指导思想,主要包括营销观念、竞争观念、创新观念、效益观念等
2	战略目标	企业通过战略在未来所要达到的目标
3	战略重点	对战略目标的实现有重大甚至决定意义的关键部位、环节和部门
4	战略阶段	为了达到预定战略目标,在战略的制定和实施过程中按一定标志或依据划分的阶段
5	战略对策	为实现战略指导思想和战略目标而采取的措施和手段

5.1.2 市场竞争战略

1. 市场竞争工具

竞争,是指在同一市场中经营,满足相同客户需求的企业之间,为争夺共同的资源而相互施加不利影响的行为。企业开展市场竞争的工具主要包括质量、价格、技术、服务、时基等。

1)质量竞争。质量是产品的一个基本特征,产品的质量由人们对其功能的期望而定,一旦产品不好或难于使用,人们马上就会失望。其次,低质量的产品还将损害人们对企业的信任。另外,企业也应清楚地认识到,产品的质量是消费者期望的质量,而不是企业的生产质量,营销人员应与研究开发部门、生产部门、售后服务部门等部门的人员一起确保产品质量的稳定。

案例 5-1

箭牌口香糖的质量竞争

箭牌口香糖可谓称得上是质量差别化的典范,其对质量的不懈追求,令人感动。

第二次世界大战期间,美国人发现咀嚼口香糖有助于疏缓紧张、提高反应速度,因此,军队的订单汹涌而至,国内民用市场的需求也急增,口香糖行业迎来千载难逢的黄金时节。但是,战争带来机遇,也带来了威胁:由于原料产地遭到破坏,所有的口香糖企业不得不使用劣质原料代替原来的优质原料,这导致了口香糖质量的下降。

似乎所有的人都理解和原谅这种"战争行为"。然而,当时的箭牌糖果有限公司总裁菲利普·莱格利却不这么认为。经过痛苦思考,他做出了一个令人吃惊的决定:把箭牌在消费者心目中最有影响、销量最大的白箭、绿箭、黄箭三大品牌,从国内市场首先退出。至 1944 年,除了供应军队,箭牌所有品牌完全从国内市场退出。箭牌宁愿不做生意,也要在消费者心目中保持高质量的品牌形象。

没有产品在市场上出现,必然要冒品牌从消费者的记忆中消失或被其他品牌所取代的巨大风险。为了降低风险,箭牌糖果有限公司能做的就是贴出这样一张宣传海报:一张空白箭牌口香糖纸和一句口号——"记住这张包装纸"。

箭牌糖果有限公司坚持承担着这种风险达两年之久，直至战后的 1946 年能重新获得一流原料时，才恢复原有品牌的生产。但是，出乎包括菲利普·莱格利在内的所有人的意料：两年后重新出现的箭牌，受消费者欢迎程度超过了战前。

"即使如一片口香糖这样的小东西，质量也是最重要的。"菲利普·莱格利记住了父亲留下的商业法则。

（资料来源：闫国庆. 2007. 国际市场营销学. 北京：清华大学出版社.）

2）价格竞争。价格是营销中最活跃、最革命的因素，也是最容易产生立竿见影效果的营销策略。对于消费者而言，价格是可见的，是与其他产品相比较的基础，也是一个产品区别于其他产品的最直接手段。价格竞争战略不等同于价格战。在使用价格战略时，首先要明确战略目标，是要用低价抢占市场，还是要体现某种产品定位；其次，要对定价环境，包括消费者对产品或服务的反应和竞争者的反应进行必要的分析。接下来，企业就可以选择价格战略，并决定具体的价格及其策略。

3）技术竞争。技术竞争，即技术领先，指企业率先开发或引进最新技术成果，领先于其他竞争者，占据市场领导者的地位。采取此种竞争的企业在市场上可能处于有利的竞争地位，获得"先入为主"的优势，甚至在一定时期内独占市场。采取技术竞争的企业必须具备 2 个基本条件：一是研究开发能力较强，能够持续不断地进行技术创新；二是抗风险能力较强。

4）服务竞争。一般来说，服务质量的好坏、服务项目的多少，将直接影响企业的竞争能力和效益。如果服务不到位，可能使消费者的工作或生活被耽搁而遭受巨大损失，这就要求企业一切以消费者满意不满意、方便不方便为标准，根据消费者的不同需求提供多样化、个性化的服务解决方案。

5）时基竞争。时基竞争，是指以时间为基础的竞争。那些能比竞争对手更快地满足消费者需求的企业，会比同一领域的其他企业增长得更快，获得更多的利润。时基竞争的核心是迅捷反应。迅捷反应能力的提升已经不能仅仅通过在企业内部改革来实现，而要通过原材料的取得、产品制造等垂直分工体系的整体革新来实现，即在供应链整体环节的运作上比竞争对手行动更快，从而为消费者创造更多的价值。

2. 市场竞争战略的选择

市场竞争战略，是指企业为了自身生存与发展，为在竞争中保持或发展自己的实力地位而确定的企业目标和达到目标应采取的各种战略。每个企业都要依据自己的目标、资源和环境，先确定自己在市场上的竞争地位，然后根据企业的市场定位来制定合适的竞争战略。一般来说，企业有 3 种可供选择的竞争战略：成本领先战略、差异化战略和集中战略。

（1）成本领先战略

成本领先战略，是指在一定的质量条件下，通过采用一系列以成本为中心的经营管理活动，努力降低产品生产与分销成本，使本企业的产品价格低于竞争对手的竞争战略。成本领先战略可以使企业在行业中赢得总成本优势，抵挡住竞争对手的对抗，迅速扩大销售量和提高市场份额。

成本领先战略适用的条件包括：①市场需求具有较大的价格弹性；②实现产品差别化的途径很少；③顾客不太在意品牌间的差别；④企业生产具有明显的规模经济效应；⑤竞争者很难以更低的价格提供同样的产品。

（2）差异化战略

差异化战略，是指将企业提供的产品或服务差异化，形成一些在全产业范围内具有自身独特特性的东西，以满足各个细分市场的目标顾客的差异性需要。成功的差异化能够使企业以更高的价格出售产品，并通过产品的差异化特征赢得顾客的长期忠诚。

差异化战略适用的条件包括：①有多种使产品或服务差异化的途径，而且这些差异化是被某些顾客视为有价值的；②消费者对产品的需求是不同的；③奉行差异化战略的竞争对手不多。差异化战略的工具包括产品、服务、人员和形象，其差异化战略工具见表 5-3。

表 5-3　差异化战略工具表

产品差异化	服务差异化	人员差异化	形象差异化
特色	送货	能力	标志
性能	安装	礼貌	标准字
耐用性	用户培训	可信任性	标准色
可靠性	咨询服务	可靠性	事件
可维修性	修理	责任性	媒体
风格	其他	沟通能力	气氛

知识拓展 5-1

差异化战略的原则

1）重要性。该差异化能向顾客让渡较高价值的利益。

2）明晰性。该差异化是其他企业所没有的，或者是该企业以一种突出、明晰的方式提供的。

3）优越性。该差异化明显优于通过其他途径而获得的相同利益。

4）可沟通性。该差异化是可以沟通的，是顾客看得见的。

5）不易模仿性。该差异化是其竞争对手难以模仿的。

6）可接近性。该差异化所提高的成本是顾客可以接受的。

7）可盈利性。该差异化可以使企业获得利润。

（3）集中战略

集中战略，是指把企业所有的资源和能力集中在一个或少数几个较小的细分市场上，以满足一定顾客的特殊需要，从而建立局部的竞争优势。集中战略适用的条件是企业能比正在更广泛地进行竞争的竞争对手更有效或效率更高地为该子市场服务。

集中战略不是一种独立的竞争战略，也就是说，企业在集中于目标市场的同时，还要决定是倾向于通过产品差异化特征还是以低成本特征来建立竞争优势，即要把这种战略与成本领先战略或差异化战略结合起来使用。

5.1.3 市场发展战略

1. 企业现有业务分析

（1）波士顿咨询公司的成长-份额矩阵法

成长-份额矩阵法，也称为市场增长率-市场占有率矩阵法，是美国管理咨询服务企业波士顿咨询集团公司提供的一种分析模式。在矩阵中，纵坐标代表行业市场增长率，横坐标代表相对市场占有率，表示各经营业务单位与其最大竞争者之间在市场占有率方面的相对差异。该矩阵分为 4 个象限，处于各象限的业务单位归属于 4 种不同的类型（见图 5-1）。

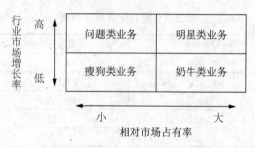

图 5-1 成长-份额矩阵

1）明星类业务。这类业务的市场占有率很高，市场增长率也很高，可能业务所在的行业处于导入期或成长期。对于明星类业务，企业可采用发展战略（即进一步投资，使其继续发展，扩大产品的市场份额，增强其竞争能力）。

2）问号类业务。这类业务的市场占有率低，但市场增长率很高，很可能是企业进入一个处于成长期的行业。对于问号类业务，企业可采用发展或维持战略（即只做必要投入，使之维持现状，保持产品的市场份额）。

3）奶牛类业务。这类业务的市场占有率高，但市场增长率低，可能是所在的行业处于成熟期或衰退期的早期。对于奶牛类业务，企业可采用收割战略（即只追求产品的短期收益，不顾及长远影响）。

4）瘦狗类业务。这类业务的市场占有率和市场增长率都低，可能所在的行业处于成熟期的晚期或衰退期，也可能企业自身不具备竞争优势。对于瘦狗类业务，企业可采用放弃战略（即出卖产品，不再生产，把资源投向其他更有利的产品）。

（2）通用电气公司的多因素投资组合矩阵法

在通用电气公司的多因素投资组合矩阵中，纵坐标代表市场吸引力，横坐标代表竞争能力，只有进入既有吸引力的市场，又拥有竞争的相对优势的业务才能成功。市场吸引力取决于市场大小、年市场增长率、历史的利润率等一系列因素；竞争能力由该单位的市场占有率、产品质量、分销能力等一系列因素决定。该矩阵依据市场吸引力的大、中、小，竞争能力的强、中、弱，分为 9 个区域，它们组成 3 种战略地带（见图 5-2）。

图 5-2　多因素投资组合矩阵

1）绿色地带业务。该类业务既有较高的市场吸引力，又有竞争优势，因此，企业可采用发展战略，使其进一步发展。

2）黄色地带业务。该类业务各方面都属于中等的状况，因此，企业可有选择地采用维持或收割战略。

3）红色地带业务。该类业务市场吸引力低，企业也缺乏竞争优势，因此，企业可采用收割或放弃战略。

（3）收入利润顺序法

收入利润顺序法，是指将生产的多种产品按销售收入和利润排序，并将其绘在收入利润图上，依据收入利润的顺序关系进行经营决策分析的一种方法（见图 5-3）。

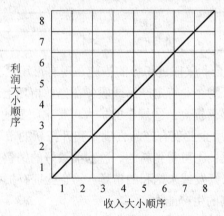

图 5-3　收入－利润顺序法矩阵

1）处于对角线上的产品。收入与利润成比例，属于收入高、利润也高的产品，应采用维持或收割战略。

2）处于对角线下方的产品。利润比正常多，属于收入高、利润更高的产品，应采用发展战略。

3）处于对角线上方的产品。利润比正常少，属于收入高、利润低的产品，应采用收割或放弃战略。对于处于对角线上方的产品，还需要做进一步分析，其中很重要的一个因素是产品生命周期。如果是新产品，处于导入期，因顾客不了解，销售额低；同时，由于设计和工艺未定型，生产效率低，成本高，利润少，甚至亏损，此时应继续生产，并做一定的广告宣传，改进设计与工艺，努力降低成本。如果是老产品，处于衰退期，就不应继续生产。

2. 市场发展战略的选择

市场发展战略，是指企业扩大再生产、开拓市场的经营发展战略。市场发展战略包括密集性发展战略、一体化发展战略和多样化发展战略（见表5-4）。

表5-4　产品业务发展战略

密集性发展战略	一体化发展战略	多样化发展战略
市场渗透	后向一体化	同心多样化
市场开发	前向一体化	水平多样化
产品开发	水平一体化	综合多样化

（1）密集性发展战略

密集性发展战略，是指在企业现有的业务领域内寻求未来的发展的战略。密集性发展战略包括市场渗透战略、市场开发战略和产品开发战略（见表5-5）。

表5-5　产品/市场发展矩阵

市场＼产品	现有产品	新产品
现有市场	市场渗透	产品开发
新市场	市场开发	（多样化发展）

1）市场渗透战略。企业采取更积极的措施在现有市场上扩大现有产品的销售。适合采用该战略的条件是：①企业特定产品或服务在当前市场上还没有饱和；②现有用户对产品的使用率还可以显著提高；③规模的扩大可带来明显的规模经济或竞争优势。

2）市场开发战略。用企业现有产品去满足和开拓新的市场，以实现销售的增长。适合采用该战略的条件是：①可得到新的、盈利前景好的销售渠道；②企业在所经营的领域非常成功；③存在未开发或未饱和的市场；④企业拥有扩大经营所需要的资金与人力资源；⑤企业存在过剩的生产能力。

3）产品开发战略。向现有市场提供新产品或改进型产品，满足现有顾客的潜在需求。适合采用该战略的条件是：①企业所在的行业发展迅速；②主要竞争对手的产品性价比更高；③企业拥有非常强的研发能力；④企业拥有成功但处于产品生命周期中成熟期的产品，此时可以吸引老用户购买经过改进的新产品。

（2）一体化发展战略

一体化发展战略，是指企业与供应商、销售商实行一定程度的联合，融供应、生产、销售于一体的发展战略。一体化发展战略包括后向一体化、前向一体化和水平一体化战略（见表5-6）。

表 5-6　一体化发展战略的类型

序号	战略类型	战略内涵	战略条件
1	后向一体化战略	企业通过收购或兼并若干材料供应企业,控制原材料的生产和供应,实行供产联合	①企业当前的供应商供货成本高或不可靠或不能满足企业对原材料的需求;②供应商数量少,而需求方竞争激烈;③企业所在行业发展迅速;④企业具备生产原材料所需的资金和人力资源;⑤上游产业利润高;⑥企业需要尽快获得所需资源
2	前向一体化战略	企业通过收购或兼并若干商业企业,建立自己的分销系统,实行产销联合	①企业现有的销售商成本高、不可靠,或不能满足企业开拓市场的需要;②市场上可以利用的合格销售商数量很有限,实现收购或兼并,可使企业获得竞争优势;③企业所在的行业快速增长或预计将快速增长;④企业具备销售自己产品所需要的资金和人力资源;⑤企业现有的经销商有较高的利润空间
3	水平一体化战略	企业通过收购或兼并若干竞争者,把几个生产同类产品的企业合并起来,组成联合企业或专业化公司,扩大生产经营规模	①在法律允许范围内,可以在特定领域获得一定程度的垄断;②企业在一个成长的行业中经营;③规模的扩大可带来明显的竞争优势;④企业具有成功管理更大组织所需的资金与人才;⑤兼并对象是由于缺乏管理经验或特定资源而停滞不前,而非行业不景气引起的

（3）多样化发展战略

多样化发展战略,也称多元化发展、多角化发展战略,是指多方向发展新产品和多个目标市场相结合的发展战略。多样化发展战略包括同心多样化战略、水平多样化战略和综合多样化战略（见表 5-7）。

表 5-7　多样化发展战略的类型

序号	战略类型	战略内涵	战略条件
1	同心多样化战略	开发与本企业现有产品线的技术和营销组合具有协同关系的新产品,吸引新的顾客,向外扩大经营范围	①企业参与竞争的行业停止增长或增长缓慢;②增加新的相关产品将会显著促进现有产品的销售;③企业能够以有竞争力的价格提供新的相关产品;④新产品的销售波动周期与现有产品的波动周期互补;⑤企业现有产品处于产品生命周期的衰退期;⑥企业拥有强有力的管理队伍
2	水平多样化战略	研究生产一种能满足现有顾客需求的,但与企业现有产品的技术关系不大的新产品	①通过增加新的不相关的产品,企业从现有产品和服务中的盈利显著增加;②企业所在的行业属于高度竞争或停止增长的行业;③企业可利用现有的销售渠道向用户销售新产品;④新产品的销售波动周期与企业现有产品的波动周期互补
3	综合多样化战略	跨行业多样化,指开发与企业现有技术、产品、市场都毫无关系的新业务、新产品,把业务拓展到其他行业中去	①企业的主营业务销售和盈利下降;②企业拥有在新的行业经营所需的资金和管理人才;③企业有机会收购一个不相关但有良好投资机会的企业;④收购和被收购的企业存在资金上的融合;⑤企业现有产品市场已经饱和

5.2 市场营销计划

5.2.1 市场营销计划概述

1. 市场营销计划的含义

计划，是指企业为了实现其决策所确定的目标，预先进行的行动安排，是企业以及企业内部各个部门和员工在未来一定时期内行动的指南。市场营销计划，也称市场策划，是指企业在对内外部环境予以准确分析的基础上，对一定时期内企业某项营销活动的行为、方针、目标、战略以及实施方案与具体措施所进行的设计与制定。

2. 市场营销计划的要求

市场营销计划是企业计划的中心，更是企业营销工作的指南。其质量的高低将决定着企业营销工作的成效，因此，在设计和制订营销计划时，应符合目的性、预见性、指导性、经济性和可行性等要求。

1）市场营销计划要有明确的目的性。制订市场营销计划，首先必须明确：最终要获得什么，要解决什么问题？营销计划要规定一定时期内营销的任务、政策和资源预算，它们都要紧紧围绕营销目标来制订。

2）市场营销计划要有预见性。市场营销计划是为企业的未来营销活动提供依据的，因此，制订营销计划前，应认真做好市场调查与预测，了解和满足未来的需求，预见可能的困难和风险，准备相应的营销对策。

3）市场营销计划要有明确的指导性。市场营销计划是企业营销人员行动的依据，因此，它必须细致地告诉营销人员该做什么、怎样做、何时做，成为营销人员行动的"锦囊妙计"，即企业的营销计划必须要有明确的指导性。

4）市场营销计划要符合经济性。制订市场营销计划需要做一系列的工作，如市场调查、市场预测、拟订方案等，需要投入一定的人力、物力和财力。增加对计划活动的投入，虽然可以提高计划的质量，但其边际收益是变化的，因此，在制订计划时，企业应考虑其经济性。

5）市场营销计划要具有可行性。制订出的市场营销计划必须切实可行，否则，就必须修改。一项可行的计划应满足：①有实施计划的资源保证；②有足够的实施时间；③获得执行计划的部门与人员的理解和支持；④有备用方案和应变措施。

5.2.2 市场营销计划的构成

1. 内容提要

这是市场营销计划的开端，主要是对市场营销目标和有关建议做简短的概述。

2. 背景或现状分析

背景或现状分析，是指对该产品当前的营销状况进行简要而明确的分析，包括市场形势、产品情况、竞争形势、分销情况等。

3. 营销环境分析

营销环境分析，主要是指对影响企业市场营销的各种环境因素进行的分析。通过外部环境分析，发现企业的营销机会和威胁；通过内部环境分析，明确企业的相对优势与劣势。

4. 营销目标制订

在分析市场营销活动的现状和预测未来的机会与威胁的基础上，企业就需确定本期的营销目标，这是市场营销计划的核心内容。营销目标包括市场占有率、销售额、利润率、投资收益率等。

5. 营销策略制定

营销策略是指为达到企业营销目标所采取的具体措施与手段，包括目标市场选择、市场定位决策、市场营销组合策略等。

6. 营销方案制订

营销方案，是指把营销策略转化为具体的可以直接用于实施的行动方案，包括要做些什么、何时开始、何时完成、由谁负责、需要多少成本等。

7. 营销预算制订

营销预算，是指对营销活动各项目进行盈利或亏损的预测，形成以货币为主要计量单位、以表格形式表现的展示企业各种营销资源配置情况的费用收支计划。

8. 营销计划控制

营销计划控制，是指对营销行动方案的执行进行反馈和控制，用以监督营销行动方案的实施过程。

案例 5-2

丝宝集团的市场营销策划方案

5.2.3　市场营销计划实施

市场营销计划实施，是指企业为实现其战略目标，将市场营销战略与计划变为具体市场营销活动的过程。

1. 制订行动方案

制订详细有效的行动方案，明确营销战略实施的关键性决策和任务，并将执行这些决策和任务的责任落实到个人或小组。

2. 建立组织机构

建立组织机构，组织机构将战略实施的任务分配给具体的部门和人员，确定职权界限和信息沟通渠道，协调企业内部的各项决策和行动。

3. 设计决策和报酬制度

设计科学的决策和报酬制度，将可有效地激励各部门和人员工作的积极性。

4. 开发人力资源

人力资源的开发，涉及人员的考核、选拔、安置、培训和激励等问题。

5. 建设企业文化

企业文化，是一个企业内部全体人员共同持有和遵循的价值标准、基本信念和行为准则。企业文化是企业的精神力量之所在，对企业经营思想和领导风格、员工的工作态度和作风均起着决定性的作用。

5.2.4　市场营销控制

市场营销控制，是对市场营销战略与计划实施结果进行衡量与评估，并对实施过程中发现的问题采取纠正措施，以确保营销目标得以实现的过程。

1. 市场营销控制类型

市场营销控制类型主要包括年度计划控制、盈利能力控制、效率控制和战略控制等（见表 5-8）。

表 5-8　市场营销控制类型

控制方法	主要负责人	控制目的	分析方法
年度计划控制	中高层主管	检查计划目标是否完成	销售额分析、市场占有率分析、销售费用比率分析、财务分析、细分市场分析
盈利能力控制	营销主管	检查企业的盈利点和亏损点	各地区、各产品、细分市场、分销渠道的获利能力的分析
效率控制	主管部门 营销主管	评价和提高营销费用支出效率	销售人员、广告、促销等的效率分析

续表

控制方法	主要负责人	控制目的	分析方法
战略控制	高层主管 营销审计	检查企业是否最大限度地利用了 市场机会	市场营销审计

（1）年度计划控制

年度计划控制，是指企业在本年度内采取控制步骤，检查实际绩效与计划的偏差，并采取必要的改正措施。一般来说，企业可以通过销售情况分析（见表 5-9 和表 5-10）、市场份额分析、营销费用-销售额分析、顾客绩效评分分析等来检查营销计划执行的绩效。

表 5-9　月份商品销售额计划表

商品类别		去年同月		1 月计划	
		销售额/万元	构成比例	销售额/万元	构成比例
畅销商品群	A				
	B				
	小计				
高利润率商品群	A				
	B				
	小计				
销售及利润率一 般商品群	A				
	B				
	小计				
月度销售额合计					

表 5-10　客户类别销售额计划表

客户类别		去年同月		1 月计划	
		销售额/万元	构成比例	销售额/万元	构成比例
A 级客户	（1）				
	（2）				
	小计				
B 级客户	（1）				
	（2）				
	小计				
C 级客户	（1）				
	（2）				
	小计				
月度销售额合计					

（2）盈利能力控制

盈利能力控制，是指检查各种产品在不同地区、不同细分市场和通过不同分销渠道销售的实际获利能力，从而决定哪些产品或营销活动应扩大，哪些应收缩或放弃。

（3）效率控制

效率控制，是指通过对销售人员、广告、促销和分销活动的效率进行分析控制，寻找更加有效的办法进行管理。

（4）战略控制

战略控制，是指通过市场营销审计等方法对营销实施过程的最新情况进行评价，从总体上、全局上对营销战略进行必要的修正。

2. 市场营销控制程序

（1）明确标准

市场营销计划是市场营销控制的依据和基础，企业应在市场营销计划拟达到的目标的基础上制定出具体的控制标准。

（2）绩效评估

绩效评估，是根据已明确的控制标准对营销部门和人员的工作进行检查、评估和分析，以找出实际工作绩效与控制标准的差距，并分析差距产生的原因，以便为下一步纠正偏差提供可靠依据。

（3）分析原因

企业将实际绩效与预期绩效进行比较后，就要判断出主要的差异并找出和分析偏差产生原因。偏差产生的原因可能包括：①管理人员素质低下；②跟不上时代的发展要求；③受经营环境制约；④企业的目标制定得不合理；⑤企业采用的营销策略不合理等。

（4）纠正偏差

纠正偏差就是对出现的偏差采取相应的措施。纠正偏差可能分两种情况：①如果偏差产生的原因是营销本身，则应改进营销工作，提高绩效并消除偏差；②如果偏差产生的原因是营销目标或控制标准本身不合理，则应重新确定营销目标或控制标准，以消除偏差。

EQ 寄语

俗话说：差之毫厘，谬以千里。细节是成功的关键，精细是制胜的法宝。如果我们在工作中少一份误差，那么结果就会多一份精确，产品质量就多一份保证，企业就会多一份发展的空间。一旦我们放松了前进的步伐，就注定跟不上别人的脚步。只有精益求精，才能把我们的工作不断推向新的高度，才能做得更加圆满，才能有创新。作为营销人员，我们不能满足于现状必须不断学习，不断更新自己的知识，提升自我，将精益求精坚持到底。

能 力 训 练

一、知识训练

1. 判断题

1）市场营销战略，是指企业为实现自己的总目标和任务所制定的短期性、局部性的营销规划。　　　　　　　　　　　　　　　　　　　　　　（　　）

2）产品质量是企业开展市场竞争的一个重要工具，产品的质量是指企业的生产质量，而不是指消费者期望的质量。　　　　　　　　　　　　　　　（　　）

3）成本领先战略可以使企业在行业中赢得总成本优势，抵挡住竞争对手的对抗，迅速扩大销售量和提高市场份额。　　　　　　　　　　　　　　　（　　）

4）密集性发展战略，是指在企业现有的业务领域内寻求未来的发展的战略。

　　　　　　　　　　　　　　　　　　　　　　　　　　　　　　（　　）

5）企业财务资金计划是企业计划的中心，更是企业市场营销工作的指南。（　　）

6）营销计划要规定一定时期内营销的任务、政策和资源预算，它们都要紧紧围绕营销目标来制定。　　　　　　　　　　　　　　　　　　　　　　（　　）

2. 选择题

1）在波士顿咨询公司成长-份额矩阵法中，市场占有率和市场增长率都很高的业务，是指（　　　）。

　　A．明星类业务　　　B．问号类业务　　　C．奶牛类业务　　　　D．瘦狗类业务

2）对于奶牛类业务，企业可采用（　　　）。

　　A．发展战略　　　　B．防御战略　　　　C．收割战略　　　　　D．放弃战略

3）企业采取更积极的措施在现有市场上扩大现有产品的销售，是指（　　　）。

　　A．市场开发战略　　　　　　　　　　　B．市场渗透战略

　　C．产品开发战略　　　　　　　　　　　D．产品渗透战略

4）企业通过收购或兼并若干竞争者，把几个生产同类产品的企业合并起来，组成联合企业或专业化公司，扩大生产经营规模，是指（　　　）。

　　A．前向一体化战略　　　　　　　　　　B．后向一体化战略

　　C．水平一体化战略　　　　　　　　　　D．垂直一体化战略

5）开发与本企业现有产品线的技术和营销组合具有协同关系的新产品，吸引新的顾客，向外扩大经营范围，是指（　　　）。

　　A．水平多样化战略　　　　　　　　　　B．垂直多样化战略

　　C．同心多样化战略　　　　　　　　　　D．综合多样化战略

6）检查各种产品在不同地区、不同细分市场和通过不同分销渠道销售的实际获利能力，从而决定哪些产品或营销活动应扩大，哪些应收缩或放弃，是指（　　　）。

A. 效率控制   B. 战略控制

C. 年度计划控制   D. 盈利能力控制

二、分析训练

1. 巨人公司多元化经营战略的案例分析

1989 年 8 月，史玉柱用全部的 4000 元钱为自己研制的产品 M6401 桌面排版印刷系统在《计算机世界》报刊登了一个广告，这个广告为他带来了 10 万元的回报。史玉柱将这笔钱又全部投入广告，4 个月后，M6401 为他带来 100 万元收益。一年之后史玉柱又拿出了新产品 M6402 文字处理软件系列产品。有了新技术和资金，史玉柱决心创办一个属于自己的公司。1991 年春，珠海巨人新技术公司（以下简称巨人公司）成立。

巨人公司创业初期也选择了软件产业，文字处理软件是巨人发展的最初产品，依靠开发电脑软件，巨人曾经创造出了 3 年发展速度 500%的奇迹，然而在主产业尚未成长起来并站稳脚的时候，就遇到 1993 年中国电脑业的灾难年。随着西方 16 国组成的巴黎统筹委员会的解散，西方国家向中国出口计算机的禁令失效，康柏、惠普、AST、IBM 等国际著名电脑公司，开始向中国电子信息产业大举进军，市场竞争更加激烈甚至残酷，给国内企业带来巨大压力。电脑业步入低谷，巨人公司赖以生存和发展的主导产业受到重创。为了摆脱原有单一电脑产业带来的压力和风险，1994 年 8 月，巨人公司提出了二次创业的构想，其总体目标是跳出电脑产业，走多元化之路。为此，巨人公司投资 12 亿元兴建巨人大厦，同时投资保健品行业，开展生物工程项目。这一多元化战略的选择成为后来巨人公司走向衰落的转折点。巨人大厦的楼花在初期卖得火热，从香港融资 8000 万港币，从内地融资 4000 万元人民币，短短数月便获得现款 1.2 亿元。巨人大厦的兴建是巨人危机的直接导火索。按合同，巨人大厦 1996 年底应交付使用，否则要给买楼花者退款并赔偿。但巨人大厦未能如期完工，债主因此登门讨债。由于资金供应断线，公司财务周转不灵，巨人公司已无钱可还，危机终于爆发。

分析：

1）巨人公司为什么会爆发经营危机？

2）企业实施多元化发展战略应具备哪些条件？

2. 神舟电脑低成本竞争的案例分析

企业的存在必须以获取利润为前提，低价营销模式不是简单的价格战，它取决于企业的成本管理水平。如果企业能够创造和维持全面的成本领先地位，那只需将价格控制在行业平均或接近平均的水平，就能获取优于平均水平的经营业绩。所以神舟电脑在利润的导向下选择了低成本竞争战略作为自己的竞争战略。实施低成本竞争战略就必须首先要形成低成本竞争优势。神舟电脑将利润分为研发利润、生产利润、销售利润和品牌利润，并以此为基础将成本细分为研发成本、生产成本、销售成本等。神舟电脑以研发利润和生产利润为核心利润，并构建了品牌利润的形成过程，即研发利润+生产利润+销售利润+时间→品牌利润。

2.1 物料上的成本管理

2.1.1 以供定产模式

时任神舟电脑股份有限公司总裁的吴海军认为，在中国现行市场中只有大规模的批量采购和生产才能实现低成本，并保证产品品质的稳定性，因此决定采用以供定产模式，即按照供应商所提供原料的品质和价位，结合市场状况批量购入该材料进行生产。以供定产模式的关键是判断消费群体的消费水平和消费需求。神舟电脑抓住国内现行消费群体的主流特点，跳出了一味开发高、精、尖产品的误区，采取价格和性能相匹配的原则，在不同价位实现了不同的功能，即在低成本和差异化上找到了合适的平衡点。以供定产模式的核心是批量采购，这至少给神舟电脑节约了10%~20%的成本。例如，2004年第四季度和2005年第一季度英特尔向神舟电脑提供5万个CPU（赛扬M1.2GB），存量使神舟电脑有能力实现批量生产，提高了在采购过程中与供应商的谈判能力。在与准系统供应商谈判时，因一次性购买5万个，所以价格由250~260美元降为210美元。2005年欧美市场已不流行14寸液晶显示屏了，但在国内市场仍属主流，所以神舟电脑审时度势，将市价在140~150美元左右的显示屏以85美元的单价完成了洽谈。从日立购入硬盘的时候，一次性采购了5万个30GB的硬盘，单价节约了10美元。

2.1.2 自主研发

神舟电脑股份有限公司隶属的新天下集团成立于1995年，是一家以IT、IA为主业，以电脑技术开发为核心，集研发、生产和销售为一体的民营高科技企业。新天下集团坚持以技术开发和技术创新为根本，先后设立了板卡研发中心、台式机研发中心，并于2003年在深圳市政府的支持下建立了国内第一个笔记本电脑研发中心，同年底成立了LCD液晶显示器研发中心，2004年9月自主研发的笔记本电脑和液晶显示器在新天下工业城投入批量生产。集团公司的优势进一步降低了神舟电脑的物料成本，例如，电脑整机包括光驱、软驱、硬盘、内存、CPU、显示卡、主板等七大核心部件，多数国内电脑厂商的七大部件全部依赖进口，价格较高，而神舟电脑采用母公司自产的主板和显示卡，价格相对较低。此外，神舟电脑股份有限公司以集团公司的科研优势为依托，主张自主研发，实现研发利润。作为目前国内品牌整机厂商中少数具备板卡级研发制造能力的厂商，神舟电脑在成本上比竞争对手低5%左右。

2.2 销售渠道的成本管理

神舟电脑股份有限公司构建了总部—分公司—经销商的扁平化渠道结构，采用了新型的渠道模式——店面直销，由分公司签约各地电脑城或商业区的店面，然后承包给经销商经营，这样既提高了经销商的积极性，又降低了分公司的店面管理压力。众多核心店面的自有化，在实现对零售终端的控制的基础上，保证了渠道的稳定性，确保了神舟电脑可以及时、准确地把产品推向市场。神舟电脑给渠道很低的利润，经销商主要靠扩大销售量实现盈利，省下来的渠道利润让渡给了消费者，从而降低了终端产品的价格。在渠道上，神舟电脑比竞争对手节省了5%左右的利润消耗。

2.3 管理费用的控制

一是将员工分成3类，对不同的员工采取不同的管理态度和管理方法；二是以分公司为利润中心，自负盈亏，这使得分公司更加注重团队合作以提高运作效率，主动控制营销费用、管理费用以降低运作成本，最终使得整体运营费用降低而运作效率提高。管理上的严格控制，使得神舟电脑的管理费用比同行其他企业降低了5%左右。

神舟电脑通过物料、销售渠道的成本管理，以及管理费用的控制，使每台电脑的成本比竞争对手低20%～40%，成功地取得了低成本竞争优势。

分析：

1）神舟电脑股份有限公司实施的是怎样的一种市场竞争战略？

2）神舟电脑股份有限公司是如何实施该种市场竞争战略的？

3）该种市场竞争战略的实施应具备哪些条件？

三、技能训练——市场营销计划搜索技能训练

1. 训练目的

1）能搜索到一份有完整的市场营销计划。

2）能清晰表达出该市场营销计划的内容。

3）能总结归纳出该市场营销计划的特点。

4）能简要说出选择该市场营销计划的理由。

2. 训练指导

1）布置任务：将教学班学生按每6～8人的标准划分成若干个任务小组，每个小组成员搜寻一份市场营销计划。

2）搜索选择：各小组成员总结归纳自己搜寻到的市场营销计划的特点，列明选择该营销计划的理由，之后形成市场营销计划搜索技能训练报告。

3）课堂陈述：各个任务小组成员上交市场营销计划搜索技能训练报告，由指导教师从每小组中选择一份具有代表性的市场营销计划搜索技能训练报告，并邀请其作者代表小组上台陈述。

4）评价效果：各个小组代表陈述后，指导教师点评该次市场营销计划搜索技能训练的情况，并由全班学生不记名投票，评选出该次搜索技能训练的获奖小组，给予表扬与奖励。

第 6 章
产 品 策 略

目的要求

1. 知识目标

1）能叙述和掌握产品整体概念。
2）能叙述和掌握产品组合策略。
3）能叙述和掌握产品品牌的内涵。
4）能熟记和掌握品牌设计要求及营销策略。
5）能熟记和掌握产品品牌管理要素与模型。
6）能熟记和理解产品开发策略与方式。
7）能熟记和掌握产品包装设计要求。
8）能叙述和掌握产品生命周期的内涵。

2. 技能目标

1）能综合运用本章知识剖析现实案例。
2）能完成品牌成功塑造案例搜索技能训练。

3. 素质目标

关爱别人就是关爱自己，是构建和谐人际关系的有效途径。

重点难点

1）产品整体概念。
2）产品品牌设计与管理。
3）产品开发方式与策略。
4）产品生命周期。

EQ 故事

斯通先生的探望

1980 年 1 月，在美国旧金山一家医院里的一间隔离病房外面，一位身体硬朗、步履生风、声若洪钟的老人正在与护士死磨硬缠地要探望一名因痢疾住院治疗的女士。但是，护士严守规章制度毫不退让。

这位护士真是"有眼不识泰山"，她怎么也不会想到，这位衣着朴素的老者，竟是通用电气公司的总裁，一位曾被选为"世界最佳经营家"的世界企业巨子——斯通先生。护士也根本无从知晓，斯通先生探望的女士，并非斯通的家人，而是加利福尼亚州销售员哈桑的妻子。

哈桑后来知道了这件事，感激不已，每天工作达 16 小时，以此报答斯通先生的关怀。加州的销售业绩一度在全美各地区评比中名列前茅。

EQ 点评 关爱员工就是关爱企业自己，在员工有困难的时候，要给予帮助，给予关怀，传递人间的真情，这是一种优秀的企业文化，可有效凝心聚力，提升员工的积极性。对于营销人员，应全心全意关爱客户，这是构建和谐客户关系的有效途径。

案例导引

迪士尼"贩卖"快乐

时任华特迪士尼制作公司总裁安迪·博德说：迪士尼乐园"卖"的是快乐体验。那么，究竟迪士尼乐园用什么招数来"卖"快乐呢？

招数一：800 人幻想工程师队伍打造梦幻王国。

香港迪士尼乐园的幻想工程师队伍十分庞大，有 800 人之多，他们是迪士尼乐园得以顺利营运的核心。戴维说，这些人是迪斯尼公司的"想象工程师"，即公司的骨干设计人员和创意人员，他们为全世界的迪士尼乐园设想新的卖点。在香港迪士尼乐园的设计上，不仅借鉴了中国园林的移步换景手法，还坚持让米老鼠穿唐装。

招数二：兴奋体验带动消费品热销。

迪士尼有各种招数来"俘获"消费者的心。无论是米奇 3D 动画剧场还是巴斯光年游乐场，每一个主要游乐设施的出口都连接着一家商店，该店主题往往与游玩项目有关，如巴斯光年外的商店里就有大量机器人巴斯模型出售。乐园如此设计，就是希望游客"趁热打铁"购买消费品。经过随机调查后发现，大部分游客花在购买消费品上的费用都在 500 港元以上。业内人士指出，纪念品是乐园的重要收入来源。

招数三：服务细节成就完美快乐体验。

乐园的周到服务体现在各种细节：每个员工看见客人都会主动打招呼；为避免

孩子受烈日曝晒，园内为父母提供带遮阳的婴儿车；为了避免客人提着大量购买的商品游玩，可以预约时间让工作人员将货物定时送到出口处等待……这些服务细节让游客获得了方便，也拥有了更完美的快乐体验。

（资料来源：http://www.233.com/hr/anli/20070412/15171218.html.）

6.1　产品整体概念

6.1.1　产品整体概念分析

从现代市场营销的观点来看，产品是指企业向市场提供的，能够满足消费者和用户某种需要的任何有形物品和无形服务。有形物品包括产品实体及其品质、特色、式样、品牌和包装；无形服务包括可以给用户带来附加利益和心理上满足感及信任感的售后服务、质量保证、产品形象、销售者声誉等，这就是"产品的营销概念"，也称为"产品整体概念"。

一般认为，产品整体概念包括有 3 个基本层次，即核心层次、形式层次和扩大层次，这 3 个层次各有不同的作用，又相互联系。

1. 核心层次

核心层次，是指产品向顾客提供的基本利益和效用。它是产品整体概念最基本的层次，集中体现了用户所需要的利益和功能，是满足顾客需要的核心内容，是顾客所要购买的实质性的东西。例如，消费者购买电脑，实质是购买电脑的信息处理、存储和传递等功能。

2. 形式层次

形式层次，是指产品实体的存在形式或外在表现形式，即指产品的核心功能实现的载体，是产品核心层次的外在特征，表现为产品的质量、特色、款式、品牌、包装等。

3. 扩大层次

扩大层次，是指顾客购买产品时所获得的附加利益与服务，包括产品的安装、送货、质量保证、售后保修服务等。例如，消费者购买家电产品，不仅关心其质量，而且十分关心产品的保修期、安装调试、送货上门等附加利益。

知识拓展 6-1

质 量 保 证

质量保证，是指为使人们确信某实体能满足质量要求，在质量体系内所开展的并按需要进行证实的有计划和有系统的全部活动。质量体系是指为实施质量管理的组织机构、职责、程序、过程和资源，包括：①用于内容管理的质量体系，一般以管理标准、工作标准、规章制度、规程等予以体现；②用于外部证明的质量保证体系，即规定某项活动的目的、范围、做法、时间进度、执行人员、控制方法与记录等。

　　质量保证的基本思想是强调对用户负责，其核心问题在于使人们确信某一组织有能力满足规定的质量要求，给用户、第三方（政府主管部门、质量监督部门、消费者协会等）和本企业最高管理者提供信任感。

6.1.2　产品整体概念的意义

　　一方面，产品整体概念是以消费者需求为中心的现代市场营销观念，树立产品整体概念，有助于企业抓住消费者的核心利益，把握自己的产品策略，从各个层面上全面满足消费者的需求。

　　另一方面，产品整体概念整合了产品实体性和实质性，将产品的基本利益与非物质形态的效用有机结合起来。它为企业采用标准化或差异化的产品策略提供了依据，成为企业获得竞争优势的重要来源之一。

　　因此，企业可依据产品整体概念，从 3 个层面向顾客提供满足，尤其应在附加利益上多下工夫。

案例 6-1

海尔"大地瓜"洗衣机的推出

　　1996 年，海尔集团在四川的一个农民用户投诉说洗衣机水管老是被堵，服务人员上门维修时发现，这位农民用洗衣机洗地瓜。海尔人经过进一步调查发现，在四川农村，很多农民冬天用洗衣机洗红薯，夏天用洗衣机洗地瓜。张瑞敏的灵感又来了，发明一种洗红薯的洗衣机。1998 年，代号为 XPD40-DS 的洗衣机问世，投放的 1 万台很快销售完。

（资料来源：http://classroom.dufe.edu.cn/C1007/Asp/Root/Index.asp?Mode=1&Url=.）

6.1.3　产品组合决策

1. 产品组合概念

　　产品组合，是指企业生产经营的全部产品线、产品项目的组合搭配方式。

　　产品线，也称产品大类，是指在技术上和结构上密切相关，具有相同使用功能，规格不同而满足同类需求的一组产品。

　　产品项目，是指产品线内不同品种、规格、质量和价格的具体产品。

2. 产品组合决策

　　产品组合决策，企业根据其营销目标与市场的需要对产品组合的宽度、长度、深度和相关程度进行的决策。

1）产品组合宽度。也称产品组合广度，是指企业拥有的产品线的数量。

2）产品组合长度。企业所有产品线内不同花色、口味、规格的产品项目的数量。

3）产品组合深度。产品线中每种产品所提供的式样、规格、型号等的数量。

4）产品组合关联度。企业各产品线在最终用途、生产条件、分配渠道或其他方面的密切相关程度。

案例 6-2

海尔集团产品系列和产品项目的列表

海尔集团产品系列和产品项目的列表见表 6-1。

表 6-1　海尔集团产品系列和产品项目表

产品系列	产品项目
居室家电产品	冰箱、家用空调、波轮洗衣机、滚筒洗衣机、冷柜
厨房家电产品	微波炉、吸油烟机、燃气灶、洗碗机、干燥消毒柜
热水器产品	电热水器、燃气热水器、燃气两用采暖炉太阳能热水器
小家电产品	吸尘器、电熨斗
视听产品	彩电、影碟机
IT 产品	笔记本电脑、台式机
通信产品	手机
商用电器产品	商用空调、冷冻冷藏设备
家居产品	整体厨房、家居集成
医药产品	药业、生物医疗设备

（资料来源：http://www.ehaier.com/subject/allsort.html.）

3. **产品组合调整决策**

1）扩大产品组合策略。增加新的产品线，扩大产品组合的深度，增加产品的品种、规格、型号等。

2）缩减产品组合策略。缩小产品组合的宽度、深度，实行集中经营。

3）产品线延伸策略。产品线加长，增加经营品种的档次和经营范围。

产品线延伸包括 3 种形式：

① 向下延伸。企业原来生产经营高档次产品，后来增加中低档产品项目。例如，科龙公司一直都以生产中高档冰箱闻名，为适应市场的需要，也为提高企业产品的竞争力和企业产品的品种数量，自 2004 年开始，企业增加了一条中低档冰箱生产线。

② 向上延伸。企业原来生产经营低档次产品，后来增加中高档产品项目。

③ 双向延伸。企业原来生产经营中档次产品，后来同时增加高档产品项目和低档产品项目。

6.2　产品品牌策略

6.2.1　产品品牌概述

1. 品牌的内涵

品牌，是指用以识别企业的产品或服务，并使之与竞争对手的产品或服务区别开来的产品或服务的名称及其标志，通常由文字、标记、符号、图案和颜色等要素或这些要素的组合构成。品牌已不仅仅是企业或产品的标志，其蕴含着深刻的内涵。

1）属性。品牌可以表示一个产品的品质、格调、性能等属性。

2）利益。品牌通过属性可体现出产品能带给消费者的利益。

3）价值。一个品牌可反映出产品的价值。

案例 6-3

2015 中国品牌价值 20 强排行榜

2015（第 21 届）中国品牌价值 100 强研究于 2015 年 9 月 19 日揭晓，在"互联网+"的大趋势下，海尔集团凭借整体转型创新，以 1288.6 亿元的品牌价值连续 14 年居首，其后是联想集团 901.18 亿元、四川省宜宾五粮液集团有限公司 761.26 亿元、国美电器控股有限公司 750.02 亿元、中国一汽 747.7 亿元、美的 716.11 亿元、TCL710.28 亿元。研究中的百个品牌比上年度增长 10.8%，与金融危机前的 2007 年对比，7 年增长 1.67 倍，利润增长 2.26 倍，7 年平均营业利润率达到 9.16%，品牌依然是最有价值的资产（见表 6-2）。

表 6-2　2015 中国品牌价值 20 强排行榜

排序	公司名称	品牌	品牌价值（亿元）	主要业务
1	海尔集团	海尔	1288.60	家用电器
2	联想集团	联想	901.18	电子计算机
3	四川省宜宾五粮液集团有限公司	五粮液	761.26	白酒制造
4	国美电器控股有限公司	国美	750.02	电器零售
5	中国第一汽车集团公司	中国一汽	747.70	汽车制造
6	美的集团股份有限公司	美的	716.11	家用电器
7	TCL集团股份有限公司	TCL	710.28	电视机
8	北京金融街投资（集团）有限公司	金融街	429.48	金融中心区
9	贵州茅台酒股份有限公司	茅台	420.59	白酒制造
10	重庆长安汽车股份有限公司	长安	401.19	微型轿车
11	青岛啤酒股份有限公司	青岛	369.61	啤酒制造
12	腾讯科技(深圳)有限公司	腾讯	320.48	互联网
13	北京燕京啤酒集团公司	燕京	319.53	啤酒制造
14	河南双汇投资发展股份有限公司	双汇	316.62	肉制品

续表

排序	公司名称	品牌	品牌价值（亿元）	主要业务
15	万科企业股份有限公司	万科	314.50	房地产
16	波司登股份有限公司	波司登	293.93	羽绒制品
17	百度在线网络技术有限公司	百度	243.54	互联网
18	内蒙古伊利实业集团股份有限公司	伊利	218.16	乳制品
19	创维数码控股有限公司	创维	216.80	电视机
20	哈药集团有限公司	哈药	212.62	医药制品

（资料来源：http://www.askci.com/news/data/2015/09/19/82612ljwm.shtml.）

4）文化。通过品牌可反映出产品的文化内涵。

5）个性。品牌代表了产品的个性。

6）使用者。品牌代表了它的目标顾客人群。

2. 品牌的要素

品牌是一个集合概念，包含品牌名称、品牌标志、商标等概念在内。

1）品牌名称。也称品名，指品牌中可以用语言表达的部分，如之前所述的海尔、海信、长虹等公司品牌中的"海尔、海信、长虹"等文字。

2）品牌标志。也称品标，指品牌中可以被认出、易于记忆，但不能用语言表达的部分，如之前所述的海尔、海信、长虹等公司品牌中的图形或特殊字体与形式的文字。

3）商标。一个法律名词，指企业在政府有关部门注册登记，已获得专用权并受法律保护的一个品牌或品牌的一部分。商标具有专有性、权威性、地域性、时效性等特征。企业在注册商标时，应注意防御性商标注册，即注册相同或相似的一系列商标，具体地说就是注册一系列文字、读音、图案相同或相似的商标，以保护正在使用的商标或以后备用。

案例 6-4

海信与西门子的商标抢注纠纷

海信"Hisense"是海信集团有限公司的前身青岛电视机厂在 1991 年于企业内部公开征集而创立的。这个原创性的商标又是企业的名称。商标创设以后，立即办理了注册申请手续，中国商标局确认的申请日期为 1992 年 10 月 15 日，1993 年 12 月 14 日中国商标局通过审查、核准注册。1999 年 1 月 5 日，"海信"和"Hisense"获得"中国驰名商标"。但是就在海信获得驰名商标的 6 天后，1999 年 1 月 11 日，西门子下属企业德国博世——西门子家用电器有限公司在德国注册"Hisense"商标，与所注册的海信原创"Hisense"完全一致，指定商品为第 7、9、11 类。

海信集团有限公司于 2002 年底致函博西家用电器有限责任公司（以下简称博西家电）联系注册商标的转让事宜，博西家电于 2003 年 3 月 28 日做出了答复，同意将其注册在"蓝色电器"的"Hisense"注册商标权转让给海信集团有限公司。2003 年 9 月 10 日，博西家电给海信集团有限公司正式透露商标转让价格，要价上千万欧元，并于 2004 年 2 月 19 日正式确认支付价格为 4000 万欧元。之后海信集团有限公司曾于 2004 年 10 月与西门子进行多次谈判，然而西门子在谈判中表现出的强硬态度（转让价格 4000 万欧元，少一分都不考虑）一直没有改变。2004 年 10 月 20 日，博西家电提出，鉴于海信集团有限公司多次在德国参加科龙电子展、柏林家电展中使用"Hisense"，西门子已在德国起诉海信侵权。海信集团有限公司当即要求博西家电撤诉，而博西家电的态度十分强硬，表示"不会撤销诉讼"。海信集团有限公司积极应诉，在德国科隆法院规定的期限内做出针对诉讼进行辩护的答复。2004 年 10 月 28 日，博西家电表示愿意以和谈解决商标争议。但是因为海信集团有限公司坚持谈判的前提是博西家电撤诉，双方的谈判陷入僵局。

在反制无效的情况下，2004 年 11 月底，海信集团有限公司一方面寻求法律解决，于 2004 年 12 月 3 日在博西家电执意不撤诉的情况下，海信集团有限公司起诉到德国商标局，要求依法撤销博世-西门子家用电器有限公司注册的"Hisense"商标；另一方面向国家商务部求助。在商务部正式介入后不久，2005 年 2 月，西门子集团认识到其在华利益比其在德国本土还大，为非主流商标"Hisense"与中国企业闹翻并不值得，终于决定在海信集团有限公司前来德国迎接诉讼的前夕提出，愿意再次商谈。2005 年 3 月 6 日，海信集团与博西家电在北京达成和解协议。

（资料来源：http://www.cec-ceda.org.cn/brand/hisense/gushi/g2.htm.）

知识拓展 6-2

驰名商标

3. 品牌的效应

1）聚合效应。产品品牌在市场上占有一定的市场占有率，知名度与美誉度都很高，促使企业不断壮大，进而企业会进入多个市场，但在进入的市场中有许多已有品牌，企业可凭借其强大的品牌优势，依靠企业的规模，兼并收购已有品牌，形成品牌垄断。

2）扩散效应。企业品牌在消费者心目中有着极好的印象，进而消费者对企业产生好感与信任，当企业以原有品牌打出新产品之后，由于消费者对原有品牌及企业整体的好感与信任，进而接受企业的新产品。

3）磁场效应。企业品牌拥有很高的知名度与美誉度后，在消费者心中树立起极高的威望，表现出对品牌的极度忠诚。消费者将会重复地购买该品牌的产品，促进产品的销量，提高该品牌的市场占有率。

4）时尚效应。在特定的时间里，由于某种品牌产品知名度与美誉度很高，消费者争相购买，认为使用该品牌产品是一种新潮，不但自己购买，还劝告其他消费者前来购买，述说使用该品牌产品的好处，从而形成一种消费趋势，无形之中形成了一种时尚。

4. 品牌设计要求

1）合法性。符合国家商标法规定的要求。品牌只有合法才能向有关部门申请注册，取得商标专有权。

2）独特性。造型美观，新颖大方。例如，我国许多企业以天坛、长城、天安门等命名，缺乏个性，品牌的独特性不够，难以给消费者鲜明的印象。

3）启发性。显示企业特征，暗示产品属性。例如，美国一家眼镜公司用"OIC" 3个字母作为商标，英语读音恰似"Oh，I see!"（噢，我看见了!），构思巧妙，耐人寻味，利于促销。

4）简明性。简洁醒目，易读易记。

案例 6-5

SONY 的由来

SONY 这 4 个字母组合并无实际意义，但人们一见到它，就想到了索尼公司及其高品质的产品、优质的服务及对通信工业的巨大贡献。索尼公司，原名"东京通讯工业公司"，盛田昭夫在发明了随身听（Walkman）后，为了命名问题大费周折。经过多方征询，并查字典，他在拉丁文中找到了"SONVS"这个词，这个词是"SOVND"的原形。当时，"SONNY"或"SONNY BOY"很流行，即"可爱的小家伙"。盛田昭夫撷取了两者的精华，将两个词合二为一，变成了"SONY"。于是，在新发明产品上采用了这个品牌，后来，公司把这个品牌扩展到所有的产品上，并把公司名称改为"SONY"。

（资料来源：罗绍明. 2009. 信息产品营销. 北京：机械工业出版社.）

SONY 的由来

5）合适性。符合传统文化和风俗习惯。例如，日本人忌荷花，意大利人忌菊花，法国人忌桃花等。

案例 6-6

"金利来"英文品牌 Gold-lion 的由来

"金利来"品牌的创立者曾宪梓先生最初给自己的领带品牌"Gold-lion"起名为"金狮",并兴致勃勃地将两条"金狮"领带送给他的一位香港亲戚,没想到那位亲戚拒绝了他的礼物,并不高兴地说:"金输、金输,金子全给输掉啦!"原来,在粤语中,"狮"与"输"谐音,自然不受欢迎。

当晚,曾先生绞尽脑汁为"金狮"改名,最后终于想出一个好办法:将"金狮"的英文名"Goldlion"由意译改为意译与音译相结合,即"Gold"仍意译为"金",而"Lion"(狮)音译为"利来",即为"金利来",金与利一起来,谁听了都高兴!于是,"金利来"品牌诞生了。曾先生又突发奇想:中国人很少用毛笔写英文,我用毛笔写,岂不是很特别吗?于是他用毛笔写出了"GoldLion"字样,再让设计人员加工,就是现在"金利来"的英文品牌。品牌改变后,"金利来"果然迅速被消费者认可,成为响亮的领带品牌。

(资料来源:http://www.chinaname.cn/article/2007-3/2509.htm。)

6.2.2 产品品牌策略概述

企业通常可采用的品牌策略包括以下 5 种。

1. 品牌有无策略

品牌有无策略,是指企业决定是否在自己的产品上使用品牌。企业产品使用品牌,可以起到相当重要的作用。

1)有助于产品的销售和占领市场。

2)有助于市场细分,进而进行市场定位。

3)有助于新产品开发,节约新产品投入市场的成本。

4)有助于企业抵御竞争者的攻击,保持竞争优势。

案例 6-7

英特尔公司的品牌策略

英特尔公司所生产的是电脑内部核心部件,电脑使用者通常无法看到。这样,使用者或许会了解不同品牌的电脑的优劣,却很少关心 CPU 的产家。然而,正是 CPU 性能上的差异,很大程度上决定了电脑的性能。英特尔公司决心要通过公司标志系统的建立,在使用者心目中建立起独特的品牌形象,以便同竞争对手区别开来,稳定其"市场领导者"的地位。

英特尔公司过去一直以 286、386、486 这样的数字称呼其 CPU,因数字无法注册,从而造成竞争对手轻而易举地借用数字称呼自己的产品,以便"搭车"销售。

为改变这种状况，1992 年在第五代芯片开发出来后，英特尔公司决定另命新名以杜绝仿冒者。此名字要简单易读，可以注册，便于全世界使用者理解。在内部集思广益和外部专家咨询及市场测试后，英特尔公司的总裁在该年电脑展前接受新闻采访时正式对外宣布："我们下一代的 CPU 称为 Pentium（奔腾）处理器！" Pentium 是新合成的名词，新词容易激发大众的好奇心；Pent 在拉丁文中是"第五"，因而名字符合其身份；新词听起来铿锵有力，又是在世界瞩目的电脑节前公布，因而显得格外响亮。配合其他营销攻势，在接下来的 3 个月内，Pentium（奔腾）在各传媒中出现的次数超过 586，顺利被市场接受。

（资料来源：张德斌，关敏. 2002. 高新技术企业营销策略，北京：中国国际广播出版社.）

2. 品牌归属策略

品牌归属策略，又称品牌使用者策略，是指产品是使用制造商品牌还是中间商品牌。

1）制造商品牌。制造商品牌又称全国性品牌，即采用生产制造商自己的品牌。

2）中间商品牌。中间商品牌又称自有品牌、私有品牌、经销商品牌，即采用销售商的品牌。

3）混合品牌。混合品牌同时使用制造商品牌与中间商品牌。

3. 品牌统分策略

品牌统分策略，又称家族品牌策略，是指企业对其生产的各种产品是全部使用一种品牌，还是分别使用不同的品牌。

1）统一品牌。统一品牌指企业所有产品都使用同一品牌。例如，海信、海尔、TCL、长虹等家电企业对其生产的所有产品均采用同一品牌。

2）个别品牌。个别品牌指企业各种不同的产品分别使用不同的品牌。

3）分类品牌。分类品牌指企业经营的各类产品分别使用不同的品牌。例如，上海联合利华将其生产的牙膏命名为"洁诺"，洗衣粉命名为"奥妙"，洗发水命名为"夏士莲"。

4）企业名称加个别品牌：企业对其不同的产品分别使用不同的品牌，而且各种产品的品牌前面都冠以企业名称。

4. 多品牌策略

多品牌策略，是企业对其同一种产品，使用两种或两种以上相互竞争的品牌策略。例如，广东拉芳集团公司对企业生产的洗发水推出两种品牌，分别是拉芳和雨洁。多品牌策略有很多的优点，具体表现为以下 3 点：

1）多种不同的品牌在零售店可以占有更大的货架面积。

2）多种品牌可以满足不同的顾客需要，可以吸引更多的顾客，获得更大的市场份额。

3）有利于企业内部开展竞争，从而提高企业整体的竞争力和盈利能力。

5. 品牌延伸策略

品牌延伸策略，是企业利用其成功品牌推出新产品或改良产品的策略。例如，广东乐百氏公司在推出乐百氏果奶成功后，又推出乐百氏纯净水。采用该种策略的作用表现为以下 3 点：

1）有助于节省新产品促销费用。

2）有助于新产品市场的开拓。

3）若新产品促销失败，将影响该品牌的形象。

6.2.3 产品品牌管理

1. 产品品牌管理要素

品牌的动力是创新，品牌的核心是服务，品牌的基础是质量，品牌的实质是文化，品牌的持久靠管理。对于企业而言，建立品牌是好事，但管理好品牌才是关键。产品品牌管理的要素包括：

1）质量——品牌管理的基石。质量是产品的基础，产品没有了质量保证，则这种产品也就失去了使用价值，其他的一切都无从谈起。因此可以说品牌的竞争，其实也是产品质量的竞争，更是产品标准的竞争。

2）技术——品牌管理的推动力。品牌的竞争，也是技术的竞争。企业为了保持竞争中的优势地位，必须不断开发新技术或改进技术，以始终保持技术上的优势。

3）顾客——品牌管理的关键。顾客是企业产品的购买者或使用者，与企业有着很大的关系，企业应与他们建立良好的顾客关系，以树立形象，促进产品的销售。

4）员工——品牌管理的根本。员工关系是企业的根本。员工关系的协调有利于企业提高外张力和凝聚力。企业必须尊重员工，关心员工，倾听员工的心声，创造令员工满意的氛围。

5）包装——品牌管理必不可少的环节。企业要创造品牌，包装是一个必不可少的环节。产品包装的重要意义已经远远超过了保护产品的功能，而成为促进产品销售、塑造品牌的重要因素之一。

2. 产品品牌管理模型

从顾客心理学角度讲，品牌是一种资产，是一种来源或基于顾客心理驱动所产生的资产。品牌资产是附加在产品和服务上的价值，这种价值可能反映在消费者如何思考、感受某一品牌并做出购买行为，以及该品牌对公司的价值、市场份额和盈利能力的影响。

品牌资产由品牌的知名度、品牌联想、品牌的感知质量、品牌忠诚度以及其他品牌专有资产 5 部分构成。品牌管理模型就是从品牌资产的构成出发，对品牌进行有效管理。

1）提升品牌知名度，提高市场占有率。品牌知名度，是指目标顾客对品牌名称及其所属产品类别属性的知晓程度。品牌知名度高，表明顾客对其熟悉，使人产生好感（心理倾向），也有助于赋予品牌更多的联想。

2）强化品牌感知质量，夯实品牌基础。品牌感知质量，即品牌认知度，是指顾客根据特定目的，与其他品牌相比，对产品或服务的全面质量或优越程度的感知状况。这是顾客对一个品牌产品质量的主观认知。品牌感知质量是品牌的生命基础。影响品牌感知质量的因素主要有产品质量（包括性能、特色、可靠性、耐用性、适用性等）和服务质量（有形性、服务能力、响应速度、个性化服务的程度等）。

3）加强品牌联想，形成品牌心理优势。品牌联想，是指顾客由该品牌所能联想到的一切事物，并形成有意义的品牌形象。品牌联想主要包括功能利益联想、情感利益联想和体验利益联想 3 个方面。那些与顾客利益相关的品牌联想正是一个强势品牌的魅力所在。

4）维系品牌忠诚，持续品牌资产增值。品牌忠诚，是指顾客对品牌的满意、喜爱和信奉。它是品牌管理的核心，是衡量顾客对品牌信任和依赖程度的标准。顾客对一个品牌的忠诚度越高，以及一个品牌拥有的忠诚顾客越多，则该品牌的价值就越大。

知识拓展 6-3

品牌接触点

品牌接触点，是指每一个顾客或者潜在顾客与品牌之间发生的事关品牌信息的互动时机。

最早发现和提出品牌接触点概念的是斯堪的纳维亚航空系统公司的原董事长简·卡尔森。卡尔森在其任职期间意识到公司和顾客的互动对顾客是否再乘其飞机有重要的影响，并称这些接触点为"反映真实情况的时刻"。所谓真实情况是指在顾客登机和抵达时，他们悉心地照料行李，对乘客有问必答，彬彬有礼。

品牌接触点包括天然接触点（自然发生的员工与顾客接触的时机）、公司创建的接触点以及顾客创造的接触点。

6.2.4 产品包装决策

1. 产品包装设计原则

产品包装，是指产品的容器或包装物及其装潢设计，是产品整体的一个重要组成部分。产品包装设计原则包括：

1）合理性。产品包装必须与产品的价值相适应。价值高的高档次产品，可以配以精美的包装，而价值低的产品，包装必须简略，以降低包装成本。

2）形象性。产品包装的图案、文字必须清晰，如实地反映产品的特性、功能、规格以及使用方法等。

3）艺术性。产品包装设计应符合消费者的审美要求，力求新颖，在图案、造型、色彩上，必须考虑特定顾客的需要，使包装带给顾客美感享受。

4）科学性。产品包装的形状、尺寸应该有利于运输、储存，有利于商店的陈列；包装的构造应既能保护好产品，又能使用、开启方便；包装的材料能做到既保护产品，又美化产品和降低成本。

案例 6-8

可口可乐玻璃瓶——一个价值 600 万美元的玻璃瓶

可口可乐的玻璃瓶包装，至今仍为人们所称道。1898 年鲁特玻璃公司的一位年轻的工人亚历山大·山姆森在同女友约会中，发现女友穿着一套筒型连衣裙，显得臀部突出，腰部和脚部纤细，非常好看。约会结束后，他突发灵感，根据女友穿着这套裙子的形象设计出一个玻璃瓶。

经过反复修改，亚历山大·山姆森不仅将瓶子设计得非常美观，很像一位亭亭玉立的少女，他还把瓶子的容量设计成刚好一杯水的容量。瓶子试制出来之后，获得了大众称赞。有经营意识的亚历山大·山姆森立即到专利局申请专利。

当时，可口可乐的决策者坎德勒在市场上看到了亚历山大·山姆森设计得玻璃瓶后，认为非常适合作为可口可乐的包装。于是他主动向亚历山大·山姆森提出购买这个瓶子的专利。经过一番讨价还价，最后可口可乐公司以 600 万美元的天价买下此专利。要知道在那时候，600 万美元可是一项巨大的投资。然而实践证明可口可乐公司的这一决策是非常成功的。

亚历山大·山姆森设计得瓶子不仅美观，而且使用非常安全，易握、不易滑落。更令人叫绝的是，其瓶型的中下部是扭纹型的，如同少女所穿的条纹裙子；而瓶子的中段则圆满丰硕，如同少女的臀部。由于瓶子的结构是中大下小，当用它盛装可口可乐时，给人的感觉是分量很多。采用亚历山大·山姆森设计得玻璃瓶作为可口可乐的包装以后，可口可乐的销量飞速增长，在 2 年的时间内，销量翻了 1 倍。从此，采用亚历山大·山姆森设计得玻璃瓶作为包装的可口可乐开始畅销美国，并迅速风靡世界。600 万美元的投入，为可口可乐公司带来了数以亿计的回报。

（资料来源：http://www.ce.cn/cysc/cycy/cydt/200709/03/t20070903_12766979.shtml.）

2. 产品包装策略

1）类似包装策略。类似包装策略也称统一包装策略，是指企业所有产品的包装在图案、色彩等方面基本采用同一形式。

2）配套包装策略。配套包装策略也称组合包装策略，是指企业把若干有关联的产品包装在同一容器中。

3）附赠品包装策略。在包装物中附赠一些物品。

4）再利用包装策略。包装物在产品使用完后，可以再做别的用处。

5）等级包装策略。不同等级的产品采用不同的包装。

6）改进包装策略。企业改进产品质量的同时，改变产品包装的形式，从而以新的产品形象出现在市场上。

6.3 产品开发策略

6.3.1 新产品概述

概括地说，只要是产品整体概念中的任何一部分的变革或创新，并且给消费者带来新的利益、新的满足的产品都可被认为是一种新产品。

1. 新产品的类型

1）全新产品。采用新原理、新结构、新技术、新材料制成的前所未有的新产品。例如，1999 年深圳朗科科技股份有限公司发明的 USB 闪存盘就是一种全新产品，现在它已经完全取代了软盘，成为标准的计算机移动存储器。

2）换代产品。在原有产品的基础上，部分采用新技术、新材料制成的性能有显著提高的新产品。例如，微软公司的 Windows XP 操作系统以及各种软件的升级版本。

3）改进产品。对原有产品在性能、结构、包装或款式等方面做出改进的新产品。

4）仿制产品。仿制产品也称企业新产品，是指对市场上已有的产品仿制后加上企业自己的品牌或商标后第一次生产的产品。

2. 新产品的特点

1）优越性。在顾客眼里新产品与现有产品相比而表现的感知优势。这就要求新产品一定要为顾客带来新的利益，新的利益越多，产品越容易被消费者所接受。

2）适应性。新产品应同消费者的习惯、人们的价值观念相适应。

3）易用性。新产品的使用方法要力求简便易学，易使用。

4）可传播性。针对潜在市场，新产品提供的利益或产品价值可被传播。

5）获利性。新产品不仅能满足消费者的需求，而且能增加企业盈利，使企业获得更大的经济效益。

6.3.2 新产品采用过程与类型

1. 新产品采用过程

新产品采用过程，是指消费者从初知新产品到采用或购买该产品所经历的阶段。消费者采用新产品的过程一般包括 5 个不同的阶段：知晓、感兴趣、评估、试用和采用。

1）知晓。在此阶段，消费者初次认识新产品，并学会使用它们，掌握其新的功能。研究结果表明，在这一阶段，大众传播广告等非个人信息来源最为重要。

2）感兴趣。在此阶段，消费者对了解新产品更多的情况有足够的兴趣，他们开始将注意力集中在与新产品相关的沟通活动上，并将开展调研活动，寻求更多的信息。

3）评估。在此阶段，消费者根据当前和未来的需要思考和评判产品利益，并基于这一判断决定是否试用该产品。

4）试用。在此阶段，消费者开始试着选购少量新产品。

5）采用。在此阶段，消费者正式决定使用该新产品。

2. 新产品采用类型

新产品采用类型，是指在某市场中，针对每一个个体所不同的创新精神进行的一种分类。新产品采用者可被划分为 5 种类型：创新采用者、早期采用者、早期多数采用者、晚期多数采用者和滞后采用者（见表 6-3）。

表 6-3 新产品采用者类型

类型	比例/%
创新采用者	2.5
早期采用者	13.5
早期多数采用者	34
晚期多数采用者	34
滞后采用者	16

6.3.3 产品开发决策

产品开发决策

产品是企业竞争的基础，企业只有不断开发新产品，才能在竞争中求得生存与发展。产品开发，是指企业从事新产品的研究、试制、投产，以更新或扩大产品品种的过程。

1. 产品开发策略

（1）领先策略

领先策略，也称先发制人策略、冒险策略或创业策略，是指企业力图在本行业发展中始终居于领先地位，做到率先研制和采用新技术去生产新产品，从而使产品技术水平优于其他企业，取得市场竞争的优势。实施该产品开发策略，企业必须具备领先的技术、巨大的资金实力和强有力的营销运作能力。

（2）追随策略

追随策略，也称后发制人策略、进取策略，是指企业紧紧追随在领先企业的后面采用新技术，并对别人已经采用的技术加以改进和提高，特别在降低产品成本和完善产品质量方面付出更多的努力。实施该产品开发策略，企业新产品创新主要来源于对现有产品用途、功能、工艺、营销策略等的改进，形成改进型新产品、降低成本型新产品、系列型新产品等。

（3）模仿策略

模仿策略，也称仿制策略、紧跟策略，是指企业紧跟本行业实力强大的竞争者，迅速仿制竞争者已成功上市的新产品来维持企业的生存与发展的产品开发策略。实施该产品开发策略的关键是紧跟要及时。企业必须全面、快速和准确地获得竞争者有关新产品开发的信息，这是仿制新产品开发策略成功的前提。然而，由于竞争者对其关键技术都实施了有效保护，模仿者要进行破译是相当困难的，而且在技术市场上一般也很难购买到有竞争力的技术，因此，企业仅靠模仿，而不进行技术消化与创新，是不可能获得很好的发展的。

2. 产品开发方式

（1）自主创新开发

自主创新开发，是指企业主要通过自身努力，攻破技术难关，形成有价值的研究开发成果，并在此基础上，依靠自身的能力完成技术成果的商品化的产品开发方式。

自主创新开发是当今世界上许多著名企业推崇的产品开发方式，也是这些企业立足国际市场、保持竞争优势、不断发展壮大的重要手段。自主创新开发具有两个显著的特点：

1）领先突破关键技术。自主创新，并不要求企业在研究开发方面面面俱到，独立攻克每一个技术环节，但其中的核心技术或主导技术，企业必须依靠自身的力量，独立研究开发。

2）率先开拓产品市场。技术领先并不代表经济利益领先，企业必须尽快将技术开发的成果商品化，尽早推向市场、开拓市场和抢占市场，这样才能为企业带来实际的效益。

知识拓展 6-4

产品系列化、零部件标准化、零部件通用化

为扩大产品结构继承性，提高产品设计质量，减轻设计工作量，缩短设计周期，在设计阶段应推行产品系列化、零部件标准化和零部件通用化。

产品系列化是指对相同的设计依据、相同结构性和相同使用条件的产品，将其基本尺寸和参数按一定的规律编排，建立产品系列，以减少产品品种，简化设计。

零部件标准化是指在产品系列化的基础上，在企业内不同型号的产品之间扩大相同的通用零部件。在产品品种数相同的情况下，可以大大地减少零部件的种类。

零部件通用化是指按国家标准生产零部件。当标准化水平提高后，会缩短设计的工作量，相应地缩短设计周期。

（2）技术引进开发

技术引进，是指企业发展某种主要产品时，在国际市场上已有成熟的制造技术可供借鉴，为了争取时间，迅速掌握这种产品的制造技术，尽快地把产品制造出来以填补国内空白，而向国外生产这种产品的企业引进制造技术，复制图纸和技术文件的一种产品开发方式。

技术引进是产品开发常用的一种方式，特别是对于产品研究开发能力较弱而制造力较强的企业更为适用。但是，一般来说，引进的技术多半属于别人已经采用的技术，该产品已占领一定市场，特别是从国外引进的技术，不仅需要付出较高的代价，而且经常带有限制条件，这是在应用这种新产品开发方式时不能不加以考虑的因素。因此，有条

件的企业不应把新产品开发长期建立在技术引进的基础上，应逐步建立自己的产品研究开发机构，或与科研、产品设计部门进行某种形式的联合，发展自己的新产品。

（3）自主创新与技术引进相结合

自主创新与技术引进相结合，是指在对引进技术充分消化和吸收的基础上，与本企业的科学研究结合起来，充分发挥引进技术的作用，以推动企业科研的发展、取得预期效果的产品开发方式。

这种方式适合于企业已有一定的科研技术基础，外界又具有开发这类新产品比较成熟的一部分或几种新技术可以借鉴。自主创新与技术引进相结合的产品开发方式是一种比较好的方式：一是花钱少见效快，产品又具有先进性；二是能促进企业自身技术开发的发展。因此，它被许多企业广泛采用。

（4）委托开发

委托开发，是指企业委托有研究开发能力的组织或机构进行新产品或新技术的开发。采用委托开发方式，双方需签订委托开发合同，委托方的义务是按照合同约定支付研究开发费用和报酬，完成协作事项并按期接受研究开发成果。受托方即研究开发方，其义务是合理使用研究开发费用，按期完成研究开发工作并交付成果，同时接受委托方必要的检查。

委托开发所完成的发明创造，除合同另有约定的以外，申请专利的权利属于研究开发方。研究开发方取得专利权的，委托方可以免费实施该项专利。研究开发方就其发明创造转让专利申请权的，委托方可以优先受让专利的申请权。

（5）联合开发

联合开发，也称合作开发，是指企业联合其他的企业或组织共同投资进行某项技术或新产品的研究开发。采用联合开发方式，双方或多方应签订合作开发合同，合作各方应当依照合同约定参与研究开发工作并进行投资，同时应保守有关技术秘密。

合作开发所完成的发明创造，除合同另有约定的以外，申请专利的权利属于合作开发各方共有。一方转让其共有的专利申请权的，另一方或者其他各方可以优先受让其共有的专利申请权。合作开发各方中一方声明放弃其共有的专利申请权的，可以由另一方单独申请，或者由其他各方共同申请。发明创造被授予专利权以后，放弃专利申请权的一方可以免费实施该项专利。合作开发各方中，一方不同意申请专利的，另一方或者其他各方不得申请专利。

3. 产品开发程序

（1）新产品的构思

新产品的构思，即新产品创意，是指为满足某种市场的需要而提出的新产品的设想。新产品的构思来源主要包括顾客、企业内部、竞争者、中间商、科研院所等，其中企业主要应依靠激发企业内部人员来寻求产品创意。新产品构思评估模型见表6-4。

表 6-4　新产品构思评估模型

要素	权重	很好（10 分）		好（8 分）		一般（6 分）		差（4 分）		很差（2 分）		要素评估价值
		估计概率	预期价值	估计概率	预期价值	估计概率	预期价值	估计概率	预期价值	估计概率	预期价值	
产品的卓越性	0.1											
产品的独特性	0.1											
降低消费成本	0.2											
质量优于对手	0.1											
给使用者独特帮助	0.2											
价格低于对手	0.3											
创意评估价值	1.0											

注：1. 某项预期价值=该项评分值×估计概率；
　　2. 要素评估价值=$\sum$（各项预期价值）；
　　3. 构思创意评估价值=$\sum$（要素评估价值×权重）。

（2）构思的筛选

新产品构思的筛选，主要考虑两个因素，一是该构思是否与企业的战略目标相适应；二是企业有无开发该种构思的能力，包括技术能力、资金能力等。新产品构思筛选模型见表 6-5。

表 6-5　新产品构思筛选模型

新产品成功的因素	各因素的相对重要性（权数）/%	新产品筛选对各因素的适应度（各因素评分）（0~100 分）	加权平均分（权数×评分）
战略与目标	20		
营销经验与技术	20		
财务能力	15		
分销渠道	15		
生产能力	15		
研究开发能力	10		
供销能力	5		
合计	100		

注：评分值在 0~100 分之间，由参与评估的工作人员填写。一般评分以 0~49 分为差，50~75 分为中，75 分以上为良好。一项新产品的开发需要在 70 分以上方可采纳。

（3）形成新产品的概念

产品的构思，是从企业自身的角度来考虑能够向市场提供的可能的产品。而产品的概念，则是从消费者的角度对这种构思做出的详细描述，包括产品的外形是否美观、使用方法是否方便、价格是否合理、消费者是否能够接受等。

（4）新产品可行性分析

新产品可行性分析，是指详细分析新产品的开发方案在商业上的可行性，即详细确定产品的功能，估算可能的销售额、生产成本和销售成本、预期的损益平衡点和投资回报率等。

（5）新产品设计试制

新产品设计试制，是指把产品的概念转化为产品实体，并进行内部测试的过程，包括产品设计、样品试制和小批量的试制。产品设计旨在将产品拟向消费者提供的关键利益具体化，是新产品开发成败的关键一环。关键利益，是指新产品将给消费者带来的最主要的好处，决定了产品开发的指导思想，同时也决定了产品的特征。

（6）新产品市场试销

新产品在通过内部测试后，便可以进行市场试销，了解市场的反映。根据市场的反映，决定以后的营销行动与策略（见表6-6）。

表6-6　新产品试销后的行动策略

试用率	重复购买率	行动或策略
高	高	将产品正式上市
低	高	增加广告和促销活动
高	低	重新设计或放弃
低	低	停止发展该项产品

（7）商业性生产

经试销成功的新产品，企业可以大批量地投产，推向市场。企业进行商业性生产，应考虑推出新产品的时机、地点、目标顾客以及推广方式的选择。

案例 6-9

IBM 新产品推出时机的选择

IBM 几乎从来没有率先在市场上推出过位居新技术前列的产品，而采取的是"后发制人"策略，即利用其雄厚的研究开发能力使其拥有大量新产品的优势，把它们储存在"冷库"里，从而使公司在现有产品被新模式取代之前，从现有产品中榨取最大利润。但当其他电脑公司在某一市场上推出新产品时，这时就需要竞争，它便从这些公司的活动中吸取教训，而后马上将一个比其他公司更为优越的新产品投放到同一市场，与其他电脑公司竞争，以始终保持 IBM 公司在市场上的领先地位。

（资料来源：罗绍明. 2009. 信息产品营销. 北京：机械工业出版社.）

6.4　产品生命周期

6.4.1　产品生命周期及其阶段

1．产品生命周期的概念

产品生命周期，是指产品从进入市场到最终退出市场的整个销售历史。它是指产品的市场寿命或经济寿命周期，即产品在市场上生存的时间，其寿命的长短主要由市场因素来决定，如技术发展水平、产品更新换代速度、竞争激烈程度等。它与产品使用寿命是两个完全不同的概念。

产品使用寿命，也称产品自然寿命，是指产品从投入使用开始直至报废所经历的时间。其寿命的长短受产品的自然属性、产品的使用强度、维修保养程度以及自然磨损等因素的影响。产品生命周期与产品使用寿命之间不存在直接的相关关系。产品的生命周期可能长于或短于其使用寿命。

2．产品生命周期阶段

产品生命周期包括 4 个阶段，即导入期、成长期、成熟期、衰退期（见图 6-1）。

1）导入期：产品刚刚进入市场，处于向市场推广介绍的阶段。

2）成长期：产品已被市场上的消费者所接受，销售量迅速增加的阶段。

3）成熟期：产品在市场上已经普及，市场容量基本达到饱和，销售量变动较少的阶段。

4）衰退期：产品已经过时，被新的更受市场欢迎的产品所替代，销售量迅速下降的阶段。

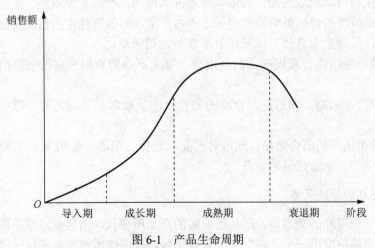

图 6-1　产品生命周期

6.4.2　产品生命周期各阶段的营销策略

产品处在生命周期的不同阶段，在产品、购买者、销售额、利润、竞争者、促销手段等各个方面均具有不同的特征，企业应根据自己产品在市场上的特征，灵活地制定相应的营销策略，使产品在市场营销中获取最佳的收益。

1. 导入期的营销策略

在产品生命周期的导入期，由于产量小、销量小、成本高，加之促销费用高，一般来说，利润为负，即便有，也是很少，因此，企业在该阶段的营销策略应突出一个"准"字，即市场定位和营销组合应准确无误。该阶段企业具体可以采用以下4种营销策略：

1）快速撇脂策略。高价格、高促销费用推出新产品。
2）缓慢撇脂策略。高价格、低促销费用推出新产品。
3）快速渗透策略。低价格、高促销费用推出新产品。
4）缓慢渗透策略。低价格、低促销费用推出新产品。

2. 成长期的营销策略

在产品生命周期的成长期，由于销量和产量扩大，费用率降低，成本下降，产品利润率迅速提高。企业在此阶段的营销策略应突出一个"好"字，即保持良好的产品质量和服务质量，切勿为片面追求企业利润而急功近利、粗制滥造。该阶段企业具体可以采用以下4种营销策略：

1）改进产品策略。改进产品的品质，提高竞争能力。
2）开拓新市场策略。寻找新的细分市场。
3）塑造品牌策略。建立产品形象，树立产品名牌形象。
4）适时降价策略。在适当时机，降低产品价格。

3. 成熟期的营销策略

在产品生命周期的成熟期，大量竞争者进入市场，产品竞争激烈，单位利润开始下降。企业在此阶段的营销策略应突出一个"占"字，即争取稳定的市场份额，延长产品生命周期。该阶段企业具体可以采用以下3种营销策略：

1）调整市场策略。发现产品的新用途，寻求产品的新用户和改变推销方式，以扩大产品销售。
2）调整产品策略。通过产品自身的调整来满足顾客的不同需要，吸引各种不同需求的顾客。
3）调整市场营销组合策略。通过对产品、定价、渠道、促销4个市场营销组合因素加以综合调整，刺激销量的上升。

4. 衰退期的营销策略

在产品生命周期的衰退期，产品已被新的产品所替代，销售量迅速下降。企业在此阶段的营销策略应突出一个"转"字，即有计划、有步骤地对产品进行转移。该阶段企业具体可以采用以下3种策略：

1）集中策略。把企业的能力和资源集中在最有利的细分市场和分销渠道上。
2）收缩策略。抛弃那些无希望、不盈利的产品，缩小企业的生产经营战线。

3）放弃策略。放弃经营那些进入衰退期的产品。

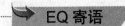

　　学会感恩，学会关爱他人，只有你去关爱他人，别人才有可能以真诚回报你。把关爱放到我们做的每一件事情中，用自己的真心关爱他人，用自己的诚心温暖社会，诚心诚意、踏踏实实地做好身边的每一件小事。对于营销人员，应全心全意关爱客户，只有这样才能有效地构建和谐的客户关系。

能 力 训 练

一、知识训练

1. 判断题

1）产品生命周期，也称产品自然寿命，是指产品从投入使用开始直至报废所经历的时间。（　　）

2）自主创新开发，是指企业主要通过自身努力，攻破技术难关，形成有价值的研究开发成果，并在此基础上，依靠自身的能力完成技术成果的商品化的产品开发方式。（　　）

3）一般来说，新产品一定要为顾客带来新的利益，但是新的利益越多，产品越难被消费者所接受。（　　）

4）概括地说，只要是产品整体概念中的任何一部分的变革或创新，并且给消费者带来新的利益、新的满足的产品，都可被认为是一种新产品。（　　）

5）产品包装的合理性，是指产品包装的图案、文字必须清晰，如实地反映产品的特性、功能、规格以及使用方法等。（　　）

6）从顾客心理学角度讲，品牌是一种资产，是一种来源或基于顾客心理驱动所产生的资产。（　　）

2. 选择题

1）人们购买电脑，实质是购买电脑的信息处理、存储和传递等功能，这体现的是产品整体概念的（　　）。

　　A. 扩大层次　　　B. 缩小层次　　　C. 核心层次　　　　　D. 形式层次

2）企业拥有产品线数量的多少，是指产品组合的（　　）。

　　A. 宽度　　　　　B. 长度　　　　　C. 深度　　　　　　　D. 关联度

3）品牌中可以被认出、易于记忆，但不能用语言表达的部分，是指（　　）。

　　A. 商标　　　　　B. 注册商标　　　C. 品牌名称　　　　　D. 品牌标志

4）在原有产品的基础上，部分采用新技术、新材料制成的性能有显著提高的新产品，是指（   ）。

    A．全新产品   B．改进产品   C．换代产品   D．仿制产品

5）产品已被市场上的消费者所接受，销售量迅速增加的阶段，是指产品生命周期的（   ）。

    A．导入期   B．成长期   C．成熟期   D．衰退期

6）企业对其同一种产品，使用两种或两种以上相互竞争的品牌的策略，是指（   ）。

    A．品牌统分策略   B．多品牌策略

    C．品牌归属策略   D．品牌延伸策略

二、分析训练

1. 宝洁（P&G）公司品牌策略的案例分析

宝洁（P&G）公司进入中国市场以来，在洗发水系列中，先后推出了"海飞丝"、"飘柔"、"潘婷"、"沙宣"4个品牌，每一品牌都以基本功能之上的某一特殊功能为诉求点，在广告中，依仗 USP（独特销售主张）以及卓越的创意表现，加以传播，以强化品牌的个性定位，如"海飞丝"定位于去头屑专家，"头屑去无踪、秀发更出众"；"飘柔"定位于洗发、护发合二为一，令头发飘逸柔顺；"潘婷"定位于营养专家，含有维生素原 B_5，兼含护发素，令头发"拥有健康，当然亮泽"；"沙宣"定位于发型专家，含保湿因子，保持发型持久。

分析：

1）宝洁公司采用的是一种怎样的品牌策略？

2）实施该种品牌策略有哪些方面的优越性？

2. "爱情饮料"和"谜语罐头"的案例分析

台湾地区有家饮料公司在产品销路不好时，独具匠心地在每包饮料包装锡纸上印有一则动人的爱情故事，并美其名曰"爱情饮料"。包装一改，马上吸引了众多青年男女争相饮用，结果该公司的饮料销量猛增。无独有偶，美国有家罐头厂在产品积压严重时，也别出心裁地推出罐头盖上印有谜语，罐头内印有谜底的"谜语罐头"，迎合了人们求知好奇的心理，结果产品销路大开。

"爱情饮料"和"谜语罐头"之所以取得成功，其精明之处就在于抓住了消费者求新求异的心理，以新颖独特的创意引起了消费者的兴趣，进而激发了消费者的购买欲望。比起时下有奖销售、降价让利之类的传统方式，"爱情饮料"和"谜语罐头"的方法更显得技高一筹。饮料注入"爱情"，罐头装入"谜语"，这种崭新的创意、奇特的做法，值得我们学习和借鉴。

"爱情饮料"和"谜语罐头"的取胜给企业带来 3 个启示：一是企业在抓好产品内在质量的同时，必须注重产品的外在包装形象，努力做到独树一帜；二是企业必须给产品取一个易记、有趣、新奇的好名称；三是企业必须尽可能增加产品的文化附加值，努

力增加消费者乐意接受的文化气息。

分析：

1）"爱情饮料"和"谜语罐头"为什么能够取得成功？

2）"爱情饮料"和"谜语罐头"的取胜带给我们什么启示？

3. 榨菜"旅行"的案例分析

四川人在销售其"拳头"产品——榨菜时，一开始是用大坛子、大篓子将其商品卖给上海人；精明的上海人将榨菜倒装在小坛子后，出口日本；在销路不好的情况下，日本商人又将从上海进口的榨菜原封不动地卖给了香港商人；而爱动脑子、富于创新精神的香港商人，以块、片、丝的形式把榨菜分成真空小袋包装后，再返销日本。从榨菜的"旅行"过程中，不难看出各方商人都赚了钱，但是靠包装赚"大钱"的还是香港商人。

分析：

1）分析不同的商品包装策略对营销的影响。

2）分析各方商人使用的是怎样的包装策略。

三、技能训练——品牌成功塑造案例搜索技能训练

1. 训练目的

1）能搜索到一个品牌成功塑造的案例。

2）能清晰表达出该营销案例的内容。

3）能总结归纳出该企业的成功之处。

4）能简要说出选择该营销案例的理由。

2. 训练指导

1）布置任务：将教学班学生按每 6~8 人的标准划分成若干个任务小组，每个小组成员搜寻一份品牌成功塑造的案例。

2）搜索选择：各小组成员总结归纳自己搜寻到的品牌成功塑造案例的成功之处，列明选择该案例的理由，之后形成品牌成功塑造案例搜索技能训练报告。

3）课堂陈述：各个任务小组成员上交品牌成功塑造案例搜索技能训练报告，由指导教师从每小组中选择一份具有代表性的品牌成功塑造案例搜索技能训练报告，并邀请其作者代表小组上台陈述。

4）评价效果：各个小组代表陈述后，指导教师点评该次品牌成功塑造案例搜索技能训练的情况，并由全班学生不记名投票，评选出该次搜索技能训练的获奖小组，给予表扬与奖励。

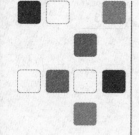

第 7 章
价 格 策 略

 目的要求

1. 知识目标

1）能理解和列举影响产品定价的因素。

2）能列举和运用产品定价的目标。

3）能理解和列举产品定价的程序。

4）能列举和分析产品定价的基本方法。

5）能理解和掌握产品定价策略和技巧。

6）能熟记和运用产品价格调整策略。

2. 技能目标

1）能综合运用本章知识剖析现实案例。

2）能完成产品招投标书搜索技能训练。

3. 素质目标

诚实是人立身之本，处世之宝。只有种下诚实的苗，才能结出诚实的果。

重点难点

1）产品定价的目标。

2）产品定价的基本方法。

3）产品定价策略和技巧。

4）产品价格调整策略。

EQ 故事

巧伪不如拙诚

某家大公司的招聘广告刚刚打出，便有很多应聘者前来面试。公司的问题很简单：2 减 1 等于多少。

由于这家公司在全国是小有名气的大公司，所以前来应聘的人都早已做好了应对考试的种种准备，但他们谁都没有料到，公司居然会出这么一道小学一年级的算术题。顿时，下面的人心里敲起了小鼓："不会吧，连没上学的小孩子都可能知道的算术题，竟然来考我们？""嗯，答案肯定不会是等于 1 那么简单，里面肯定有大文章。""面试官一定是想得到一个别出心裁的答案。"……

就这样，这些既有高学历又有丰富社会阅历的大学生们开始绞尽脑汁地想答案。当然，他们想出来的答案也是千奇百怪的。

有的说："等于被减掉的 1 所能换来的所有东西。"有的说："2 减 1 等于 1 是消费，等于 2 是经营，等于 3 是贸易，等于 4 是金融，等于 200 是贿赂……"

还有人居然说："领导说它等于多少它就等于多少。"

在近百名的应聘者中，只有一个人犹犹豫豫地回答说等于 1。

当公司的主考人员问这位应聘者为什么不敢大大方方地说时，应聘者低着头回答："因为在现在这个社会，对于想获得一份好工作的人来说，诚实很可能是全世界最没用的武器。"

但是最后，这个诚实的人却出乎意料地被录用了，而且，在众多的面试者中，被录用的只有他一个人。

EQ 点评 诚实是人立身处事成败的关键。真心实意、坦诚相待才能从心底感动他人，从而最终获得他人的信任。诚实无欺永远比花言巧语更容易收获成功。企业在制定价格策略时，应保持诚信态度，以赢取顾客的信任。

案例导引

33 元 1 斤的橘子皮

橘子皮，中药称其为"陈皮"。罐头厂不生产中药，百货公司的食品部也不卖中药，但某罐头厂在北京王府井百货大楼竟把橘子皮卖出了 33 元 1 斤（1 斤=500 克）的价格！在汕头有一罐头厂，以生产橘子罐头出名，但是剩下的橘子皮一直没有很好的方法处理，于是便将橘子皮以几分钱一斤的价格送往药品收购站销售。近年来加工橘子罐头的多了，橘子皮几分钱一斤也卖不出去，于是就在橘子皮上打主意——难道橘子皮除了晒干后做中药陈皮外，就没有别的用途了吗？经过一段时间的研究，他们终于开发出一种叫"珍珠陈皮"的小食品。

产品开发出来了，要以什么样的价格将其投放市场？在对市场做了分析评估后，他们采用高价策略进入市场。决定每 15 克袋装售 1 元，合 33 元 1 斤，投放市场后，该产品销售火爆。1 斤橘子皮卖 33 元钱，就是那些领新潮消费之先的年轻女士也称太贵，可是，当她们买过尝过之后，又介绍给别人去买去尝，儿童们更是口手不离。于是 33 元 1 斤的橘子皮，真的成了"挡不住的诱惑"，诱得求购者纷至沓来。亚运会期间，北京展览馆的亚运购物中心举办的商品展销，评定出的单项商品销售冠军，竟然就是这 33 元 1 斤的橘子皮——珍珠陈皮。

（资料来源：张润琴. 2007. 市场营销基础. 北京：高等教育出版社.）

7.1　产品定价概述

价格，是指产品营销过程中买卖双方成交的价格。产品价格有样本价格和成交价格之分。样本价格是指价目表中标明的价格。成交价格是根据不同的交易方式、数量、时间、条件等，在样本价格的基础上适当加以调整而形成的实际价格。

7.1.1　影响产品定价的因素

价格是企业市场营销组合中最为活跃的因素，也是一个十分敏感的因素。一方面，它影响着消费者的购买行为；另一方面，它又是企业参与市场竞争，实现经济利益的重要因素。产品价格不仅要反映产品的成本和利润，而且要适应企业的市场环境、企业的经营战略、消费者的心理等因素。

1. 产品成本因素

产品价格的基础是成本，成本是产品价格最主要的组成部分。产品成本主要分为两种类型：固定成本和变动成本。固定成本，是指不管生产或销售多少产品，其成本总额基本保持不变的成本；变动成本，是指那些随着产品生产或销售量的变动而变动的成本。

知识拓展 7-1

为使企业产品或服务的经营最终达到盈利的目标，定价时首先要考虑成本。成本是价格的下限。企业应认真分析产品的全部成本，以便尽可能地将成本分摊到某一个产品中去。产品成本不仅要考虑固定成本和变动成本，还要考虑其他类型的成本。

1）相关成本与非相关成本。相关成本是指与某项决策直接相关的成本。非相关成本是指与某项决策没有直接关系的成本。

2）增量成本与沉没成本。增量成本是指因做出某一特定决策而引起的全部成本变化的部分。沉没成本是指不因某项决策而变化（如决策前已经支出的或已经承诺支出的成本，决策对它没有影响，即与决策无关的成本）的成本。在决策时，增量成本属于相关成本，必须要考虑；沉没成本属于非相关成本，在决策时不予考虑。

3）机会成本与边际成本。机会成本是指企业将资源投入某一用途后，丧失了作为其他用途的收益，这就构成了将它投入该用途的机会成本。机会成本不在财务报告中反映，但它与定价相关。边际成本是指在一定产量水平上，产量增加一个单位而引起的全部成本变化的部分。边际成本说明了在一定的产量水平上，单位产量的变化对总成本产生的影响，这对研究分析产量与成本之间的动态关系是十分重要的。

2. 产品供求状况

产品供求状况，会对产品价格产生重要影响，有时甚至会成为左右市场价格的一种外在的强制力量，企业在定价时不可不考虑这个因素。在产品供不应求时，产品价格必然出现上升的趋势；当产品供大于求时，价格又会呈现下降的趋势。

3. 市场竞争态势

市场竞争对企业的定价有着很大的影响。市场竞争态势通常表现为 4 种类型，即完全竞争、完全垄断、寡头垄断和垄断竞争（见表 7-1）。

表 7-1　市场竞争态势的类型

序号	类型	竞争态势内涵
1	完全竞争	某种产品的生产企业很多，各企业生产的产品都是同质的，每个企业在整个市场的交易量所占的份额很少，产品的价格完全由市场所决定，任何企业都无法通过自己的买卖行为或其他行为来影响市场商品的供求状况以及改变商品的市场价格
2	完全垄断	某种产品的生产由一家企业所控制，而且它所生产的产品没有其他产品可以替代，新企业的进入又有很大障碍，产品没有竞争
3	寡头垄断	某种产品基本上由少数几家企业所控制的市场，这些企业的产品不一定是最好的，但其凭借规模经济享受着对较小的竞争对手的价格优势
4	垄断竞争	某种产品的生产企业较多，各产品之间存在一定差别的竞争市场。在垄断竞争市场中，各企业在价格制定上有一定的自由空间，可以通过自己各具特色的营销活动，或多或少地对市场供求发生影响，但每个企业又不能完全控制市场

4. 市场营销组合

价格是市场营销组合因素之一，也是产品市场定位的主要因素，决定了产品的目标市场、产品设计、产品的特色以及生产成本的高低等。企业的定价策略必须与产品的整体设计、分销和促销策略等相匹配，形成一个合理的营销组合。

5. 消费者心理因素

消费者在购买产品时，一些特定的心理因素往往会起到非常重要的作用。当消费者心理上预期某种商品可能涨价，在短期内会增加需求，从而导致价格上升；反之，若消费者预期价格会进一步下降，在短期内会减少需求，如果供给量不变，价格会真的有下降的压力。

6. 需求价格弹性

需求价格弹性，也称价格弹性，是指一种产品价格的变动对其市场需求量的影响程度。价格弹性与销售额的关系表现见表 7-2。通常，创新性产品的弹性很小，这些产品没有什么替代品，竞争对手和消费者对其价格都不如对其增加的新性能敏感；而没多少创新的产品，其需求弹性就会上升，尤其是当产品相似但价格更低的竞争者的加入，或拥有更好的性价比的新产品的出现，都会使消费者对价格更为敏感。

表 7-2　价格弹性与销售额的关系表

销售额	弹性系数大于 1	弹性系数等于 1	弹性系数小于 1
价格上升	减少	不变	增加
价格下降	增加	不变	减少

7. 国家相关政策法规

企业在定价时，必须诚信经营，严格遵守国家的法律、法规和政策，并以此作为产品定价的一项重要依据，包括价格法、消费者权益保护法、反不正当竞争法等。

7.1.2　产品定价程序

1. 明确定价目标

定价目标，是指企业通过定价策略的运用需达到的具体目标。定价目标是实现企业经营总目标的保证和手段，又是企业确定定价策略和方法的依据。企业的定价目标有很多种，包括扩展目标、利润目标、销售目标、竞争目标和社会目标等（见表 7-3）。

表 7-3　定价目标表

扩展目标	维持企业生存
	扩大企业规模
	多品种经营
利润目标	最大利润
	满意利润
	预期利润
销售目标	销售量增加
	扩大市场占有率
	争取中间商
竞争目标	稳定价格
	应付竞争
	质量优先
社会目标	社会公共事业
	社会营销

2. 测定需求弹性

需求弹性，即需求价格弹性，可用需求弹性系数来衡量。需求弹性系数是指价格变动引起需求相应变动的比率，反映需求变动对价格变动的敏感程度。用公式表示为

$$需求弹性系数 = \frac{需求变动百分比}{价格变动百分比}$$

不同的产品具有不同的需求弹性系数，不同需求弹性系数的产品，其价格制定方式应有所区别。

1）需求弹性系数等于 1：表明价格的变动会引起需求量等比例的反方向变动。例如，某种产品提价 2%，该种产品的需求量会降低 2%。在这种情况下，价格变化对销售收入的影响不大，因此，制定产品价格时应该更多地考虑成本、竞争对手等因素的影响。

2）需求弹性系数大于 1：表明价格的变动会引起需求量较大幅度的反方向变动。例如，某种产品提价 2%，该种产品的需求量会降低 8%。在这种情况下，提高价格将使销售收入减少很多，因此，制定产品价格时应该考虑通过低价、薄利多销来达到增加利润的目的。

3）需求弹性系数小于 1：表明价格的变动仅会引起需求量较小程度的反方向变动。例如，某种产品提价 2%，该种产品的需求量仅会降低 1%。在这种情况下，提高价格将使销售收入总额有所增加，因此，制定产品价格时应该考虑定以较高水平的价格，以此达到增加收入和利润的目的。

3. 估算成本费用

产品价格的基础是成本，成本是产品价格最主要的组成部分。因此，企业制定产品价格时必须估算成本。成本估算，是指企业根据未来发展目标与有关资料，运用专门的方法对企业未来成本水平及其发展趋势进行的估计与测算。成本估算的具体方法主要包括高低点法、加权平均法、回归直线分析法等方法。

4. 分析竞争状况

产品的最低价格取决于该种产品的总成本费用，而产品的最高价格取决于该种产品的市场需求。在最低价格和最高价格的幅度内，企业能把产品的价格水平定得多高，就取决于竞争对手的同种产品的价格或可能价格的水平有多高。因此，企业必须了解竞争对手的产品质量和价格，与竞争对手产品比质比价，从而制定本企业的产品价格。

5. 选择定价方法

定价方法，是指企业在进行定价决策时，按照一定的程序和模型，最终定出产品价格的定量分析方法。企业在测算了产品的需求价格弹性、估算了产品的成本费用和分析了产品的竞争状况后，就可以选择产品的定价方法进行产品基本价格的制定了。

产品的定价方法有很多，通常包括成本导向定价法、竞争导向定价法和需求导向定价法。

6. 核定最佳价格

企业在制定出产品的基本价格后，还必须综合考虑产品所含技术的先进性、用户使用产品的效用、所制定的价格是否合法、所制定的价格是否与企业的定价政策相一致以及其他各方（如中间商、竞争对手、推销人员等）对拟定价格的态度等因素，力争把价格定在最佳水平。

7.1.3　产品定价方法

1. 成本导向定价法

成本导向定价法，是指以产品的成本为定价依据的定价方法。成本导向定价法包括成本加成定价法、目标利润定价法和边际贡献定价法等定价方法。

（1）成本加成定价法

成本加成定价法，是指按照产品单位成本加上一定百分比的加成率来制定产品价格的定价方法。成本加成定价法可采用顺加法和倒扣法两种计算形式。

1）顺加法。单位价格=单位成本×（1+成本加成率）；成本加成率，是指在成本基础上的加成。

2）倒扣法。单位价格=单位成本/（1-价格加成率）；价格加成率，是指在价格基础上的加成。

案例 7-1

假设某电脑生产厂商，其生产的固定成本为 60 000 000 元，变动成本为 2 000 元/台，预计销售量为 500 000 台，如果该厂商想获取成本的 20% 的利润，试计算每台电脑的价格是多少。如果该厂商想获取销售价的 20% 的利润，则每台电脑的价格又是多少？

分析：

$$单位成本=单位变动成本+固定成本/预计销售量$$
$$=2000+60\ 000\ 000/500\ 000$$
$$=2120（元）$$

顺加法：$$单位价格=单位成本×（1+成本加成率）$$
$$=2120×（1+20\%）$$
$$=2544（元）$$

倒扣法：$$单位价格=单位成本/（1-价格加成率）$$
$$=2120/（1-20\%）$$
$$=2650（元）$$

（2）目标利润定价法

目标利润定价法，是指根据损益平衡点的总成本、预期利润和估计的销售量来制定产品价格的方法。目标利润定价法通常需确定两种价格，即保本价格和保利价格。保本价格，也称保本价，是指企业处于保本（不盈不亏）状态时的价格；保利价格，也称保利价、实现目标利润价格，是指为确保企业预先确定的目标利润能够实现的价格。

1）保本价格=固定成本/保本销售量+单位变动成本；

2）保利价格=（固定成本+目标利润）/预计销售量+单位变动成本。

案例 7-2

承案例 7-1，如果该厂商的目标利润确定为 10 000 万元，试计算每台电脑的保本价格和保利价格是多少。

分析：

保本价格=固定成本/保本销售量+单位变动成本

=60 000 000/500 000+2000

=2120（元）

保利价格=（固定成本+目标利润）/预计销售量+单位变动成本

=（60 000 000+100 000 000）/500 000+2000

=2320（元）

（3）边际贡献定价法

边际贡献定价法，是指在企业不景气，产品按原价无法销售时采用的一种定价方法。边际贡献，是指产品价格中超过变动成本的部分。

1）单位边际贡献=单价-单位变动成本；

2）边际贡献总额=销售收入-变动成本总额。

采用该种方法定价时，只要产品边际贡献大于零，此时的价格就可接受。

案例 7-3

承案例 7-1，如果该厂商的产品严重滞销，产品库存严重，此时有一企业愿意以 2050 元/台的价格采购产品 200000 台，试问该厂商应不应该接受此订单。

分析：

单位边际贡献=单价-单位变动成本

=2050-2000

=50（元）

因为单位边际贡献>0，所以该厂商应该接受此订单。

2. 需求导向定价法

需求导向定价法，是指以消费者对产品价值的认知和需求强度为定价依据的定价方法。需求导向定价法包括认知价值定价法、需求强度定价法等定价方法。

（1）认知价值定价法

认知价值定价法，又称感知价值定价法、理解值定价法，是指企业根据消费者对产品的认知（感知、理解）价值来定价的方法。认知价值，是指消费者认为该产品值多少钱，或只有多少价格，消费者才愿意购买。

企业使用认知价值定价法，首先要了解消费者对该产品的需求和认知价值，其次要掌握竞争对手的定价。

1）贴近顾客是认知价值定价的关键。采取认知价值定价法，企业必须要洞察目标顾客的价值取向，及时地向顾客提供至关重要并超过其期望的产品和服务。研究表明，有效开展产品服务和顾客服务的企业，其盈利始终比那些在这方面迟迟未有动作的企业高得多。

2）了解对手是认知价值定价的基础。顾客对价值的认知，是在与同类产品的比较中确定的，因此，企业只有收集并掌握了竞争者的信息，才能理性地制定价格策略。这就要求企业必须建立一套有效的系统，以更好地获取并利用竞争对手的动态情报，清楚竞争者成功的秘诀和失败的教训，及时将自己的产品或服务与竞争者的产品或服务按性能的优劣进行比较，从而及时调整自己的价格。

（2）需求强度定价法

需求强度定价法，是指企业利用需求函数，根据市场需求的强弱来定价的方法。需求函数，是在需求表、需求曲线及需求规律的基础上提炼而成的对需求规律的数学描述，它表明价格与需求之间反方向变化的关系（见图7-1）。

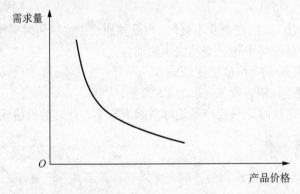

图 7-1 需求-价格曲线

3. 竞争导向定价法

竞争导向定价法，是以市场上相互竞争的同类产品的价格为定价依据的定价方法。竞争导向定价法包括随行就市定价法、拍卖定价法、招投标定价法等定价方法。

1）随行就市定价法。按行业现行平均价格水平来定价的方法。

2）拍卖定价法。拍卖行受出售者委托，在特定场所公开叫卖，引导买方报价，利用买方竞争求购的心理，从中选择最高的价格的方法。

3）招投标定价法。卖方在买方的招标期限内，根据对竞争对手报价的估计来相应制定竞争报价的方法。公开招标，应当是按照采购主管部门规定的方式向社会发布招标公告，并有至少 3 家以上符合投标资格的供应商参加投标。

招投标定价法的程序包括：

① 发布招标公告。公开招标的，招标机构应在投标截止日之前发布招标公告。

② 开标、评标。招标机构应当在投标截止日后以公开方式开标。开标时，招标机构应当邀请评标委员会成员、供应商代表和有关单位代表参加。评标由评标委员会负责，评标委员会由采购人、招标机构代表和技术、经济、法律等方面的专家组成，总人数为 5 人以上的单数，其中专家评委应占有一定的比例。与供应商有利害关系的人不得作为

评标委员会成员。

③ 签订采购合同与支付价款。投标活动结束后，采购人与中标人应当按照中标通知书指定的时间、地点，并根据招标文件和中标的投标文件签订采购合同。

④ 监督检查。采购主管部门应当加强对政府采购的监督，定期对政府采购进行检查。检查内容包括：采购活动是否依采购计划进行，采购项目是否符合政府规定，采购方式和程序是否符合法律规定，采购合同的履行情况等。

7.2 产品定价策略

产品定价策略，是指企业在进行定价决策时，按照一定经验，最终做出特定价格选择分析所依据的原则与技巧。定价策略对企业十分重要，企业针对不同的产品、不同的阶段应采取不同的定价策略，只有这样，才能真正做到以可靠的质量、满意的价格吸引广大的消费者。

7.2.1 新产品定价策略

新产品定价策略，是指用于指导新产品定价的原则与技巧。新产品定价策略包括撇脂定价策略、渗透定价策略和锁定定价策略等。

1. 撇脂定价策略

撇脂定价策略，也称高价格策略，是指在产品生命周期的最初阶段，新产品上市时，把产品的价格定得很高，以获得较高利润的定价策略。

对于创新型产品，刚刚推出时，市场上还没有相同的产品或替代产品与之竞争，企业可以采用这种定价方法，用高价把新产品卖给市场上急需这种产品的用户。当用户满足程度逐步饱和或有换代产品推出之后，再逐步降低产品价格，以至让该产品逐步退出市场。采用该方法，企业可以得到最大的超额利润，尽快收回产品的研究开发费用，提供下一轮技术开发创新的资金。

采用撇脂定价策略应具备的条件包括：①有专利保护，独具特色，给人以优质优价的印象；②市场有足够多的消费者能接受这种高价产品；③产品从设计到生产需要较长时间，竞争者在短时间内无法进入。

2. 渗透定价策略

渗透定价策略，也称低价格策略，是指企业把新产品的价格定得相对较低，以吸引大量顾客，提高市场占有率的定价策略。

对于仿制型产品，由于没有显著的特色，市场竞争激烈，产品的需求弹性较大，企业应采取渗透定价策略，以便产品能迅速被市场所接受，扩大销量，增加产量，从而获得一定的规模经营优势。

采用渗透定价应具备的条件包括：①产品需求弹性较大，低价可以刺激市场需求迅速增长；②产品具有较大的规模经济性，生产成本能随销售的上升而降低；③低价格可以阻止潜在的竞争者进入。

案例 7-4

金山超低价营销在日本引起轰动

日本杀毒软件市场长期以来一直保持寡头垄断的局面，诺顿、趋势、MCAFEE及SourceNext四强基本占据了94%以上的份额，市场容量基本是中国市场的3倍。

2005年9月14日，金山日本分公司在东京正式挂牌成立，宣布正式进入日本市场，并同时发布了金山毒霸日文版，这也是国内首家通用软件公司进入日本市场。金山公司一进入日本当即表示，金山毒霸日文版的前100万下载用户将会享受1年的免费查、杀病毒及升级服务，按照收费后的价格980日元/年来计算，金山毒霸在日本市场等于让利投入了10亿日元。980日元/年的收费在日本是一种极具"杀伤力"的价格，只是竞争对手收费的零头。

中国市场司空见惯的低价策略乃至"体验营销"，在日本却引起惊人关注。日本NHK电视台、日经新闻社等80多家媒体对此次金山超低价营销活动进行了报道。中国金山软件"先尝后买"的营销模式，引起了场内记者的惊讶。数据显示，金山毒霸发布当天已经有超过两万的下载量。

（资料来源：http://news.chinabyte.com/181/2124181.shtml.）

3. 锁定定价策略

锁定定价策略，也称俘虏定价策略，是指企业利用消费者的心理，通过低价或直接货币补贴等手段，吸引消费者购买其产品，然后依照一定的规则，提高消费者使用产品的转移成本，对消费者后期的消费活动进行限制的策略。对于消费者来说，当从使用某种品牌的产品转移到使用另一种品牌产品，如果转移的成本非常高，就产生了锁定成本。锁定成本无所不在，锁定成本就是指消费者转移使用其他产品所付出的代价。

企业锁定或俘虏消费者的方法包括：

1）产品分阶段消费，首次消费价格低廉，但产品转移成本高。

2）顾客很容易升级企业的产品，从而加深顾客对该产品的忠诚度。

3）针对该产品，对顾客进行低费用甚至免费的培训，提高顾客对该产品的认识的同时，加深顾客的认识锁定，有了针对产品的培训，转移成本就会随时间而增加。

4）为顾客提供免费的产品信息和相应的数据库，从而增加顾客对该产品的使用依赖性。

5）在完善的安装基础平台上，向顾客推荐互补产品，吸引顾客再投资，从而再次增加顾客的转移成本。

案例 7-5

微软公司的锁定策略

微软公司的操作系统Windows覆盖了PC操作市场97%的份额，是该市场的绝对垄断者。但在这块市场上，还有 UNIX、Linux 和 Mac 苹果系统。试用过所有这些操作系统的人都知道，比起 Windows，后三者的稳定性是最好的，而且 Linux 的代码是完全公开的，世界上所有精通计算机的高手都可以通过互联网实现自己对它的修改，以更好地适应自己的计算机应用，而不是像微软公司的 Windows 用户那样，只能被动地接受微软工程师们的设计，在自己的计算机上装上庞大的 Windows，而只用到其中不到 10% 的功能，牺牲了计算机的工作效率。

然而，Windows 用户如果想使用稳定出色的 Mac 操作系统的代价，便是要更换自己的计算机，抛弃 PC 而选择 Mac 架构的计算机，并且还要花时间重新学习 Mac 计算机的使用，更要命的是，PC 中的 Word 文档将因为与机器不兼容而成为一堆垃圾，高额的转移成本将 97% 的用户锁定在了 PC 世界里，使用着虽不稳定但很普及的 Windows。

（资料来源：罗绍明. 2009. 信息产品营销. 北京：机械工业出版社.）

7.2.2 组合定价策略

组合定价策略，是指当企业的某种产品成为一个产品组合时，对这组产品中的各产品的基本定价进行适当修订的定价策略。

1. 系列产品定价策略

系列产品定价策略，是针对系列产品而采取的定价策略。系列产品，是指企业赋予同一品牌且基本功能相同的产品，以不同的外观、特征形成一个系列的产品组合。

系列产品定价的关键是决定价格档次的幅度。企业需要决定价格最低的产品及其价格，决定价格最高的产品及其价格，以此形成系列产品的价格区间。价格区间和系列产品数量确定之后，价格差异化的工作就是按比例常数向上加，得出下一个价格。随着价格的上升，系列产品中的价格差异应当逐渐加大。

2. 互补产品定价策略

互补产品定价策略，就是针对互补产品而采取的定价策略。互补产品，是指主要产品需要与配套产品一起使用的产品组合。对于互补产品，企业可以有意识地降低购买频率低、需求弹性大的产品的价格，同时提高购买频率高、需求弹性小的产品的价格。

3. 互替产品定价策略

互替产品定价策略，就是针对互替产品而采取的定价策略。互替产品，是指能够相互替代使用的产品组合。对于互替产品，企业应当适当提高畅销品的价格，降低滞销品的价格。

案例 7-6

吉列按刮脸次数卖剃须刀

生产个人护理用品的吉列公司虽然还进不了世界 500 强，但其知名度历来是都很高的，因为每天全球有数千万男人在使用吉列刀片。

在 19 世纪末期的几十年中，美国有关安全剃须刀方面的专利起码有几十个，金·吉列只不过是其中之一。使用安全剃须刀不像先前的折叠式剃须刀那样易刮伤脸，又可免去光顾理发店的时间和金钱，但是这种看似很有市场的商品却卖不出去，原因是它太贵了。去理发店只花 10 美分，而最便宜的安全剃须刀却要花 5 美元。这在当时可不是一个小数目，因为它相当于一个高级技工一周的薪水。

吉列的安全剃须刀并不比其他剃须刀好，而且生产成本也更高，但别人的剃须刀卖不出去，吉列的剃须刀却供不应求，原因在于它贴本把剃须刀的零售价定为 55 美分，批发价 25 美分，这不到其生产成本的 1/5。同时，他以 5 美分一个的价格出售刀片，但每个刀片的制造成本不到 1 美分，这实际上是以刀片的盈利来补贴剃须刀的亏损，当然吉列剃须刀只能使用其专利刀片。由于每个刀片可以使用 6~7 次，每刮一次脸所花的钱不足 1 美分，只相当于去理发店花费的 1/10，因而有越来越多的消费者选择使用吉列剃须刀。

吉列的成功在于它采取了一种合适的定价方法，这里面包含着一个简单的道理：消费者购买一种产品或服务并不形成最终的经济行为，而是一个中间行为，消费者用这种行为来"生产"最后的"满足"或"福利"。

顾客要购买的并不是剃须刀，而是刮脸，刮脸的最终目的是使他看起来形象更好、更体面等，为了达到这个目的，他有去理发店、买折叠式剃须刀或安全剃须刀 3 种选择，而吉列的定价方法使他选择购买吉列剃须刀最为合算。在竞争对手们想方设法降低生产成本时，吉列独辟蹊径，其定价方法反映了消费者购买的真正"价值"，而不是生产商的"成本"，这是吉列成功的最大原因。

吉列的定价方法为后来的许多企业所模仿。日本某些大牌打印机厂商就把打印机的价格定得很低，以此来吸引消费者购买，同时他们又把墨盒的价格定得很高。打印机是基本不赚钱甚至是亏本的，而墨盒却有数倍的利润，这样消费者实际付出的是"打印件"的成本，而不是"打印机"的成本。

（资料来源：杨育谋. 2002. 吉列按刮脸次数卖剃须刀. 中外企业文化，(3).）

7.2.3　心理定价策略

心理定价策略，是指依据消费者的购买心理来确定产品价格的策略。

1. 整数定价策略

整数定价策略，是指将产品价格定为整数的定价策略。

2. 尾数定价策略

尾数定价策略，是指保留价格尾数，采用从零标价的定价策略。

3. 声望定价策略

声望定价策略，是指企业针对消费者"一分钱一分货"的心理，对在消费者心目中享有声望，具有信誉的产品制定较高的价格，即针对消费者求名心理进行定价的策略。

4. 习惯定价策略

习惯定价策略，是指根据消费者购买商品的习惯性标准来定价的策略。

5. 招徕定价策略

招徕定价策略，是指企业将产品价格调整到低于价目表价格，甚至低于成本费用，以招徕顾客促进其他产品销售的定价策略。

7.2.4 折扣定价策略

折扣定价策略，是指企业为鼓励买主及早付清货款、大量购买、淡季购买及配合促销，而给予一定的价格折扣与让价的策略。

1. 现金折扣

现金折扣，是指企业为鼓励买主及早付清货款而给予一定的价格折扣与让价的策略，即提前付款的价格减让。

2. 数量折扣

数量折扣，是指企业为鼓励买主大量购买而给予一定的价格折扣与让价的策略，包括累进数量折扣与非累进数量折扣。

3. 职能折扣

职能折扣，也称贸易折扣，是指企业为担负相应贸易职能的经销商的折扣。

4. 季节折扣

季节折扣，是指企业为鼓励买主在淡季购买而给予一定的价格折扣与让价的策略，即过季产品的价格折扣。

5. 价格折让

价格折让，是指企业开展现场促销活动或产品质量、规格不符合要求时，给予顾客一定的折扣，包括以旧换新折让和促销折让。

7.2.5 需求差别定价策略

1. 差别定价策略

差别定价策略，是指企业对同一产品或服务定出两种或多种不同的价格，即企业依据需求的不同时间、地点、产品及不同类型的顾客的差别来决定在基础价格上是加价还是减价，以两种或两种以上不是反映成本费用的比例差异的价格进行产品销售。需求差别定价的形式包括：

1）顾客差别定价。同一种产品或服务以不同价格销售给不同顾客。例如，购买火车票，一般顾客必须全价购买，而学生可以享受半价优惠。

2）产品差别定价。不同形式的同一产品分别制定不同价格。例如，图书产品，可以有价格不菲的精装本，也可以有价格较低的简装本。

3）时间差别定价。不同时间或时点销售的同一产品的价格不同。例如，旅游服务企业在淡季和旺季的收费不同。

4）地点差别定价。处于不同地点销售的同一产品或服务的价格不同。例如，同一剧场的座位，前排与后排的定价不同。

2. 差别定价应具备的条件

1）市场能够根据需求强度的不同进行细分。

2）细分后的市场在一定时期内相互独立、互不干扰，高价产品市场上不会出现低价竞争者。

3）细分市场和控制市场的成本费用不得超过实行价格差异所得到的收入。

4）价格差异适度，不会引起消费者反感。

5）价格差异符合有关价格管理的法规和条例。

7.2.6 产品生命周期定价策略

产品生命周期定价策略，是指依据产品的生命周期来规划销售，制定产品不同生命周期阶段的价格的策略。在产品生命周期的各个阶段都会出现一个拐点，拐点前后的定价策略会出现剧烈变动，企业能否正确认识到这个拐点以及能否及时调整定价策略，将会导致完全不同的竞争结果。

1. 导入期定价策略

在产品生命周期的导入期，产品作为新产品刚刚推向市场，企业可以根据产品的创新性、技术含量以及市场竞争态势，选择撇脂定价策略、渗透定价策略或锁定定价策略。

2. 成长期定价策略

在产品生命周期的成长期，企业可采取差别化定价策略或个性化定价策略。个性化定价，是指根据每个消费者的个性特征及对产品价值的认同与偏好程度的不同，分别制定不同的价格。个性化定价可以使企业向每个消费者收取他愿意为每单位产品支付的最高的价格，从而获得最大利润。

3. 成熟期定价策略

在产品生命周期的成熟期，企业可选择捆绑定价策略和限制定价策略。

1）捆绑定价策略。指企业将多种产品捆绑在一起以低于各产品单价总和的价格进行销售的策略。捆绑销售是产品销售的重要方式之一，如图书与光盘等产品捆绑销售。捆绑销售的最大优点是它减少了消费者支付意愿的分散，增加了供应商的销售收入，提高了消费者的福利水平。捆绑定价是产品进入成熟期阶段，获取最大利润的一种最有效的手段，也是产品竞争加剧的结果。

案例 7-7

微软公司捆绑定价策略

捆绑定价销售最为成功的例子就是微软公司的 Office 办公系统，目前它占据了绝大部分办公软件的市场份额，其成功的原因就在于它集成的 8 个办公组件可以共享文件，可以选择安装，并且比用不同版本的组件占用更小的空间，更为有效。

（资料来源：罗绍明. 2009. 信息产品营销. 北京：机械工业出版社.）

2）限制定价策略。指企业凭借其先入的优势和规模优势，牺牲一些短期利益，适当地降低价格，把利润压到使潜在竞争者望而却步水平的定价策略。

限制定价策略的目的是使现有市场利润对潜在的进入者不具有那么大的吸引力，阻止潜在竞争者进入，达到长期占领市场的目的。此外，也可以进行降价的预期管理，即面对新的潜在进入者，建立一种在未来某个时期产品即将降价的信息传递机制，使潜在竞争者相信进入该行业产品的生产，由于产品价格具有向下的刚性，进入以后的利润不足以收回巨额的固定成本，从而放弃进入的选择，维持该产品现有的市场领导地位。

4. 衰退期定价策略

在产品生命周期的衰退期阶段，企业应处理旧产品，快速开发与推广新产品。此时，企业可以采用低价策略向要求不高的用户提供产品，也可以实行新老产品捆绑销售。

7.3 产品调价策略

企业处在一个动态的市场环境中，其产品价格的制定与调整都不是一劳永逸的。企业必须根据市场环境的变化，不断地对价格进行调整。

7.3.1 主动调价策略

主动调价策略，即主动变价策略，是指企业根据市场条件的变化主动地降低产品价格或提高产品价格的策略。

1. 主动降价策略

1）生产能力过剩需要扩大销售，但企业无法通过产品改进和加强销售等来扩大销售。
2）在强大的竞争压力下，企业的市场占有率大幅度下降。
3）企业的成本费用比竞争对手低，企业可通过降价来掌握市场，提高市场份额。

2. 主动提价策略

1）通货膨胀导致企业成本费用提高，企业无法单独对付。
2）产品供不应求，不能满足所有顾客的需要。

7.3.2　应对调价策略

应对调价策略，即应对变价策略，是指企业针对竞争对手的价格变动而进行的被动的调价策略。

1）维持原价。当保持价格不变，市场占有率不会下降太多时，可以选用维持原价。

2）维持原价，但运用非价格手段来反攻，如提高产品质量或增加服务项目。

3）降价。降价时，应当尽力保持产品质量和服务水平，以维持或提高市场占有率。

4）提价，同时推出新品牌或更廉价的产品，以围攻竞争对手的品牌。

7.3.3　调价幅度的确定

调价幅度有两种表现形式，即绝对数形式和相对数形式。绝对调价幅度，是指调价后的价格与调价前价格的差额；相对调价幅度，是指绝对调价幅度与调价前价格的百分比例。

调价幅度可以采用利润无差别点法来确定。利润无差别点法，是指利用调价后的预计销售量与利润无差别点销量之间的关系，进行调价幅度确定的方法。利润无差别点的价格，即为调价后的价格，是指在确保原有盈利水平的条件下，为达到预定销售量水平而制定的价格。调价幅度确定的公式为

利润无差别点价格=单位变动成本+（固定成本+调价前利润）/调价后预计销售量

绝对调价幅度=利润无差别点价格-调价前价格

相对调价幅度=绝对调价幅度/调价前价格×100%

案例 7-8

某企业生产经营的 A 产品的售价为 1000 元/件，可销售 100 000 件，固定成本为 30 000 000 元，单位变动成本为 600 元，实现利润为 10 000 000 元，企业现有最大生产能力为 210 000 件。企业准备降低产品价格，以扩大产品销售量，提高市场份额，假设降价后预计产品的销量将提高到 200 000 件水平，试计算在保证原有利润水平条件下企业调价的幅度为多少。

分析：

利润无差别点价格=单位变动成本+（固定成本+调价前利润）/调价后预计销售量

=600+（30 000 000+10 000 000）/200 000

=800（元）

绝对调价幅度=利润无差别点价格-调价前价格

=800-1000

=-200（元）（即降价 200 元）

相对调价幅度=绝对调价幅度/调价前价格×100%

=-200/1000×100%

=-20%（即降价 20%）

EQ 寄语

　　诚实是人立身之本，处世之宝。以诚学习则无事不克，以诚立业则无业不兴。诚实能够使我们广结善缘，使人生立于不败之地，能够缔造幸福美满的人生。在我们的人生中，多一份诚实，就多一份自在；多一份诚实，就多一份坦率；多一份诚实，就多一份祥和。作为营销人员，在市场营销活动中要讲究诚信，只有守信，才能为企业和营销人员带来良好的信誉，才能有效实现产品的销售目的。

能 力 训 练

一、知识训练

1. 判断题

1）价格是企业市场营销组合中最为活跃的因素，也是一个十分敏感的因素。（　　）

2）定价目标是实现企业经营总目标的保证和手段，又是企业确定定价策略和方法的依据。（　　）

3）产品价格的基础是顾客需求，顾客需求是产品价格的最主要的组成部分。（　　）

4）保利价格，也称保利价，是指企业处于保本（不盈不亏）状态时的价格。（　　）

5）采取认知价值定价法，企业必须要洞察目标顾客的价值取向，及时地向顾客提供至关重要并超过其期望的产品和服务。（　　）

6）当竞争对手对产品进行调价时，企业必须随之调价。（　　）

2. 选择题

1）价格提高将使产品销售收入下降，表明该产品的需求弹性系数（　　）。

　　A. 大于 1　　　　　B. 小于 1　　　　　C. 大于 0　　　　　D. 小于 0

2）企业把新产品的价格定得相对较低，以吸引大量顾客，提高市场占有率的定价策略，是指（　　）。

　　A. 组合定价策略　　　　　　　　B. 渗透定价策略

　　C. 声望定价策略　　　　　　　　D. 招徕定价策略

3）企业为鼓励买主大量购买而给予一定的价格折扣与让价的策略，是指（　　）。

　　A. 现金折扣　　　B. 职能折扣　　　C. 价格折让　　　D. 数量折扣

4）从 2001 年 2 月 21 日零时起，中国电信执行新的长途电话资费标准。国内长途电话资费标准为每 6 秒 0.07 元，但当日 00:00～次日 7:00 按 0.04 元/6 秒计价，这表明中国电信采用的是（　　）定价策略。

A. 顾客差别定价 　　　　　　　B. 产品差别定价

C. 时间差别定价 　　　　　　　D. 地点差别定价

5) 以市场上相互竞争的同类产品的价格为定价依据的定价方法，是指（ 　　 ）。

A. 市场导向定价法 　　　　　　B. 竞争导向定价法

C. 成本导向定价法 　　　　　　D. 需求导向定价法

6) 苹果公司推出第一款 iPod 产品，零售价高达 399 美元，即使对于美国人来说，也属于高价位产品，该种定价策略是指（ 　　 ）。

A. 撇脂定价策略 　　　　　　　B. 心理定价策略

C. 习惯定价策略 　　　　　　　D. 差别定价策略

二、分析训练

电热水器是海尔的一个业务单元，在海尔的小家电中算是经营得比较成功的一个产品，年营业额在五六亿元。在 2003 年以前，市场份额一直维持在 11% 左右。虽然排在第一，但与阿里斯顿（10%）、史密斯、万和等前几名品牌的市场占有率始终差距不大，且有些月份稍不小心就被阿里斯顿追上。

为进一步提升电热水器的市场占有率，2003 年，海尔对电热水器进行了一系列的组合式价格战役：普通机械式的产品价格在局部市场、局部时间段进行了降价促销；中高端产品一线控系列的全线降价，例如，老品银海象 200 型原价 1380 元，经常性特价 999～1059 元。高档产品在 2004 年初开始进行买赠促销或特价。至于新品 A5/A3 等在上市一段时间后，为进一步刺激市场也阶段性地采取了特价促销。到 2004 年底时，海尔产品的平均零售价格已经低于阿里斯顿，只有 1100 元左右。在整个价格调整期间，海尔并没有大张旗鼓地曝光或炒作自己的价格大战，而是采取了循序渐进、不同区域不同产品价格组合的办法在最终决定消费者购买的场所——"终端"进行价格让利。且当其他主要品牌在纷纷猜测和议论其价格大调整时，海尔却坚持自称不是价格战而是提高性价比，因此从 2004 年主要品牌的价格走势上看，除了美的的价格稍有降低外，其他品牌的价格反而有了不同程度的提升。

到 2004 年 5 月时，海尔的市场占有率已经到了 20%，已遥遥领先于其他品牌，且一直维持该领先优势。

分析：

1) 海尔公司采取的是一种怎样的价格调整策略？

2) 该种价格调整策略在何种情况下才可使用？

三、技能训练——产品招投标书搜索技能训练

1. 训练目的

1) 能搜索到一份有完整的产品招投标书。

2) 能清晰表达出该产品招投标书的内容。

3) 能总结归纳出该产品招投标书的特点。

4）能简要说出选择该产品招投标书的理由。

2．训练指导

1）布置任务：将教学班学生按每 6～8 人的标准划分成若干个任务小组，每个小组成员搜寻一份产品招投标书。

2）搜索选择：各小组成员总结归纳自己搜寻到的产品招投标书的特点，列明选择该产品招投标书的理由，之后形成产品招投标书搜索技能训练报告。

3）课堂陈述：各个任务小组成员上交产品招投标书搜索技能训练报告，由指导教师从每小组中选择一份具有代表性的产品招投标书搜索技能训练报告，并邀请其作者代表小组上台陈述。

4）评价效果：各个小组代表陈述后，指导教师点评该次产品招投标书搜索技能训练的情况，并由全班学生不记名投票，评选出该次搜索技能训练的获奖小组，给予表扬与奖励。

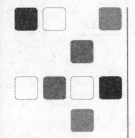

第 8 章
渠 道 策 略

1. 知识目标

1）能理解和列举影响分销渠道选择的因素。
2）能列举和分析分销渠道的层次。
3）能列举和熟记分销渠道选择的标准。
4）能列举和运用分销渠道选择的方法。
5）能理解和掌握分销渠道的设计方法。
6）能理解和运用分销渠道的激励与管理。

2. 技能目标

1）能综合运用本章知识剖析现实案例。
2）能完成成功渠道管理案例搜索技能训练。

3. 素质目标

发挥团队协作精神，加强团队协作建设，提高企业的整体效能。

重点难点

1）分销渠道选择的标准。
2）分销渠道的设计方法。
3）分销渠道的激励。
4）分销渠道的管理。

EQ 故事

一根鱼竿和一篓鱼

从前，有两个饥饿的人得到一个长者的恩赐，一根鱼竿和一篓鲜活硕大的鱼。其中一个人要了鱼竿，另一个人要了一篓鱼，他们得到各自想要的东西后，分道扬镳。其中一个马上把鱼烧起来吃了，结果死在了空空的鱼篓边。另一个向海边走去，因为他知道海里有鱼，当他看到海洋的蔚蓝，用尽了最后的力气向海边跑去，结果他死在了海边。

另外同样有两个饥饿的人，他们也得到了同样的一根鱼竿和一篓鲜活硕大的鱼。所不同的是，他们没有分开，而是一起每餐煮一条鱼，然后向遥远的海边走去。从此他们过着以捕鱼为生的日子，过几年，他们盖上了自己的房子，后来又各自取了妻子，生了小孩，过着幸福美满的生活。

EQ 点评 故事前后两种截然不同的结果是因为前者缺少合作精神，而后者能形成团队，通力合作，齐心协力，克服困难。营销渠道成员也必须形成团队，统一、协调、通力合作，充分发挥各渠道成员的优势，实现渠道整体利益最优。

案例导引

车企争夺渠道资源

随着"汽车下乡"实施细则的出台，农村车市在政策意义上就正式启动了。面对这个正在开启的巨大市场，占据国内微车和轻卡市场绝大部分份额的自主品牌车企也将因此获益。渠道和服务建设是车企决战农村车市的关键，以下是自主品牌企业在渠道建设方面的策略。

上汽通用五菱：上汽通用五菱采取的策略是 4S+2S 的模式，即在二、三线城市以开设 4S 店为主，而在县乡级市场，主要开设 2S 店，满足农村市场的销售和售后服务问题。目前，上汽通用五菱已经在全国开设了上千家销售服务网点，延伸到县级市场，在一些经济发达地区，县级市场的覆盖率则达到 50% 至 60%。旗下五菱之光和五菱荣光的农村市场适用性更大，特别是空间增加后的五菱荣光，车型更符合乡镇家庭的货运需求。

奇瑞：作为自主品牌汽车的领军者，奇瑞在微车领域有一个专门的品牌——"开瑞"。为了满足中国乡镇用户的需求，奇瑞在车辆配置、结构、内部附件等方面都进行了特别的设计。"开瑞"微车实行了分级售后服务制度，即在县城设立一级售后服务点，在县城下面的乡镇设立二级服务点，二级服务点的功能主要是快修，对用户车辆的一些小故障进行即时维修。

　　江淮：凭借老牌汽车制造经验，江淮轻卡产品在农村市场一直有着较高的市场占有率。针对汽车下乡实施细则，江淮采取的策略是扩大营销网络以布局农村市场。目前，江淮轻卡在全国拥有由 80 家 4S 店、260 多家一级经销商和 480 家二级经销商组成的营销网络。同时江淮也将继续扩大在农村的服务网络，跟进"汽车下乡"的进程。

　　长安：以造微车著称的长安汽车一直以来很重视微车市场的发展。为了配合"汽车下乡"，长安汽车目前正在实施"亿元补贴"大行动，厂家拿出了 1 亿元对购买长安微车的农民进行补贴，具体补贴金额，根据不同车型，每辆车在 2000～5000 元不等。

　　长城：长城汽车已领先一步进入二、三级市场，在网点建设等方面也下了不少工夫，其开展的"皮卡下乡大巡展"活动取得了不错的效果。现在长城汽车计划在全国县镇级市场新增 100 余家营销网点，实行销售、维修同店的经营模式。

（资料来源：http://auto.sohu.com/20090423/n263560435.shtml.）

8.1　分销渠道概述

8.1.1　分销渠道的概念

　　分销渠道，是指产品由生产者向消费者或用户转移过程中所经过的途径和路线。分销渠道的起点是生产者，终点是消费者或用户，连接他们的中间环节是中间商。

　　分销渠道一般由若干个层次构成。分销渠道层次，即分销渠道的环节，是指产品从生产者向消费者或用户转移过程中，对产品拥有所有权或负有分销责任的中间机构。分销渠道层次包括：

1. 直接渠道、一层渠道、二层渠道和三层渠道

　　分销渠道长度，是指构成分销渠道层次的中间机构的数目。根据分销渠道长度来划分，分销渠道可分为直接渠道、一层渠道、二层渠道和三层渠道 4 种类型。

　　直接渠道，又称零级渠道，是指生产商直接把产品销售给最终用户。

　　一层渠道，又称一级渠道，是指生产商通过一层中间环节销售产品。

　　二层渠道，又称二级渠道，是指生产商通过两层中间环节销售产品。

　　三层渠道，又称三级渠道，是指生产商通过三层中间环节销售产品。

2. 宽分销渠道和窄分销渠道

　　分销渠道宽度，是指分销渠道每一层次使用相同类型中间商的数目。根据分销渠道宽度来划分，分销渠道可分为宽分销渠道和窄分销渠道两种类型。

　　宽分销渠道，是指在同一渠道层次中，生产商通过许多相同类型的中间商来销售自己的产品。

　　窄分销渠道，是指在同一渠道层次中，生产商只通过很少相同类型的中间商销售自

己的产品。

8.1.2 分销渠道的作用

未来的竞争，已不仅仅是产品的竞争，更是分销渠道的竞争，拥有稳定、高效的分销渠道是企业具备核心竞争力的体现之一。"得渠道者得天下"一直以来都是企业奉行的准则。

1）分销渠道是企业与顾客的桥梁。在现代商品经济条件下，生产者与顾客是分离的，二者之间存在一条难以逾越的鸿沟，商品的生产者必须跨越它，才能实现其价值。联系生产者与顾客的分销渠道，作为"产销鸿沟"上的一座桥梁，把产品从生产者转移到顾客，实现商品的价值与使用价值。

2）分销渠道是企业的无形资产。对于企业来说，分销渠道起到物流、资金流、信息流和商流的作用，完成企业很难完成的任务，成为企业的无形资产。一个企业拥有四通八达的分销网络，就等于拥有了决胜市场的控制权。分销渠道一旦建成，可以给予企业丰厚的回报，成为企业持久竞争优势的来源。

3）分销渠道是企业竞争优势的来源。随着竞争的加剧，企业越来越重视通过渠道策略获得长久竞争优势。企业通过组织重组、流程再造、柔性生产等方法削减成本和增值的空间越来越小，企业必将寻求外部资源的协同效果，分销渠道就是其中绝佳的资源之一。企业通过对各种渠道的整合、渠道扁平化等手段，加强对渠道行为的控制，有效提高渠道的效率和降低渠道成本。

8.1.3 分销渠道的设计

1. 影响分销渠道设计的因素

1）市场因素。市场因素包括潜在市场的大小、销售量的大小、消费者的地区分布、当地的渠道结构、竞争者的分销渠道、当地经济发展水平等。

2）产品因素。产品因素包括产品价值高低、产品物理化学性能、产品的体积与质量、产品的时尚性、产品的复杂性与技术性、产品的生命周期长短、产品标准化程度等。

3）购买行为因素。购买行为因素包括顾客购买量、顾客购买季节性、顾客购买频度、顾客购买探索度（选择程度）等。

4）企业因素。企业因素包括企业的规模与资金实力、企业的营销水平与管理能力、企业控制渠道的愿望、企业渠道管理水平等。

2. 分销渠道设计的原则

1）畅通高效原则。这是分销渠道设计的首要原则。畅通高效的分销渠道，应以消费者需求为导向，将产品尽快、尽好、尽早地通过最短的路线，以尽可能优惠的价格送达消费者方便的地点。畅通高效的分销渠道，不仅可以让消费者买到满意的产品，而且可提高分销的效率，降低分销的成本，赢得竞争的时间和成本优势。

2）覆盖适度原则。覆盖适度指企业在设计分销渠道时，还应考虑产品能否顺畅地销售出去，产品是否足以覆盖目标市场，既要避免覆盖面扩张过度，分布范围过宽、过广，也应避免覆盖面过窄。

3）稳定可控原则。企业的分销渠道一经确定，便需花费相当大的人力、物力和财力去建立和巩固，整个过程往往是复杂而缓慢的，因此，企业应保持渠道的相对稳定，不要轻易更换渠道成员，更不要随意转移渠道模式。

4）协调平衡原则。企业在设计和管理分销渠道时，不能只追求自身利益的最大化而忽略其他渠道成员的利益，应合理地分配各个渠道成员间的利益，统一、协调、有效地引导渠道成员充分合作，鼓励渠道成员之间有益的竞争，减少渠道冲突发生的可能性，确保企业总目标的实现。

5）发挥优势原则。企业在设计分销渠道时，要注意发挥自身各个方面的优势，将分销渠道模式的设计与企业的产品策略、价格策略、促销策略等结合起来，增强营销组合的整体优势。

案例 8-1

长安汽车借摩托车销售渠道卖微车

目前，我国汽车企业的营销网络只拓展到县一级，建设乡镇网络又需要大量资金、人力投入。如何在较短的时间内以较低成本实现营销网络下沉？长安汽车想到了一个好办法。

2009年2月28日，中国兵器装备集团公司旗下长安汽车和嘉陵、建设、济南轻骑、洛阳北方、轻骑铃木、建设雅马哈6家摩托车企业在北京签署战略性合作协议。根据协议，长安汽车将与六大摩托企业共享在农村的渠道资源和品牌优势。

长安汽车将充分利用摩托车企业销售和服务渠道，加快下乡步伐。摩托车是农民出行的便捷交通工具，主要销售市场集中在农村地区。目前，国内摩托车企业已具备完善的县乡网络体系，覆盖全国大部分行政县，正在向63万个乡村挺进。摩托车企业已在县、乡、村建立了比较完善的营销网络，在许多地方，双方可以共用销售和服务网络。

2008年，长安微车营销网点累计达到2016个，县乡网覆盖率超过50%。与摩托车企业进行合作，可以弥补长安汽车现有网络的不足。在长安微车尚未覆盖的部分地区，嘉陵等摩托车企业的销售人员还可以代销长安微车。长安有意在一些乡镇发展直销员，"这些直销员虽然不属于长安汽车正式聘请的销售人员，但也要接受正规培训，按照销量拿提成。"

2009年2月27日，国家发改委、工信部联合国内10家整车企业召开了一次会议，除商议"汽车下乡"补贴具体措施外，还重点探讨了"汽车下乡"策略。长安借力摩托车下乡的方式不失为一种营销创新，这一做法有望得到推广。

（资料来源：http://auto.sohu.com/20090313/n262770645.shtml.）

3. 分销渠道结构的设计

（1）渠道长度的设计

1）长渠道。长渠道指分销渠道所经过的环节较多的渠道。当产品品种繁多、用途多样，消费者分布广泛时，企业常采用长渠道。

2）短渠道。短渠道指分销渠道所经过的环节较少的渠道。在品种较少、用途专一，用户数量较少的情况下，企业应尽量采用短渠道。

3）零渠道。零渠道指分销渠道不经过中间环节，直接由生产商向最终消费者销售产品的渠道。对于一些适合于直营的产品，企业应采用零渠道。

（2）渠道宽度的设计

1）密集性分销。密集性分销也称广泛分销，指在同一渠道层次上，使用尽可能多的中间商分销企业的产品，适用于日用消费品、经常耗用品和标准品。

2）选择性分销。选择少数几个精心挑选的、最合适的中间商分销企业的产品，适用于选购品、工业生产中的零配件。

3）独家分销。仅选择一家中间商分销企业的产品，适用于名牌、高档消费品、技术性强的工业品。

（3）渠道广度的设计

1）单渠道。企业的全部产品都由自己直营，或全部交给某一分销渠道分销。

2）多渠道。多渠道也称混合分销渠道，指对同一或不同的市场采用多条分销渠道分销。表现为两种形式，一是企业通过多种渠道销售同一品牌的产品，二是企业通过多种渠道销售不同品牌的产品。

（4）渠道系统的设计

1）垂直渠道系统。由产品生产企业、批发商和零售商组成一个统一系统。
该种分销渠道系统表现为 3 种形式：

① 公司式垂直系统。一家公司拥有和统一管理若干工厂、批发机构和零售机构，控制分销渠道的若干层次，甚至整条分销渠道。

② 管理式垂直系统。生产企业和零售商共同协商管理业务，其业务涉及销售促进、库存管理、定价、商品陈列和购销活动等。

③ 契约式垂直系统。不同层次的独立生产企业和经销商为了获得单独经营达不到的经济利益，而以契约为基础实行的联合体。

契约式垂直系统主要采取特许经营的方式来组织管理。特许经营，是指特许人将所拥有的商标、商号、产品、专利、专有技术、经营模式等以特许合同的形式授予受许人使用，受许人按照合同约定，在特许人统一的业务模式下从事产品或服务经营的活动。

2）水平渠道系统。水平渠道系统指分销渠道同一层次的若干生产企业之间、若干批发商之间、零售商之间采取横向联合形成的渠道系统。这种渠道系统可整合各自的资源和优势，发挥群体的作用，共担风险，从而实现共赢。

4. 分销渠道模式的设计

（1）直营渠道模式

直营渠道模式，是指企业自己建立营销渠道（如分公司、办事处）来分销产品，并通过分公司直接与零售商签订合同，面向零售商铺货。

采用直营渠道模式，企业可以快速有效地掌控零售终端，避免渠道波动；可以更好地控制窜货现象，从而提高公司渠道利润水平；可以创造卖场有利位置，统一店面布置、规范人员管理以及快速的意见反馈；另外，销售人员直接参与零售店的经营活动，经常与零售商和顾客接触，对市场反应迅速，提高了市场应变能力。

（2）经销渠道模式

经销，是指中间商企业通过签订合同，取得生产企业的授权，在一定时期、一定区域范围内经营销售（批发、零售）该生产企业的全部或部分产品的经营行为。经销包括总经销和分经销两种形式。

1）总经销。也称包销，是指分销商在一定时间、区域拥有委托人指定产品的独家经营权，但不能同时、同地经营其他来源的竞争性产品，也不能把产品向其他地区转售；同时，委托人也不得在该时、该地自行销售或把这一产品卖给其他分销商。

2）分经销。经销商不享有独家经营的权利，委托人在该时期、该地点可自行经营或交由其他经销商销售该产品。

（3）销售代理模式

销售代理，分销商接受生产企业的委托代销其产品的经营行为。销售代理根据代理商是否有独家代理权，分为独家代理与多家代理；根据代理商是否有权授予分代理，分为总代理与分代理。

1）独家代理与多家代理。独家代理，是指生产企业授予代理商在某一市场（可能以地域、产品或消费者群等区分）独家代理权利，生产企业的某种特定的产品全部由该代理商代理销售。

多家代理，是指生产企业不授予代理商在某一地区、产品上的独家代理权，代理商之间并无代理区域划分，都为生产企业搜集订单，无所谓"越区销售"，生产企业也可在各地直营、批发产品。

2）总代理与分代理。总代理，是指该代理商统一代理生产企业某产品在某地区的销售事务，同时还有权指定分代理商，有权代表生产企业处理部分事务。总代理商必须是独家代理商，但独家代理商不一定是总代理商，独家代理商不一定有指定分代理商的权力。

分代理，是指由生产企业直接指定的，或是由总代理商选择，并上报给生产企业批准的，受总代理商指挥的代理商。

8.2　分销渠道管理

分销渠道管理，是指企业为实现其分销目标而对现有的渠道成员进行的管理和控制。

8.2.1 分销商的管理

1. 分销商的选择

（1）分销商选择应考虑的因素

1）市场覆盖范围。市场覆盖范围是选择分销商最重要的因素。一方面要考虑所选分销商的经营范围所覆盖的地区与企业产品的预期销售地区是否一致；另一方面要考虑分销商的销售对象是否是企业所希望的潜在顾客，即目标市场是否相一致。

2）分销商的信誉。分销商的信誉，在当前市场经济条件下是相当重要的，它不仅关系企业产品销售的收款情况，还直接关系企业产品的市场网络的支持率。

3）分销商的历史经验。分销商经营某种商品的历史和成功经验，是分销商自身优势的一种表现。经营历史较长的分销商，拥有一定的市场影响和一批忠实的顾客，且积累了比较丰富的专业知识和经验，将有利于企业产品的销售。

4）分销商的合作意愿。合作意愿强的分销商将会积极主动地推销企业的产品，因此，企业必须认真考察被选分销商对企业产品销售的重视程度和合作态度。

5）产品组合情况。在经销产品的组合关系中，如果分销商当前经销的产品与企业的产品是竞争产品，将不利于企业产品的销售，应尽量避免。

6）分销商的财务状况。企业应尽量选择资金雄厚、财务状况良好的分销商，以保证能及时付款，或在财务上向企业提供一些帮助。

7）分销商的区位优势。分销商的区位优势即分销商的地理位置优势。理想的分销商的位置应该是顾客流量较大的地点。

8）分销商的促销能力。分销商推销商品的方式及运用促销手段的能力直接影响企业产品的销售规模。在选择分销商之前，必须对其所能完成某种产品销售的市场营销政策和技能做全面的评价。

（2）分销商选择的方法

分销商一般采用评分法进行选择。评分法，就是对拟选择作为合作伙伴的每个分销商，就其从事商品分销的能力和条件进行打分评价，根据评分的多少选择合适分销商的方法（见表 8-1）。

表 8-1　分销商选择方法

评价因素	权数	分销商 1		分销商 2	
		评分	加权分	评分	加权分
市场覆盖范围	0.20	85	17	70	14
信誉	0.15	70	10.5	80	12
历史经验	0.10	90	9	85	8.5
合作意愿	0.10	75	7.5	80	8
产品组合情况	0.15	80	12	90	13.5
财务状况	0.15	80	12	60	9
区位优势	0.10	65	6.5	75	7.5

评价因素	权数	分销商 1		分销商 2	
		评分	加权分	评分	加权分
促销能力	0.05	70	3.5	80	4
总分	1.00	615	78	620	76.5

2. 分销商的评价

（1）分销商评价的标准

1）经济性标准。分销渠道的经济效益。在所有评价标准中，它是最重要的评价标准。

2）控制性标准。企业对分销渠道的控制程度。一般来说，自建销售队伍的可控制性要强于销售代理商。

3）适应性标准。企业所选分销渠道的适应性。每一种分销渠道都有经销时期的约定，因而失去某些弹性。

（2）分销商评价的指标

分销商评价的指标包括销售绩效、财务绩效、分销商的忠诚、分销商的增长、分销商的创新、分销商的竞争、顾客满意度。

分销渠道评价与管理表见表 8-2～表 8-6。

表 8-2　产品营销部门业绩目标管理表

项目	部门 1	部门 2	部门 3	部门 4
目标额				
实绩额				
收款额				
排名				

表 8-3　产品业务员业绩目标管理表

项目		目标	实绩	说明
营业额 回收货款	每日平均接受订货量			
	营业额			
	利润率			
	回收货款率			
	新产品（重点产品）营业额			
顾客管理	每日平均访问客户数量			
	总访问次数（每月）			
	每个客户平均访问时间			
	每个客户平均访问次数			
	负责客户数			
	每个客户平均营业额			

续表

项目		目标	实绩	说明
开发新客户	访问客户数			
	访问次数			
	契约成立数量			
	每个客户平均营业额			
情报管理	竞争对手动向报告			

表 8-4　产品经销商业绩目标管理表

辖区	经销商名称	组别	目标额	实绩	差异	原因

表 8-5　产品区域销售目标管理表

产品类别	内销			外销	合计
	区域 1	区域 2	区域 3		
产品甲					
产品乙					
产品丙					
合计					

表 8-6　产品销售目标管理表

区域	内销	外销	合计
区域 1			
区域 2			
区域 3			
合计			

3. 分销商的激励

分销商的激励，是指对分销渠道中的各个渠道成员所进行的激励。分销商的激励包括直接激励和间接激励两种方式。

（1）直接激励

直接激励，是指通过给予中间商物质、金钱的奖励来激发中间商的积极性，从而实现公司的销售目标。直接激励主要包括 3 种形式：返利、价格折扣和开展促销活动。

1）返利。采用返利方式激励时应注意：

① 返利标准。一定要分清品种、数量、等级、返利额度。

② 返利形式。一定要注明是现金返，还是货物返，或是二者结合。对于货物返，能否作为下期的销售任务数，也要注明。

③ 返利时间。是月返、季返，还是年返，应根据产品特征、流转周期而定。

④ 返利附属条件。如严禁跨区域销售，严禁擅自降价，严禁拖欠货款等。

2）价格折扣。价格折扣方式包括数量折扣、贸易折扣、现金折扣、季节折扣。

3）开展促销活动。促销活动开展应注意：

① 促销目标。一定要明确，如销售额增加多少、渗透终端店多少等。

② 促销力度。既要考虑是否能刺激中间商，又要考虑企业成本的承受能力。

③ 促销内容。如赠品、抽奖、派送、返利等，一定要吸引人。

④ 促销时间。何时开始，何时结束，必须让所有顾客都知道。

⑤ 促销费用申报。

⑥ 促销活动管理。

⑦ 促销活动考评。对促销效果进行考评。

（2）间接激励

间接激励，是指通过帮助中间商获得更好的管理、销售方法，从而提高销售绩效。

1）帮助中间商做好进销存管理。帮助中间商做好进销存管理，指帮助中间商建立进销存报表，做好安全库存数和先进先出库存管理。

2）帮助中间商进行零售终端管理。帮助中间商进行零售终端管理，指帮助中间商整理货架，设计商品陈列形式等终端管理工作。

3）帮助中间商管理其客户网络。帮助中间商管理其客户网络，指帮助中间商建立客户档案，包括客户的店名、地址、电话等，并根据客户的销售量将其划分等级，据此告诉中间商对待不同等级客户应采用不同的支持方式等。

4）实施伙伴关系管理。实施伙伴关系管理，即伙伴营销，是指生产企业与中间商结成合作伙伴，风险共担，利益共享。伙伴营销的基本构成要素为共享利润、相互信任、相互尊重、相互联系、诚实反馈、相互合作、灵活多样、相互理解。在伙伴营销中，生产企业与中间商作为合作者，共同致力于提高产品质量、降低管理成本，相互参与对方的产品开发、存货管理与销售过程。伙伴营销建立多以长期合同为基础，双方着眼于未来交易和长期利益，将为共同的目标而努力。

8.2.2　分销渠道的控制

1. 渠道冲突的类型及其化解

（1）渠道冲突的类型

渠道冲突，是指分销渠道成员由于利益之争，而引起相互间的矛盾与冲突，即分销渠道中的一方将另一方视为对手，对其进行伤害、设法阻挠或在损害该成员的基础上获得稀缺资源。渠道冲突包括以下 3 种：

1）水平渠道冲突。某渠道内同一层次中的成员之间的冲突。例如，同级批发商或零售商之间的冲突表现为跨区域销售、压价销售等。

2）垂直渠道冲突。同一条渠道中不同层次之间的冲突。例如，批发商与零售商之间的冲突表现为信贷条件的不同、提供服务的不同、进货价格的不同等。

3）多渠道冲突。也称交叉冲突，是指两条或两条以上渠道之间的成员间发生的冲突。例如，直接渠道与间接渠道之间的冲突、代理商与经销商之间的冲突等。

（2）渠道冲突的化解对策

1）销售促进激励。加强对渠道成员的激励，以物质利益刺激他们求大同，存小异，大事化小，小事化了，如价格折扣、数量折扣、按业绩奖励制度等。

2）进行协商谈判。为实现解决冲突的目标而进行的沟通协调。成功的、富有艺术的协调谈判能够将原本可能中断的渠道关系引向新的成功之路。它是营销渠道管理常用的有效方法之一。

3）清理渠道成员。对于不遵守规则、屡教不改的渠道成员，有可能是当初对其考察不慎，该成员的人格、资信、规模和经营手法未达到成员的资格与标准，应被列为不合格的成员，而被清除出联盟。

4）采取法律手段。渠道系统中冲突存在时，一方成员按照合同或协议的规定要求另一方成员行使既定行为的法律或仲裁手段。采取法律手段，应当是解决冲突的最后选择。

2. 窜货的类型及其管理

（1）窜货的类型

窜货，也称倒货、冲货，是指产品越区销售，它是渠道冲突的一种典型的表现形式。

1）自然性窜货。分销商在获取正常利润的同时，无意中向自己辖区以外的市场销售产品的行为。

2）良性窜货。分销商不仅在其辖区内销售产品，且将产品销售到其他非重要或空白市场的行为。

3）恶性窜货。分销商为获取非正常利润，蓄意向自己辖区以外的市场销售产品的行为。

（2）窜货的管理对策

不是所有的窜货都具有危害性，也不是所有的窜货现象都应及时加以制止，但是对于恶性窜货现象，企业必须严加防范和坚决打击。对于窜货现象，企业可采取的对策如下：

1）归口管理，权责分明。企业分销渠道管理应该由一个部门负责，制定一整套的管理制度，如代理商的资格审查、设立市场总监、建立巡视员工作制度、建立严格的奖惩制度等。

2）签订不窜货协议。生产企业与各地经销商、代理商之间是平等的企业法人关系，需要通过签订经销或代理合同来约束各分销商的市场行为。在合同中明确加入"禁止跨区销售"的条款及违反此条款的惩处措施。

3）加强销售通路管理。销售管理人员对销售通路管理应做到：①积极主动，加强监控，检查有无窜货现象发生；②信息沟通渠道畅通，以便及时掌握市场窜货状况，并及时处理；③一旦确认为窜货现象，必须严肃处理。

4）外包装区域差异化。企业对销往不同地区的产品可在外包装上进行区别，这是解决窜货的一个有效办法。

① 给予不同的编码。采用批次编号，不同地区销售的产品批次编号不同。

② 利用条形码。对销往不同地区的产品外包装上印刷不同的条形码。

③ 通过文字标示。在每种产品的外包装上，印刷有"专供××地区销售"的字号。

④ 采用不同的颜色的商标。在保持其他标志不变的情况下，采用不同的颜色加以区分。

5）建立合理的价差体系。企业的价格政策要有利于防止窜货。

① 每一级代理的利润设置不可过高，也不可过低。

② 管理好促销价，且对促销时间和促销货品的数量严加限制。

③ 价格政策要有一定的灵活性，并且还要严格监控价格体系的执行情况，并制定对违反价格政策的处理办法，使分销商不至于因价格差异而窜货。

6）加强营销队伍的建设与管理。营销人员自身的素质对窜货的管理至关重要。

① 严格人员招聘，甄选和培训制度。

② 制定人才成长的各项政策，使各业务员能人尽其才。

③ 严格推销人员的考核，建立合理的报酬制度，考核时应注意销售区域的潜量以及区域形状的差异、交通条件、地理状况等，力争从多方面杜绝窜货现象的发生。

8.2.3 分销渠道的整合

1. 分销渠道的调整

（1）渠道成员功能调整

渠道成员功能调整，是指重新分配分销渠道成员所应执行的功能，使之能最大限度地发挥自身潜力，从而达到整个分销渠道效率的提高。

（2）渠道成员素质调整

渠道成员素质调整，是指通过提高分销渠道成员的素质与能力来提高分销渠道的效率。素质调整可以用培训的方法永久地提高分销渠道的素质水平，也可以用帮助的方法暂时提高分销渠道成员的素质水平。

（3）渠道成员数量调整

渠道成员数量调整，是指增加或减少分销渠道成员的数量，以提高分销渠道的效率。

（4）个别分销渠道调整

个别分销渠道调整，是指增加或减少某些分销渠道。这是分销渠道调整的较高层次，具体可采用两种方法：①某个分销渠道的目标市场重新定位，即考虑将该分销渠道用于其他目标市场；②某个目标市场的分销渠道重新选定，即考虑重新选择新的分销渠道占领目标市场。

2. 分销渠道的整合

分销渠道整合，是指将所有分销渠道成员整合成一个互动联盟。该联盟能通过优势互补，营造集成增势的效果，从而在纵深两方面强化渠道的竞争能力。

1）渠道扁平化。渠道扁平化，是指增加渠道的跨度而减少渠道的层次。渠道扁平化，绝不是简单地减少某一渠道层次，而是优化企业的供应链，真正减少供应链中不增值或增值很少的环节。

2）渠道品牌化。分销渠道，与产品、服务一样，需要建立品牌。渠道品牌化就是树立整个分销渠道的品牌知名度和美誉度，利用渠道的品牌优势，推进产品的销售。

3）渠道集成化。渠道集成，是指把传统渠道和新兴渠道完整地结合起来，充分利用两者各自的优势，共同创造一种全新的经营模式。

4）渠道伙伴化。渠道伙伴化，是指通过渠道整合，建立渠道成员间伙伴型的关系，各渠道成员不仅是利益共同体，而且是命运共同体。伙伴方式包括联合促销、信息共享、互相培训学习等。

5）决胜终端。决胜终端，是指企业以终端市场建设为中心来运作市场。一方面通过代理商、经销商、零售商等环节的服务和监控，使得各自的产品能够及时、准确而迅速地通过各渠道环节到达零售终端，提高产品市场的展露度，使消费者买得到；另一方面在终端市场进行各种各样的促销活动，提高产品的出货率，激发消费者的购买率。具体措施包括：

① 直接激励零售商积极性，直接返利到零售商场。

② 对导购员队伍进行科学激励和绩效管理，加强对导购员的产品知识及素质的培训。

③ 完善对终端基层管理者的产品知识、导购技巧、售点陈列维护、沟通技巧等业务培训。

④ 贴心服务到终端及当地市场。

⑤ 规范定期市场巡视制度，确保终端售点始终保持在最佳状态。

⑥ 推行文化营销，整个销售队伍向共同远景和统一的文化平台奋斗。

EQ 寄语

团队协作是一种为达到既定目标所显现出来的自愿合作和协同努力的精神。构建具有协作精神的团队将可增强团队成员的亲和力，提升团队的凝聚力，激发团队成员工的潜能，从而有效调动团队成员的各种可用资源和才智，大家风险共担，利益共享，相互配合，最终实现企业发展目标。企业的营销队伍就是一个团队，各营销人员务必统一、协调、通力合作，充分发挥各自的优势，实现企业整体利益的最优。

能 力 训 练

一、知识训练

1. 判断题

1）分销渠道，是指产品由生产者向消费者或用户转移过程中所经过的途径和路线。

分销渠道的起点是生产者，终点是分销商。   （   ）

2）未来的竞争，已不仅仅是产品的竞争，更是分销渠道的竞争，拥有稳定、高效的分销渠道是企业具备核心竞争力的体现之一。   （   ）

3）分销商的信誉是选择分销商最重要的因素。   （   ）

4）采取法律手段，应当是解决渠道冲突的最好选择。   （   ）

5）企业对销往不同地区的产品可在外包装上进行区别，这是解决窜货的一个有效办法。   （   ）

6）所有的窜货都具有危害性，企业必须严加防范和坚决打击。   （   ）

2. 选择题

1）通过提高分销渠道成员的素质与能力，来提高企业分销渠道的效率，是指分销渠道的（   ）。

    A. 渠道成员素质调整   B. 渠道成员功能调整

    C. 渠道成员数量调整   D. 个别分销渠道调整

2）分销商在获取正常利润的同时，无意中向自己辖区以外的市场销售产品的行为，是指（   ）。

    A. 良性窜货   B. 自然性窜货   C. 恶性窜货   D. 故意窜货

3）以下属于对分销商直接激励的形式有（   ）。

    A. 帮助中间商进行零售终端管理   B. 实施伙伴关系管理

    C. 帮助中间商做好进销存管理   D. 开展促销活动

4）某代理商统一代理生产企业某产品在某地区的销售事务，同时还有权指定分代理商，有权代表生产企业处理部分事务，这是指（   ）。

    A. 总经销   B. 分经销   C. 总代理   D. 分代理

5）对于日用消费品、经常耗用品应采取的分销渠道是（   ）。

    A. 密集性分销   B. 选择性分销   C. 单渠道分销   D. 双渠道分销

6）产品分销渠道设计的首要原则，是指（   ）。

    A. 覆盖适度原则   B. 畅通高效原则

    C. 稳定可控原则   D. 发挥优势原则

二、分析训练

海尔集团与经销商、代理商合作的方式主要有店中店和专卖店，这是海尔集团分销渠道中颇具特色的两种形式。海尔集团将国内城市按规模分为 5 个等级，即一级（省会城市）、二级（一般城市）、三级（县级市、地区），以及四、五级（乡镇、农村地区）。

在一、二级市场上以店中店、海尔产品专柜为主，原则上不设专卖店，在三级市场和部分二级市场建立专卖店。四、五级网络是二、三级销售渠道的延伸，主要面向农村市场。同时，海尔集团鼓励各个零售商主动开拓网点。目前海尔集团已经在国内建立营销网点近万个，但在中小城市特别是农村地区建立的销售渠道有限。

海尔集团在全国各地的销售渠道以设立店中店和专卖店等销售网点为主，为了加强对各个网点的控制，海尔集团（以下简称海尔）在各个主要城市设立了营销中心。营销中心负责网点的设立、管理、评价和人员培训工作。

（1）对店中店和电器园的控制

海尔在选择建立店中店的商家上是十分慎重的，采取的原则是择优而设。为了加强对店中店和电器园的控制，使其能够真正地成为海尔集团的窗口和发挥主渠道作用，海尔采用在当地招聘员工派入店中店或电器园担任直销员的方法。

直销员的职责是现场解答各种咨询和质疑，向顾客提供面对面的导购服务。每一个直销员每天必须按规定做好当日的日清报告，每周必须到当地的营销中心参加例会，接受新产品知识和营销知识培训等。同时，海尔对派驻各个网点的直销员实行严格的考评制度。

（2）对专卖店的控制

海尔设立专卖店的初衷是因为在一些二、三级地区和农村市场中找不到具备一定经营规模、能够达到海尔标准的零售商。

在对专卖店的管理中，海尔倾注了非常大的力量。海尔集团营销中心通过一系列的工作加强对专卖店进行指导，从而对各地专卖店在当地扩大网络和销量发挥了极大作用。为了提高专卖店经销海尔产品的积极性，集团营销中心还特意制定了海尔专卖店激励政策。

在指导专卖店工作方面，集团营销中心每月编制《海尔专卖店月刊》，内容涉及对专卖店的评价、前期专卖店工作的总结，最重要的是介绍专卖店的先进经验，在全国推广。海尔集团采取各种措施鼓励所有的专卖店利用自身便利条件向下属的乡镇和农村开拓新的营销网点。

为了加强对专卖店的监督和管理，海尔集团每年对专卖店进行一次动态调整，不符合要求的将被取消专卖店资格，这实际上是海尔集团对专卖店这一营销渠道的定期评价和调整。

分析：

1）海尔公司是怎样设计其分销渠道的？

2）海尔公司是如何对其分销渠道进行管理的？

3）海尔公司是如何对其分销渠道进行激励的？

三、技能训练——成功渠道管理案例搜索技能训练

1. 训练目的

1）能搜索到一个成功渠道管理的案例。

2）能清晰表达出该营销案例的内容。

3）能总结归纳出该企业的成功之处。

4）能简要说出选择该营销案例的理由。

2. 训练指导

1）布置任务：将教学班学生按每6～8人的标准划分成若干个任务小组，每个小组

成员搜寻一份成功渠道管理案例。

2）搜索选择：各小组成员总结归纳自己搜寻到的成功渠道管理案例的成功之处，列明选择该案例的理由，之后形成成功渠道管理案例搜索技能训练报告。

3）课堂陈述：各个任务小组成员上交成功渠道管理案例搜索技能训练报告，由指导教师从每小组中选择一份具有代表性的成功渠道管理案例搜索技能训练报告，并邀请其作者代表小组上台陈述。

4）评价效果：各个小组代表陈述后，指导教师点评该次成功渠道管理案例搜索技能训练的情况，并由全班学生不记名投票，评选出该次搜索技能训练的获奖小组，给予表扬与奖励。

第 9 章
促 销 策 略

1. 知识目标

1）能理解和叙述促销的作用和组合。
2）能叙述和列举促销的导向与特点。
3）能理解和运用人员推销策略。
4）能理解和运用营销广告策略。
5）能理解和运用营业推广策略。
6）能理解和运用公共关系策略。

2. 技能目标

1）能综合运用本章知识剖析现实案例。
2）能完成产品促销方案搜索技能训练。

3. 素质目标

不为失败找借口，只为成功找办法。

重点难点

1）人员推销策略。
2）营销广告策略。
3）营业推广策略。
4）公共关系策略。

➡ **EQ 故事**

没有任何借口

名著《没有任何借口》中，有这样的一个小故事。

莱瑞·杜瑞松在第一次奉命前去某外地服役时，接到了连长指派给他的一个任务，这个任务包括 7 件事：去见一些人；请示上级一些事；申请一种东西，其中包括地图和当时严重缺货的醋酸盐；等等。

一经委派，杜瑞松立刻向连长保证，他会把 7 件事情都完成，虽然他还没有时间思索应该怎么去做。

果然，像连长所担心的那样，各件事情都不算顺利，其中最关键的环节是醋酸盐的申请。为了兑现自己的承诺，杜瑞松滔滔不绝地向负责补给的中士说明理由，希望他能从仅有的存货中拨出一点给自己。中士不同意，杜瑞松就一直缠着他讲了下去，最后，不知道是从杜瑞松的讲述中得知了醋酸盐的重要性，还是实在不耐烦了，中士终于批准了他的请求。

当圆满完成任务的士兵杜瑞松前去连长办公室复命时，颇感意外的连长居然一句话也说不出来。因为在他的意识里，在如此短的时间内同时做完那 7 件事是不可能的。或者说，即使不能完成任务，他也不会怪罪这位下属，时间问题是其次，关键是申请醋酸盐几乎是不可能的。要知道在此之前，已经有不计其数的申请者"惨败而归"了。

"你是怎么做到的？难道你就没想到不可能吗？"愣了半天之后，连长终于问道。

"不可能，怎么会不可能呢？这是你交给我的任务啊？而且我也已经向您保证了会完成。"杜瑞松回答道。

"我知道这件事很难办，所以早就准备好了听你的借口，不想……"

"借口？"不等连长说完，杜瑞松很惊讶地重复道，"我没有想过要找什么借口，我只想怎么把醋酸盐要来。"说到最后，杜瑞松几乎在自言自语了。

"我知道了！"连长忽然明白了什么似的说道，"正因为你没有想过找借口，你才办成了这件事！"

后来，从不为失败找借口的莱瑞·杜瑞松一直升到了上校职位。

EQ 点评 不要把宝贵的时间和精力浪费在寻找合适的借口上，借口再好，也改变不了"没有成功"的结局，而且一旦养成习惯，就难免会一事无成。作为市场营销人员，在推销过程中，会遇到各种艰辛的挑战，此时必须要积极向上、勇于进取、淡定应对，绝不可找借口推辞。

■ **案例导引**

中国英利四个汉字打响绿色战争

在 2010 年南非世界杯赛场上，一家中国公司一举成名。这家来自河北的光伏企业——英利绿色能源控股有限公司（YGE），购买了每场球赛场边广告屏上滚动播放 8 分钟的广告时间，"中国英利" 4 个汉字与 "YINGLISOLAR" 的字样滚动出现。这让世界杯创办 80 年来，赛场广告牌上第一次出现了中文，同时，中国英利也是全球第一家参与世界杯盛宴的可再生能源企业。

一夜成名是世界杯的力量，而英利的力量在于，让世界杯选择了它。坚持中国元素是取得这场世界性营销成功的关键。国际足联一般不允许赞助商在广告设计中出现国别，但是英利坚持使用"中国·英利"的汉字。一位内部员工透露，公司赞助世界杯之所以成功，最重要的一点是其绿色能源和绿色足球的概念与世界杯相吻合。

豪赌世界杯，是外界对英利质疑最多的一点看法。8000 万美元、5 亿元、2 亿元，有关赞助费的说法不一。2010 年 6 月 25 日，时任国际足联秘书长瓦尔克在一次新闻发布会上表示："中国英利所付的赞助费比同等级赞助商要低，因为我们更看重英利的绿色资质。"

英利对南非世界杯的赞助费用三缄其口，"这个数字肯定不像他们说的那样，但是肯定物有所值。进军世界杯并非英利一时冲动，效果已经大大超过我们的预期。"时任英利首席战略官马学禄说。

这场"高价亮相"到底值不值？英利称，此次赞助世界杯已经获得了超额回报。

"我们是来道歉的，明年的订单完不成了。"时任英利董事长苗连生 2010 年 7 月 14 日出席北美太阳能展时对媒体如是说。一夜之间，全世界认识了这家仅有 23 年历史的中国光伏太阳能企业。公司网站点击率增加 425%，2011 年订单超过预期产量 2.5 倍。

英利 95% 的营业收入来自欧美市场，这也是中国光伏产业现状的缩影。由于国内外价格差异较大，国内政策扶持不到位，中国 98% 的太阳能光伏电池都出口国外。在此格局下，英利早在 2006 年德国世界杯期间就已为世界杯赛场之一的凯泽斯劳滕球场提供 1 兆瓦的光伏组件；此后，2007 年西班牙足球甲级联赛不甚知名的某俱乐部球衣上，也出现了"中国英利"字样。

"足球发达地区往往是光伏需求量大的地区。欧洲居民住户多数为单体、距离较远的房屋，将来居民或较小规模的企业应用太阳能的潜力会比较大。未来海外太阳能光伏组件的 BTOC 市场份额必然快速扩大。"马学禄说。数据显示，德国光伏市场已接近 50% 的份额应用于居民屋顶。这些数量庞大、分散的居民用户往往会根据企业知名度选择购买太阳能光伏设备。英利赞助世界杯，无疑能提升品牌形象，有助于绿色能源向全世界的推广。

英利一夜走红，表明光伏市场上中国产品不仅有性价比优势，中国品牌的力量也已开始显现。对于英利而言，未来它的名字将代表中国光伏市场，一定叫得比世界杯更响。

（资料来源：http://www.yingligroup.com/chnews/chuser/view.asp?id=425&smallid=4.）

9.1 产品促销概述

9.1.1 产品促销的定义、作用及策略

1. 促销的含义

促销,是指企业通过人员和非人员方式将所经营的产品或提供的服务的信息传递给消费者,激发其购买欲望,影响和促进其产生购买行为的方法。

促销的本质是信息的传播与沟通,即通过向消费者传递企业及其产品的相关信息,影响他们接受企业及其产品,以便直接或间接地促进产品的销售。

沟通的信息包括计划内信息、产品信息、服务信息和计划外信息(见表9-1)。

表9-1 沟通信息的类型

序号	信息类型	信息内涵
1	计划内信息	企业通过广告、营业推广、人员推销、产品宣传资料、新闻发布、赞助、包装、年报等方式有计划地传播的营销信息
2	产品信息	与产品设计、产品性能、定价和分销等相关的所有信息
3	服务信息	企业的销售代表、接待人员、送货人员等与顾客接触过程中传送的服务方面的信息
4	计划外信息	企业无意传播的不可控的信息,其中包括与品牌或与企业相关的新闻、传言、特别兴趣顾客群的行为、行业专家和竞争对手的一些评论、政府机构和调研公司的研究结果以及口碑

2. 促销的作用

促销的作用如下:

1)提供商业信息。促销活动的开展,可以向顾客提供企业生产经营的产品及其品牌、产品功能、产品特点、产品销售点、产品购买条件等信息。

2)提高竞争能力。促销活动的开展,可以有效地提高企业产品和品牌的知名度,促使顾客加深对企业产品和品牌的认识与喜爱,增强信任感,从而提高竞争能力。

3)巩固市场地位。促销活动的开展,可以树立良好的企业形象,从而培养和提高顾客的品牌忠诚度,巩固和扩大企业产品的市场占有率。

4)拓展目标市场。促销活动的开展,可以引起顾客对企业产品的兴趣,诱导其需求,引导顾客的消费,从而为产品拓展市场提供有效帮助。

3. 促销策略

1)拉引策略。企业以最终消费者为主要促销对象,通过营销广告、营业推广等直接面向消费者的强大促销攻势,把企业产品或服务介绍给最终市场的消费者,使之产生强烈的购买欲望,形成急切的市场需求,然后拉引中间商纷纷要求经销该种产品的策略。

2)推动策略。企业以中间商为主要促销对象,通过人员推销的手段,争取中间商的合作,利用中间商的力量把企业产品或服务推向市场,推向消费者的策略。

案例9-1

拜耳中国式奇迹背后：学术推广式营销术

奇迹还在继续。在国外销售平平的拜复乐2012年在中国的销售额达到了15亿元。2013年上半年在国内的用药金额在抗菌药物中排行第四。单一品种就让拜耳公司市场排名位居前列。

拜复乐并非拜耳旗下唯一创造"中国奇迹"的产品，其拜糖平、拜阿司匹林这些在国外销售不理想的药品均在中国赚得盆满钵满。拜耳缘何能在中国屡屡创造奇迹？《每日经济新闻》记者调查发现，拜耳"中国式奇迹"的背后，主要缘于其针对性非常强的学术推广营销术。

所谓学术推广是指通过传播药品专业知识的方法，让医生了解产品进而处方药品的营销方式。其中药品特色、疗效和竞争产品优势是经过医学部和市场部精心挑选出来的学术推广的主要内容，而学术推广的时间通常在产品上市之前就开始了，形式更是多种多样。例如，国际医药论坛上，作为赞助商，跨国药企往往会发布一些最新的研究成果，他们会邀请国内相关领域的专家参会，提前输入概念；支付高额的费用让专家负责临床试验，这被称为"种子试验"，加深专家对药品的印象；等到产品上市了，专家、行业顶尖者就自然成了演讲者。而医药代表面对面的学术推广、单独拜访、邀请参加专家培训班等，则是针对普通医生的学术推广办法。

相对其他营销方式，学术推广营销术的针对性非常强。以拜耳2009年上市的新药拜瑞妥为例，发表在《中国医学论坛报》上的利伐沙班（拜瑞妥的化学名）上市纪要显示：中华医学会骨科学分会相关负责人首先在发言中称，骨科大手术后静脉血栓栓塞症（VTE）发生率较高，是患者围手术期死亡的主要原因之一，也是医院内非预期死亡的重要原因。但是，我国预防观念不足，预防手段有很多局限性。利伐沙班的研发者介绍了其研发过程和临床试验结果，同时点明抗凝率有了提高。最后某医院教授讲述了在中国人群中，利伐沙班预防全髋或全膝关节置换术后VTE的疗效与安全性研究。从不足到产品说明再到中国表现，环环相扣，颇具说服力。

利伐沙班的上市纪要还显示，2009年6月，中华医学会骨科学分会还在《中华骨科杂志》上发表了《中国骨科大手术静脉血栓栓塞症预防指南》，该指南强调在所有的骨科大手术（特指全髋或全膝关节置换术及髋部周围骨折手术）后均应进行常规VTE预防，而利伐沙班正是理想的抗凝药物。该指南虽然不是强制执行的诊疗标准，但是具有极大的产品影响力和说服力，对产品销售额的提升起到了非常大的促进作用。

（资料来源：http://health.sohu.com/20130322/n369834943.shtml.）

4. 促销组合

促销组合，是指企业有目的、有计划地将多种促销方式配合起来综合利用，形成一个整体的促销策略系统。促销组合的方式见表9-2。

表 9-2　促销组合的方式

促销方式	优点	缺点
人员推销	直接沟通信息，反馈及时，针对性强，可当面促成交易	占用人员多，费用高，接触面窄
营销广告	传播面广，形象生动，节省人力	只针对一般消费者，难以立即成交，广告支出较大
营业推广	吸引力大，激发购买欲望，可促成消费者即时冲动购买行动	接触面窄，有局限性，有时会降低产品价格
公共关系	影响面广，信任度高，可提高企业知名度和声誉	花费力量较大，效果难以控制

9.1.2　产品促销的导向

产品促销的导向，是指促销策略的定向，即在一定时期内，以什么样的因素来左右和引导促销策略的制定。具有一定导向的促销策略可以引导消费者去认识商品、购买商品和使用商品，包括利益导向，品牌导向，创新导向和竞争导向（见表 9-3）。

表 9-3　产品促销导向类型

序号	导向类型	导向内涵
1	利益导向	在促销策略中贯穿一种利益关系，使消费者充分感受到，如果购买使用某种产品或服务，可以从中获得某种实惠，获得某种物质和精神上的满足
2	品牌导向	消费者对产品的品牌偏好，是消费者对产品品质的期望和寻求一种心理上的满足
3	创新导向	技术创新不仅是一种技术行为，更是一种市场行为，是以盈利为目的的行为。在促销策略中向社会公众，包括中间开发者、中间商和最终用户宣传技术创新的社会意义和市场价值，其号召力是非常大的
4	竞争导向	企业把竞争对手的行为作为自己促销策略设计的主要参照系，制定出一套动态的针对竞争对手的促销策略。构成竞争行为参照系的要素包括有：①竞争对手的研究与开发（R&D）动态；②竞争对手产品的缺陷；③竞争对手产品的上市速度；④竞争对手的反应模式；⑤竞争对手促销策略的强度等

9.1.3　产品促销的程序

1. 制定促销目标

促销目标，是指企业促销活动开展应达到的目标。它是一种阶段性目标，必须服从企业的整体营销目标。促销目标应力求准确性、现实性和科学性。

2. 明确促销主题

设计的促销主题，必须要能引起消费者的注意，激发消费者的购买欲望。促销主题应鲜明生动、通俗易懂并结合流行热点和焦点。

3. 选择促销创意

促销创意必须求新、求奇、求特，使消费者感到好奇、新鲜，感到特别，感到与众不同，这样的促销活动才会有吸引力。

4. 拟订促销方案

拟订的促销方案必须是具有可操作性的具体实施方案，必须明确促销地点、时间、方式、口号、促销品种、促销人员分工及要求，以及礼品发放、回收优惠券等工作。拟订促销方案时，应注意考虑的因素如下：

1）促销时机。应根据消费需求时间的特点并结合企业市场营销战略来确定。

2）促销期限。应综合企业产品特点、消费者购买习惯、促销目标、竞争者策略等因素来确定。

3）促销对象。应根据不同的促销对象选择不同的促销方式。

4）促销预算。拟订促销方案时，必须考虑促销活动的每一环节、每一步骤，对其总开支应有一个规划和控制，尽量做到少花钱多办事。

5）应急方案。在拟订促销方案时，应制定一套应急方案，针对各种可能出现的意外情况制定相应的解决办法。

5. 实施促销方案

实施促销方案应在促销活动开展前做好各种准备工作，并在执行过程中考虑好每一个细节，包括现场商品整理陈列、库存的检查、及时调货、销售资料的记录、活动落实的检查以及出现问题后的改进措施等。

6. 评价促销效果

促销方案执行后，企业应认真地总结其经验与教训，评价促销活动的效果，为以后促销活动的开展提供资料与帮助。

9.2 人员推销策略

9.2.1 人员推销概述

人员推销，是指企业派出推销人员直接向顾客传播和沟通信息，推介产品，使其产生购买行为，促成产品实现销售的促销方式。

1. 人员推销的任务

1）推销产品。推销产品是人员推销的基本任务，即通过与顾客的直接接触，有效地分析顾客的需求，运用销售的技巧，诱导其购买，从而实现产品的销售。

2）寻找客户。推销人员在推销产品的过程中，要善于从市场中挖掘和发现新的潜在的顾客需求，捕捉企业新的市场机会。

案例 9-2

卖苹果

2006 年元旦，某高校俱乐部前，一位老妇守着两筐大苹果叫卖，因为天寒，买的人很少。一位教授见此情形，上前与老妇商量了几句，然后走到附近商店买来节日织花用的红彩带，并与老妇一起将苹果两两一扎，接着高叫道："情侣苹果哟，两元一对！"经过的情侣们备感新奇，用红彩带扎在一起的一对苹果看起来很有情趣，因而买者甚众。片刻之间全部卖光。老妇感激不尽，所得颇丰。

（资料来源：朱亚萍. 2006. 推销实务. 2版. 北京：中国财政经济出版社.）

3）传播信息。推销人员应及时地将企业的产品信息传递给目标顾客，诱导和激发顾客的购买欲望。

4）收集信息。推销人员应时刻保持敏锐的营销意识，善于收集各种现实或潜在的顾客需求信息，并及时反馈给企业的决策部门。

5）提供服务。推销人员在与顾客一对一接触过程中，应始终如一地为顾客提供各种售前、售中、售后服务，如产品咨询、技术支持、资金融通、解决存在问题等。

2．人员推销的形式

1）上门推销。上门推销是指由推销人员携带样品、说明书、订货单等资料走访顾客，实现产品销售的方式。这是一种被企业和公众广泛认可和接受的推销形式。

2）柜台推销。柜台推销是指由营业员接待进入商店的顾客，向顾客介绍产品，回答询问，促成交易的推销方式。

3）会议推销。利用各种会议的形式介绍和宣传产品，开展推销活动，如推介会、订货会、展销会等。

9.2.2 人员推销的程序与策略

1．人员推销的程序

1）寻找顾客。推销人员可以通过信息查询法、介绍寻访法等方法寻找新的顾客和潜在顾客。

2）推销准备。开展推销之前，推销人员应充分做好相关资料的准备，包括市场资料、顾客资料、产品资料等。

3）访问顾客。推销人员开始（第一次）与顾客进行接触，需要给顾客留下深刻和良好的印象。

4）推销洽谈。在推销洽谈过程中，要介绍产品的整体优势和突出特点，重点说明产品能给顾客带来的利益。

5）处理异议。推销人员在顾客产生异议时，应随机应变地排除异议，说服顾客。

6）达成交易。当顾客被说服时，推销人员应及时与顾客签订购销合同，达成交易。

7）跟踪反馈。在产品销售后，推销人员还应及时了解顾客使用产品后是否满意、是否有问题需要解决等，并积极、及时地做好售后服务。

2．人员推销的策略

1）刺激-反应策略。也称试探性策略，是指当推销人员不了解顾客需求时，运用事先精心设计的主题，与顾客进行渗透性交谈，通过试探，了解顾客需求后，再进行推销的策略。

2）配方-成交策略。也称针对性策略，是指当推销人员掌握了顾客的需求后，有针对性地宣传、展示和介绍产品，以引起顾客的兴趣和好感，从而达成交易的策略。

3）诱发-满足策略。也称诱导性策略，是指推销人员在推销时，能因势利导，有意识地诱发、唤起顾客对某种产品的需要，促使顾客产生想满足这种需要的欲望，然后不失时机地宣传、介绍和推荐所推销的产品，从而实现成交的策略。

9.2.3 推销人员的选择与培训

1. 推销人员的组织结构

企业的推销人员可以采取 3 种形式，一是建立自己的销售队伍，使用本企业的推销人员来推销产品，这是企业推销人员的主要组成部分；二是使用专业合同推销人员，如销售代理商、经纪人等；三是雇用兼职的售点推销员，开展产品操作演示、咨询介绍等。企业的推销人员根据组织形式的差异，可形成不同的结构。

1）区域式结构。企业将目标市场划分为若干个销售区域，每个推销人员负责一个区域内的全部产品推销业务的组织结构形式。

2）产品式结构。企业将产品分成若干类，每个推销人员或每几个推销人员为一组，负责推销其中一种或几种产品的组织结构形式。

3）顾客式结构。企业将其目标市场按顾客的属性进行分类，不同的推销人员负责向不同类型的顾客进行产品推销的组织结构形式。

4）复合式结构。当企业的产品类别多、顾客的类别多而且分散时，综合考虑区域、产品和顾客因素，按区域—产品、区域—顾客、产品—顾客或区域—产品—顾客等来分派推销人员的组织结构形式。

2. 推销人员的选择

（1）推销人员的素质要求

1）富有责任感的职业道德。推销工作是一项具有挑战性的艰苦的工作，推销人员需要有强烈的事业心、高度的责任感及积极向上、勇于进取的精神。

2）宽广的知识结构。推销人员必须具有开阔的知识面，应该具备多方面的基本知识素养，包括政治法律知识、经济学、市场营销学、社会学、心理学知识等。

3）随机应变的沟通能力。顾客的购买意图往往若隐若现，成交信号也是稍纵即逝，且不同顾客的需求存在着差异性，因此，推销人员必须具备随机应变的沟通能力。

案例 9-3

推销酒杯

有一位推销员当着一大群顾客推销其钢化玻璃酒杯，他先是向顾客进行商品介绍，接着开始示范表演，就是把一只钢化玻璃杯扔在地上而不碎，以证明杯子的经久耐用。可是，他碰巧拿了一只质量没过关的杯子，猛地一扔，酒杯碎了。这样的异常情况在他的推销生涯中从未出现过，真是始料不及。他自己也感到吃惊，顾客更是目瞪口呆，因为他们相信他所说的，只不过是想再验证一下，面对如此尴尬的局面，推销员急中生智，压住内心的惊慌，反而对顾客笑笑，用沉着又富有幽默感的语气说，"你们看，像这样的杯子，我是不会卖给大家的。"大家一听，都轻松地笑起来，场内的气氛变得活跃多了。推销员乘机又扔了五六个杯子，都取得了成功，一下子博得了顾客的信任，销出了 80 打酒杯。更富有喜剧效果的是，对于推销中的那个失误，顾客以为是事前想好的，砸碎杯子只是"卖关子"，吊吊大家的胃口而已。可见推销员应变得多么天衣无缝，推销的效果也就可想而知。

（资料来源：郑承志. 2006. 商品推销实务. 2版. 大连：东北财经大学出版社.）

4）乐观自信的个性和亲和力。推销人员应该具备热情奔放、乐观自信、当机立断的外向型性格特征，经常保持乐观主义的精神面貌，使人产生平易近人的亲和力。

（2）推销人员的选择方法

1）专业知识测验。主要对应聘者进行推销知识方面的测验，旨在衡量应聘者是否具备所需的推销基本知识，可以采取笔试或口试方式。

2）心理素质测验。主要对应聘者进行智力、个性、兴趣、素质等心理特征的测验。智力测验主要测定应聘者的智力系数，包括记忆、思考、理解、判断、辩论等能力；个性测验主要测定应聘者的脾气、适应力、推动力、感情稳定性等个性；兴趣测验主要测定应聘者的学习或工作方面的兴致所在；素质测验主要测定应聘者的推销才能、社交才能等方面的潜在素质。

3）环境模拟测验。主要采取模拟工作环境的各种情况的办法，测验应聘者在若干推销工作压力下怎样做出反应。主要方式有推销实习、挫折处置、实地试验等。推销实习，是指提供给应聘者一切有关资料，要求应聘者表演如何向购买者进行推销，然后由主持测验人做出评判。挫折处置，是指由面谈人利用批评、阻碍或表示应聘者已经落选等方式给出一种挫折的情形，就如同在推销工作中遇到挫折一样，看应聘者如何应付和处理。实地试验，是指让应聘者随同推销员一起工作，使其能观察实地工作情形，面对真正的顾客，看应聘者应付顾客的能力和对待工作的兴趣与态度等。

3. 推销人员的培训

推销人员的培训一般需要培训的内容包括推销技巧、推销程序、推销责任及企业、产品、用户、市场等知识。培训的方法包括课堂培训、会议培训、模拟培训和实地培训等方法。

1）课堂培训。这是一种正规的课堂教学培训方法，一般由推销专家或有丰富销售经验的推销人员采取讲授的形式将知识传授给受训人员。

2）会议培训。这种方法也称专题讨论，一般是组织推销人员就某一专门议题进行讨论，会议由主讲老师或推销专家组织。

3）模拟培训。这是一种由受训人员亲自参与并具有一定实战感的培训方法，具体做法可以是实例研究、角色扮演、业务模拟等。

4）实地培训。这是一种在工作岗位上练兵的培训方法，一般由有经验的推销人员带一段时间，然后才逐渐放手，让其独立工作。

9.2.4 推销人员的考核与激励

1. 推销人员的考核

对推销人员的激励建立在对他们的推销成绩进行考核和评估的基础上，企业对推销人员的考核和评估，不仅是为了表彰先进，也是为了发现推销效果不佳的市场和人员，分析原因，找出问题，加以改进。推销人员的考核评估指标，见表 9-4。

表 9-4 推销人员考核评估指标

序号	指标类型	指标内容
1	直接的推销效果	推销产品的数量与价值、推销的成本费用、新客户销量的比例等
2	间接的推销效果	访问顾客人数与频率、产品与企业知名度的增加程度、顾客服务与市场调查任务的完成情况等

2. 推销人员的激励方式

推销人员的激励方式见表 9-5。

表 9-5 推销人员激励方式

序号	方式类型	方式内涵
1	环境激励	企业创造一种良好的工作氛围，使推销人员能心情愉快地开展工作
2	目标激励	为推销人员确定一些拟达到的目标，以目标来激励推销人员的上进心和积极性
3	物质激励	对做出优异成绩的推销人员给予晋级、奖金、奖品和额外报酬等实际利益，以调动推销人员的积极性
4	精神激励	对做出优异成绩的推销人员给予表扬、颁发奖状、授予称号等，以此来激励推销人员的上进心和积极性

3. 推销人员的报酬制度设计

推销人员的报酬制度设计见表 9-6。

表 9-6 推销人员报酬制度设计

序号	制度类型	制度内涵
1	纯薪金制度	无论推销人员的销售额多少，均可于一定的工作时间之内获得一种定额的报酬，即固定报酬的薪金制度
2	纯佣金制度	推销人员的报酬与一定期间的推销工作成果或数量直接有关，即按一定比率给予佣金的薪金制度
3	薪金加佣金制度	以单位销货或总销售金额的较少比率作佣金，每月连同薪金支付，或年终结束时累积支付的薪金制度
4	薪金加奖金制度	推销人员除了可以按时收到一定薪金外，还可获得较多的奖金的薪金制度
5	薪金加佣金再加奖金制度	兼顾薪金、佣金和奖金 3 种方法，利用佣金及奖金，促进工作成效的薪金制度
6	特别奖励制度	规定报酬以外的奖励，即额外给予奖励的薪金制度

9.3 营销广告策略

9.3.1 营销广告概述

营销广告,是指企业以向大众媒体支付一定费用的方式将产品的有关信息传递给社会公众,以促进和扩大产品销售的促销方式。

1. 营销广告的特征

1)公众性。营销广告是一种高度大众化的促销手段。

2)渗透性。营销广告可将促销信息多次重复传播,向目标受众反复渗透,加深其印象并使其接受。

3)表现性。营销广告是一种具有表现力的信息传播方式,可以借助声音、图像、以及各种艺术形式生动地表达促销信息。

2. 营销广告的目标

营销广告的最终目标是通过广告宣传,提高企业产品的知名度,从而促进产品销售。但具体到不同的时期,其具体目标也是有所不同的,具体包括 3 个方面,见表 9-7。

表 9-7 营销广告具体目标

序号	目标类型	广告目的	广告诉求重点	适用范围
1	通知性广告目标(创牌广告目标、开拓性广告目标)	介绍新产品和开拓新市场	通过对产品的性能、特点和用途的宣传介绍,提高消费者对产品的认识程度,提高消费者对新产品的知名度、理解度和品牌商标的记忆度	产品生命周期的导入期(介绍期)和成长期的前期
2	劝说性广告目标(竞争广告目标、比较性广告目标)	加强产品的宣传,提高产品市场竞争能力	宣传企业产品较同类其他产品的优异之处,创立企业产品品牌,树立企业形象和产品形象,培养顾客对本企业品牌的忠诚度	产品生命周期的成长期后期和成熟期
3	提示性广告目标(保牌广告目标)	巩固已有市场阵地,并在此基础上深入开发潜在市场和刺激购买需求	着重保持消费者对企业产品和品牌的好感、偏爱和信心	产品生命周期的成熟期后期和衰退期

9.3.2 营销广告主题与设计

1. 营销广告主题

营销广告主题,是指营销广告将对消费者产生的预期认识、情感和行为反应。

1)理性主题。直接向目标顾客和公众诉诸某种行为的理性利益,或显示产品能产生的人们所需要的功能利益与要求,以促使人们做出既定的行为反应。例如,舒肤佳香皂的"消除细菌,爱心妈妈的选择"、大众甲壳虫汽车的"想想还是小的好"、雀巢咖啡的"味道好极了"。

乐百氏，27层净化

经过一轮又一轮的"水战"，饮用水市场形成了三足鼎立的格局：娃哈哈、乐百氏、农夫山泉，就连实力强大的康师傅也曾一度被挤出了饮用水市场。综观各水成败，乐百氏纯净水的成功相当程度上得益于其"27层净化"的营销传播概念。

乐百氏，27层净化

乐百氏纯净水上市之初，就认识到以理性诉求打头阵来建立深厚的品牌认同的重要性，于是就有了"27层净化"这一理性诉求经典广告的诞生。

当年纯净水刚开始盛行时，所有纯净水品牌的广告都说自己的纯净水纯净。而消费者不知道哪个品牌的水是真的纯净，或者更纯净的时候，乐百氏纯净水在各种媒介推出卖点统一的广告，突出乐百氏纯净水经过27层净化，对其纯净水的纯净提出了一个有力的支持点。这个系列广告在众多同类产品的广告中迅速脱颖而出，乐百氏纯净水的纯净给受众留下了深刻印象，"乐百氏纯净水经过27层净化"很快家喻户晓。"27层净化"给消费者一种"很纯净，可以信赖"的印象。

27层净化是什么？是其他纯净水厂家达不到的工艺吗？非也，营销传播概念而已。

（资料来源：http://www.chinaadren.com/html/file/2009-4-15/2009415155739.html.）

2）情感主题。试图向目标顾客诉诸某种情感因素，以激起人们对某种产品的兴趣和购买欲望。例如，小天鹅的"全心全意小天鹅"、广州好迪的"大家好，才是真的好"。

雕牌洗衣粉广告"下岗工人篇"

雕牌洗衣粉广告

雕牌洗衣粉广告片截取一个下岗工人家庭生活片断：年轻的妈妈下岗了，为找工作而四处奔波。懂事的小女儿心疼妈妈，帮妈妈洗衣服，天真可爱地说出："妈妈说，'雕牌'洗衣粉只要一点点就能洗好多好多的衣服，可省钱了！"门帘轻动，妈妈无果而回，正想亲吻熟睡中的爱女，看见女儿的留言——"妈妈，我能帮你干活了！"，妈妈的眼泪不禁滚落眼眶。最后画面出现"只选对的，不买贵的"的广告语并配合洗衣粉包装袋。

广告类型：形象广告。

市场定位：针对城市中档洗衣粉市场。

诉求主题："只选对的，不买贵的"，即强调洗衣粉的高品质、低价格。

诉求对象：比较传统、保守，具有奉献精神的家庭主妇。

目标群体写真：她们是勤俭持家的中年家庭主妇，思想比较传统保守，但是具有奉献精神，热爱家庭，她们洗衣频次高，日常洗衣粉消费多，对价格比较敏感，讲究实惠。

广告风格与调性：亲切感人，贴近人性，怀旧，带些悲情。

诉求方式：感性诉求。

竞争对手：奥妙、奇强、汰渍、碧浪等。

竞争对手分析（以奥妙为例）：奥妙是著名外资企业联合利华旗下的一个产品，是专门针对中国消费者研制的，去污能力强，其包装设计活泼，大面积红色给人很强的视觉冲击力，其广告多采用功能诉求，通过各种场合如吃糖葫芦、聚餐等展示其强去污能力。它定位高端市场，其消费者定位在那些勇于追求自我、具有冒险精神职业女性，因此，其价格也比较昂贵。

（资料来源：http://blog.sina.com.cn/s/blog_80b5cfc20100sak7.html.）

3）道德主题。以道义诉诸广告主题，使广告接收者从道义上分辨出什么是正确的或适宜的，进而规范其行为。例如，宇通客车公司的"关注校车安全，呵护儿童成长"公益广告，整个广告主题鲜明，表述巧妙。从孩子上学路上快乐的动作，寓意着美好的未来——这些孩子未来可能是舞蹈家，可能是体育明星，可能是……，但儿童乘车安全可能会毁掉一个个美丽的梦想。在故事的铺垫下，广告结尾中"关注校车安全，呵护儿童成长"的主题立即凸显：关注校车就是呵护成长，就是保障未来。

2. 营销广告设计要求

1）概念明确。广告设计时，对要推销的产品要有明确的概念，要使广告的接受者一接触广告便能清晰地知道他看到或听到的是什么。

2）印象深刻。一则成功的广告，必须在短短数秒钟内给人以深刻的印象，这样才能使消费者深深地记住其内容。

3）引起兴趣。广告的设计，要使消费者从无意注意转为自觉有意注意，使广告对消费者产生巨大的影响。通常能引起人们兴趣和注意的事物主要包括新奇的、自然的、轻捷的、真实的、浓烈的事物。

4）信息充足。广告在内容设计时应尽可能向消费者全面而准确地介绍产品。但一般情况下，广告应以突出重点的方式，把所宣传的产品或服务的最引人注目之处，或最与众不同之处重点介绍给消费者。

5）推动力强大。一则好的广告，必须充分揭示产品的功效，强调产品与消费者需求的联系，这样才能对消费者产生强大的推动力，使人在看了或听了之后产生强烈的购买欲望。

案例 9-6

中国人，奇强

奇强品牌形象广告画面简洁，一个穿着白衬衫的少先队员在敬队礼，配以画外音："穿得干净，应有精神，做人也要这样。干干净净做人。中国人，奇强！"在这个广告中，人们欣喜地发现，国产品牌开始注重自己的品牌形象并且有自己的品牌内涵了。

"中国人，奇强！"这就使"奇强"具有洋品牌所不具备的独特资源。在当前的国际大背景下，中国人更应该自立、自强，这个口号本身包含着民族情怀。干净的本身就包含外在的干净与内在的干净，外在的干净就是穿得要干净，而内在的干净更多地是指每个人都应该注意自己的言行，靠自己的努力使中国强大起来。"干干净净做人"，这一口号式的广告语本身也传承着这一理念。

（资料来源：孟韬，毕克贵 . 2012. 营销策划方法、技巧与文案 . 2 版 . 北京：机械工业出版社 .）

9.3.3 营销广告决策

营销广告决策

1. 营销广告预算决策

营销广告预算，是指企业对营销广告活动所需费用的匡算。广告预算对广告活动具有计划和控制作用。作为计划手段，它以经费形式说明广告活动计划；作为控制手段，它在财务上决定广告计划执行的规模和进程。

（1）广告预算的内容

广告预算的内容包括广告调查费用、广告制作费用、广告媒体费用及其他相关费用。

（2）广告预算的方法

广告预算的方法包括：

① 量力而行法。根据企业的财力大小决定广告的开支预算。

② 百分率法。根据销售额百分率或利润额百分率来确定广告的预算。

③ 竞争对抗法。比照竞争者的广告开支决定企业广告的预算。

④ 目标任务法。根据广告目标的要求确定广告预算。

⑤ 投资利润率法。将广告支出视为一种投资，先预测出广告的投资利润率，以此

确定广告预算。

（3）广告预算的分配

广告预算的分配可以采用的方式有以下 5 种：

① 按广告的产品分配。按产品的种类来分配广告预算。

② 按广告的媒体分配。按广告传播媒体的种类来分配广告预算。

③ 按广告的地区分配。按不同地区来分配广告预算。

④ 按广告的时间分配。按广告的时间来分配广告预算，包括有长期性、短期性、突击性、均衡性、阶段性广告预算。

⑤ 按广告的机能分配。按广告的不同机能来分配广告预算，包括广告媒体、广告设计、广告制作、广告调研费用等。

2. 营销广告媒体决策

（1）广告媒体的形式

广告媒体的形式包括：①印刷媒体，如报纸、期刊等媒体；②视听媒体，如电视、广播等媒体；③交通媒体，如车、船、飞机等媒体；④户外媒体，如霓虹灯、路牌等媒体；⑤其他广告媒体，如邮寄广告、橱窗广告等媒体。

（2）影响媒体选择的因素

1）产品特性。不同的产品特性对媒体有不同的要求。技术性能高的产品，可采用报纸、杂志做详细的文字说明，也可以用电视短片做详细介绍；需要表现外观和质感的产品，则需要借助具有强烈色彩性的宣传媒体，如电视、杂志等。

2）消费者的媒体习惯。有针对性地选择被消费者所接受并随手可得、到处可见的媒体，是增强广告促销效果的有效措施。

3）媒体的影响力。媒体的影响力，主要体现在媒体的传播范围与权威性上。一般来说，全国性的媒体的影响力大于地区性的媒体，但对于地区性销售的产品，选择地方媒体，其影响力将更大，效果更好。

4）媒体的成本。选择广告媒体时，必须考虑其成本费用。不同媒体所需成本是不同的，电视是最昂贵的媒体，而报纸相对较便宜。

5）竞争态势。广告产品竞争对手的有无及其选择媒体的情况和所花费的广告支出对企业的媒体选择有着显著的影响。若无竞争对手，则企业可从容地选择自己所需的媒体和安排广告费用；否则，企业必须考虑竞争对手选择的广告媒体与广告支出金额。若企业实力强大，可以选择与之正面交锋，否则选择迂回战术或其他媒体。

（3）广告媒体选择的策略

1）无差别策略。也称无选择策略，是指选择所有媒体同时展开立体式广告攻势，即不计时间段、不计成本的地毯式广告。

2）差别策略。有针对性地选择个别媒体进行广告宣传。

3）动态策略。根据广告媒体的传播效果和企业目标市场需达到的需求状态灵活地选择广告媒体。

3. 营销广告时间与频率决策

（1）营销广告时间决策

营销广告时间决策，是指对营销广告发布时间所做的决策。

1）集中时间策略。企业集中力量在短期内对目标市场进行突击性的广告攻势。

2）均衡时间策略。企业有计划地、反复地对目标市场进行广告宣传的策略。

3）季节时间策略。对于季节性强的产品，依据销售季节的特点，在销售旺季的到来之前开展广告宣传活动的策略。

4）节假日时间策略。企业在节假日时间来临之前或节假日期间加强进行广告宣传的策略。

（2）营销广告频率决策

营销广告频率决策，是指决定一定广告周期内营销广告发布的次数。

1）固定频率。每个广告周期内的广告次数固定。固定频率可分为以下两种。

① 均匀序列型。广告的频率按时限平均运用。

② 延长序列型。广告频率固定，但时间间隔越来越长。

2）变动频率。每个广告周期内发布广告次数不等。变动频率可分为以下 3 种。

① 波浪序列型。广告频率由少到多，又由多到少的起伏变化。

② 递升序列型。广告频率由少到多，直到高峰时停止。

③ 递降序列型。广告频率由多到少，跌到最低时停止。

4. 营销广告效果评估

营销广告效果评估主要包括广告销售效果评估和广告诉求认知效果评估两个方面。

（1）广告销售效果评估

广告销售效果评估，是指衡量通过广告促销企业销售额的增长情况。广告销售效果衡量的指标包括销售量增加率、广告费用比率、广告销售效果比率等。

1）销售量增加率=（广告后的销售量-广告前的销售量）/广告费用。

2）广告费用比率=广告费用/销售量。

3）广告销售效果比率=广告产品销量增加量/广告费用增加量。

（2）广告诉求认知效果评估

广告诉求认知效果评估，也称广告沟通效果评估，是指评估广告是否将信息准确传递给了目标市场的消费者和公众。广告诉求认知效果衡量的指标包括：

1）阅读率。在广告媒体受众中，有多少比率的人阅读过该广告。

2）注目率。在看到该广告的人中，有多少比率的人能够辨认出该广告。

3）好感率。在看过该广告的人中，有多少比率的人对企业及其产品产生好感。

4）知名率。在看过该广告的人中，有多少比率的人了解企业及其产品。

9.4 营业推广策略

9.4.1 营业推广概述

营业推广，也称销售促进，是指所有旨在短期内迅速刺激消费者冲动性购买，促成中间商与厂家达成交易及促进推销工作的非常规的优惠性促销活动。

1. 营业推广的特征

1）非连续性。营业推广一般是为了某种即期的促销目标而专门开展的一次性的促销活动，必须是非周期性、非规则性地使用和出现。

2）形式多样。营业推广的方式多种多样，包括优惠券、竞赛、抽奖、加量不加价、折价、包装促销、赠送、免费样品等。

3）即期效应。营业推广往往是在一个特定的时间里，针对某方面的消费者或中间商提供的一种特殊优惠的购买条件，能给购买方以强烈的刺激作用。

2. 营业推广的功能

1）沟通功能。企业通过各种营业推广方式，通知、提醒、刺激可能的消费者，使消费者体验到产品的实际效用，获得对该产品的了解，达到加强与消费者沟通的目的。

2）激励功能。企业运用营业推广的手段，向顾客提供某些额外的利益，以此达到吸引产品的新试用者和报答忠于企业的老顾客。

3）协调功能。企业运用营业推广方式，如购买馈赠、交易补贴、批量折扣等，以影响中间商，协调企业与中间商的关系，从而与中间商保持稳定的购销关系。

4）竞争功能。营业推广是一种可以有效地抵御和击败竞争者的促销活动，它可以稳定和扩大企业的顾客队伍，促使顾客增加购买数量和购买频率。

3. 营业推广适用范围

1）在推出一种新的品牌或新的产品时。
2）为争取中间商合作，鼓励他们大量进货时。
3）当需要强化广告宣传的效果时。

9.4.2 营业推广决策

市场推广策略

1. 针对消费者的营业推广

针对消费者的营业推广方式有很多，根据营业推广方式涉及的不同主题，可以将它们概括为以价格、赠送、奖励和展示为核心的 4 个主题群。

（1）以价格为核心的营业推广

以价格为核心的营业推广，是以产品的价格变化（通常是价格减让）作为刺激消费者消费的主要手段。一般来说，以价格为核心的营业推广，其优惠的幅度为 15%～20%，比较容易吸引顾客。若优惠幅度超过 50%，则必须说出令人信服的理由，否则顾客会怀疑它是假冒伪劣产品。以价格为核心的营业推广的常见应用形式有以下 5 种。

1）折价销售。对消费者运用较普遍的营业推广方式之一。它是指企业在一定的时间内进行价格上的减让（如产品七折、八折销售），特定时间一过，又恢复原价。

2）优惠卡券。一种证明减价的凭证，持有者凭券或卡可在购买产品时享受一定数量的减价优惠。优惠卡具体表现为贵宾卡、会员卡等形式。

3）特价包装。企业对其产品的正常零售价格以一定幅度的优惠，并将优惠金额标示在产品包装或价格标签上。例如，在价格标签上标示"原价 280 元，优惠价 180 元"。

4）退款优惠。顾客在购买商品后，凭借指定的"购物证明"可得到生产企业提供的、按照约定的折让给予的现金返还。

5）以旧换新。顾客在购买商品时，交出同类产品的废旧品，便可享受一定价格折扣的优惠。以旧换新通常有两种做法：①新旧商品的品牌要求相同；②新旧商品只要求类属相同，品牌可以不同。

（2）以赠送为核心的营业推广

赠送，是指企业为影响消费者的行为，通过馈赠或派送便宜的商品或免费品来介绍产品的性能、特点和功效，建立与消费者之间友好感情联系的一种营业推广方式。以赠送为核心的营业推广关键在于赠送品的吸引力及赠送时机的选择。以赠送为核心的营业推广主要包括：

1）赠品。在消费者购买某种商品后，免费或以较低的价格向顾客提供的商品。赠品可以是商品本身，也可以是与商品无直接关系的纪念品。

2）赠券。当消费者购买某一商品时，企业给予一定数量的交易赠券，消费者将赠券积累到一定数量时，可到指定地点换取赠品。

3）样品。介绍新产品较有效的方法之一。样品，是指在新产品导入期，通过向消费者免费提供样品供其试用，使之亲身体验产品所带来的利益，而后促使消费者购买的促销活动。

（3）以奖励为核心的营业推广

奖励，是企业为激励消费者的购买行为而提供的现金、实物、荣誉称号或旅游券等奖励方式。以奖励为核心的营业推广关键在于创造浓厚的参与氛围，使顾客乐于参与。以奖励为核心的营业推广主要包括：

1）竞赛。由企业制定竞赛规程，让消费者按竞赛要求参与活动并获得预定的现金、实物、荣誉称号或旅游奖券等奖项。竞赛的内容一般要求与企业的自身特征或产品相关。

2）抽（摇）奖。顾客进行消费时，为其提供一个获奖的机会，获奖者可以由抽取票号来确定，也可以由摇转数码来确定。中奖者可获得丰厚的奖金或免费旅游机会。

3）猜奖。让消费者猜测某一结果，猜中者给予奖励。采用猜奖方式，在设定奖项时要做好充分的准备，以防消费者中奖后得不到企业承诺的奖励品。

4）现场兑奖。消费者根据消费额的多少领取奖票，现场刮号或揭底，中奖者可现场得奖。现场兑奖通常需要将具有较强吸引力的奖品展示在销售现场，形成强烈的现场刺激氛围，营造旺盛的人气。

（4）以展示为核心的营业推广

展示，是指让商品直接面对消费者，使商品与消费者进行心灵对话的直观性促销方式。采用该方式，要求企业产品的质量必须绝对过硬，经得起消费者力求完美、细致入微的挑剔，并力求外形美观、包装精致、质感精良。以展示为核心的营业推广主要包括：

1）组织展览。企业将一些能显示企业优势和特征的产品集中陈列，边展边销。

2）售点陈列。在超级市场、百货商场、连锁店、杂货店等零售店的橱窗、过道、货架、柜台以及天花板上，设置的以消费者为对象的彩旗、海报、招牌等陈列。

3）现场示范。销售人员在现场对产品的用途与功能进行实际演示和解说，以吸引消费者注意，消除消费者对产品的疑虑。

2. 针对中间商的营业推广

1）批发回扣。企业为争取中间商多购进产品，在某一时期内给予购买一定数量本企业产品的中间商以一定的回扣。

2）销售竞赛。企业通过设立销售奖金，奖励购买数额领先或比例增加最大的中间商，以提高中间商的销售积极性。

3）推广津贴。企业为促使中间商购进本企业产品并帮助企业推销产品，支付给中间商一定的推广方面的补贴。

4）零售补贴。企业降低产品零售价后，为了弥补零售商的损失，而在给零售商的供货价上实行价格补贴，维持降价前零售商的利润。

① 无条件补贴。企业对零售商进行补贴而不对零售商提出任何要求，包括购买补贴、免费附赠补贴、延期付款等。

② 有条件补贴。带有附加条件的补贴，包括返点补贴、广告补贴、集中展示补贴等。

3. 针对销售人员的营业推广

1）销售竞赛。在推销员中发动销售比赛，对销售额领先的推销员给予奖励，以此调动推销员的积极性。

2）销售红利。事先规定推销员的销售指标，对超过指标的推销员提成一定比例的红利，以鼓励推销员多推销商品。

3）销售回扣。从销售额中提取一定比例作为推销员推销商品的奖励或酬劳。

9.4.3　营业推广控制

1. 激励规模

一般来说，一定量的激励规模才能使营业推广活动一开始就引起足够的注意，但超过一定水准时，较大的激励规模将以递减率的形式增加销售反应。最佳的激励规模要依据费用最低、效率最高的原则来确定。

2. 激励对象

营业推广的激励对象是企业的潜在顾客，且必须是与企业的利益无关的人员。企业必须严格限制本企业的职工或其家属成为营业推广的对象。

3. 激励力度

激励力度，是指营业推广为消费者和中间商提供的刺激力度。激励力度太小，难以引发顾客的购买行为；力度太大，企业的财力承载能力有限。因此，企业事先应确定一个适宜的激励力度。

4. 送达方式

送达方式，是指企业通过什么方式让激励对象来参与活动。企业应根据激励对象，以及每一种激励方式的成本和效率来选择送达方式。

5. 活动期限

活动期限，是指营业推广活动所经历的时间。企业必须事先规定一定期限，不宜过长或过短。具体应综合考虑产品的特点、消费者购买习惯、促销目标、竞争者策略等因素。

6. 时机选择

一般来说，营业推广时机的选择，应根据消费需求的特点，结合企业的总的市场营销战略决定。日程的安排应注意与生产、分销、促销的时机协调一致。

7. 预算及其分配

营业推广活动是一项较大的支出，事先必须进行筹划预算，做好各项开支的分配。

8. 营业推广效果评估

营业推广活动结束后，企业必须做好营业推广效果的评估，为以后活动的开展提供经验与参考。

9.5 公共关系策略

9.5.1 公共关系概述

1. 公共关系的内涵

公共关系，是指企业利用各种传播手段，有意识地与内外公众进行信息的双向交流，塑造良好的企业形象，建立稳定融洽的顾客关系，以有效促进营销目标实现的活动。

1）以公众为对象。公共关系的沟通对象就是公众，包括社会公众和企业员工。公共关系就是要维护好企业与公众之间的相互合作、相互促进、共同发展的关系。

2）以美誉为目标。公共关系是一门"内求团结，外求发展"的经营管理艺术，它通过建立和维护各种关系，建立和保持与公众的良好沟通，赢得公众的理解、信任和支持，对内形成强大的凝聚力，对外形成强大的吸引力，从而塑造企业良好的形象，提高企业的美誉度。

3）以真诚为本。公共关系活动的开展必须贯彻真诚原则，企业只有真诚才能赢得社会公众的信任合作，才能实现与公众的双向沟通，维持和巩固企业形象。

4）以沟通为手段。公共关系的本质就是企业与其相关公众之间的有效信息沟通。沟通是形成和发展企业与公众关系的桥梁。

5）以长远为方针。公众对企业的认识与评价是在长期的沟通中逐渐形成的。公共关系应着眼于企业的长远利益，不计一时得失，更要着眼于平时的努力，通过平时点点滴滴地、执着地为社会公众谋利益的工作，逐渐建立起企业的良好形象。

6）以互惠为原则。公共关系必须坚持互利互惠原则。企业与其相关公众都有各自的利益，企业只有在满足社会公众利益的基础上实现企业的利益，才能促进企业与社会公众的关系得以长期、稳定、健康发展。

2. 公共关系的特征

1）可信度高。公共关系活动的开展，不是直接宣传企业产品和服务，更多的是维护社会公众的利益，因此，在顾客心目中的可信度很高。

2）影响面广。公共关系活动的对象主要是广大的社会公众，因此，公共关系的覆盖面较广，影响力较大。

3）影响持久。公共关系活动的宣传，在于塑造企业良好的形象，提高企业的美誉度。良好的公共关系环境，将使企业获得持久的生命力。

4）促销效果好。消费者对广告或人员推销经常是不予理睬或反感的，但对维护社会公众利益的公共关系活动是不会有反感的，在心理上也不必担心上当受骗。因此，其促销效果显著。

案例 9-7

2009 TCL 全国大学生工业创意设计大赛圆满落幕

五颜六色的"大碗"罗列成了神奇的《组合式家庭娱乐机顶盒》；海市蜃楼的迷幻效果成就了《水之幻影》；《电视与桌子》恰到好处地结合，为简单的生活平添了色彩……

历时 3 个月的 2009 TCL 全国大学生工业创意设计大赛于 2009 年 5 月 30 日在深圳圆满落幕。在中国工业设计协会的协作下，本次大赛有幸邀请到了多位知名专家评审，这些重量级评委的现身，更是提高了大赛的权威性。

经过认真、专业的初选，30 名同学从千余名参赛者中脱颖而出，分获比赛奖项。决赛现场，所有参赛者均采用视频对作品进行演示和讲解，并进行现场答辩，评委当场评判，整个流程权威、公开、透明。清华大学的赵颖同学设计的《灵卷》凭借其独特的创意、人性化的设计及优异的现场表现，力拔头筹，获得由 TCL 集团提供的两万元学习基金和赴香港交流学习的机会。《环保无电池遥控》的设计者北京工业大学的李楠等同学和《家用衣物烘干消毒器》的设计者浙江大学的梁龙娟等同学也以他们精彩的展示赢得了知名专家的赞叹，摘得银奖及一万元学习基金。铜奖获得者广州美术学院的林华仁同学、陕西科技大学的崔杰同学、天津大学的叶丹维同学、兰州理工大学的王俊杰同学、广州美术学院的刘宇同学以及石家庄铁道学院的贾晓霞等同学也都展现了非凡的实力，喜得 TCL 的产品奖励。唯一的院系组织奖被燕山大学收入囊中，在比赛过程中，燕山大学工业设计专业全体师生热烈响应，大力动员，积极参与，以提交近 500 份作品及 3 份作品入围的好成绩当之无愧地捧走了该奖项。

本次大赛以"挑战创意新极限"为主题，打破常规，不限院校，为参赛者搭建了一个互动交流的平台，让有梦想的设计师能够跨越地域的限制，彼此交流、撞击想象力，开启更多令人耳目一新的创意灵感；同时，TCL 集团也希望借助本次大赛挖掘隐藏于校园中的设计精英。

此次大赛的圆满结束代表了一个崭新的起点。TCL 将从本次大赛出发，秉承"创意感动生活"的设计理念，将此类大赛延续下去，培养更多优秀的设计师。

（资料来源：http://www.tcl.com/News/detail.html?nid=340.）

9.5.2 公共关系决策

1. 公共关系的目标

1）建立产品的知晓度。公共关系通过有意识地制造一些公关事件，以吸引人们对某产品、服务、人员、组织或创意的注意。

2）树立企业的可信度。公共关系通过塑造企业良好的口碑，提高企业的信誉和美誉，从而增加企业的可信度。

3）刺激销售队伍和分销商。公共关系运用得当，可以有效地把产品推向终端市场，从而能极大地激励销售队伍和分销商的销售热情。

4）创造和维持忠诚顾客。公共关系能有效地维护企业与公众的长期稳定关系，维护与顾客的关系，从而有效地创造和维持忠诚顾客。

5）问题解决与危机公关。问题解决，是指企业公关部门对可能会给企业带来潜在有利或不利影响的宏观或微观环境的作用因素进行分析、评估和预测，并制定相应的应对方案；危机处理，是指企业公关部门面临突发事件和不利影响时，采取灵活有效的对策，化解危机。

2. 公共关系手段

公共关系决策的内容主要包括确定公关目标、选择公关信息和公关手段（载体）、实施公关计划和评估公关效果等。其中公关手段（载体）包括：

1）公开出版物。公开出版物包括年度报告、文章、杂志、企业商业信件、录像、录音等。

2）事件。事件包括记者招待会、郊游、展览会、竞赛、周年庆祝活动、研讨会等。

3）新闻。新闻指发展或创造对企业、产品或公司员工有利的新闻。

4）演讲。演讲指企业的各级领导人员或新闻发言人在企业外部或内部所做的富有影响力的谈话、演说。

5）公司参观。公司参观指企业组织现有的或潜在的客户到公司参观，使客户和公众对公司的设施、设备有所了解，提高公众对企业的认识，树立企业良好的形象。公司参观是企业开展公共关系的一种经济有效的方法。

6）公共服务活动。公共服务活动指企业通过某些公益事业向社会组织或个人捐赠一定的金钱，提供一定的服务，以提高企业的公众信誉，树立良好的形象。

案例 9-8

爱国者体育营销之道

"有谁知道'爱国者（aigo）'是哪个国家的品牌？"尽管这个中国本土品牌已经诞生了十几年，但是在搜索引擎百度上至今仍然能看到中国网民类似提问，而在欧洲市场，这个品牌却越来越为人熟悉，越来越被欧洲消费者接受。

这个纯正中国血统的品牌之所以能在欧洲逐渐流行，得益于它在当地体育营销的成功。

"爱国者"在欧洲的第一次亮相，是在 F1 赛道疾驶着的迈凯轮车队车身上，以及明星赛车手阿隆索和队友汉密尔顿的队服靠近心脏的部位。对于欧洲消费者来说，那是一个世界顶级品牌常常占据的位置，是他们十分敏感的地方。

2007 年 1 月 15 日，爱国者首次随迈凯轮车队亮相在 F1 赛场上后；2007 年 8 月，爱国者数码照相机在西班牙的销量就超过了中国国内；2005 年 8 月 15 日推出的爱国者数码照相机在国内并不是畅销品，这个年亏损近 3000 万元人民币的产品之所以还能在市场上坚持着，很大程度得益于欧洲销售利润的弥补。

　　爱国者是北京华旗资讯数码科技有限公司（以下简称华旗资讯）的消费类电子产品品牌。华旗资讯是 1993 年创建于北京中关村的一家本土企业，旗下产品包括移动存储、数码照相机、MP3、MP4 等多种数码产品，2007 年公司收入 20 多亿元人民币。

　　爱国者还赞助了一系列体育活动。它还是欧洲另一重量级赛车运动王中王（ROC）亚洲唯一合作伙伴、亚洲方程式国际公开赛（AGF）车队冠名赞助商，以及 2008 年奥运会的相关产品合作伙伴等。到目前为止，爱国者品牌旗下各项业务都在欧洲有条不紊地良性运营，在欧洲的一些大卖场中，爱国者产品频频亮相。

　　　　　　　　（资料来源：http://finance.sina.com.cn/leadership/case/20080821/14565223411.shtml.）

　　3. 公共关系策略

　　1）宣传性公关策略。宣传性公关策略指通过各种大众传播媒介，向广大公众特别是顾客，传播有关企业发展、服务社会、产品创新等信息，以控制舆论，树立形象。

　　2）交际性公关策略。交际性公关策略指通过开展各种社会交际活动，如举办各种联谊会，建立与顾客亲和融洽、长期稳定的关系。

　　3）服务性公关策略。服务性公关策略指向社会与顾客提供各种服务，使顾客获得实实在在的利益，以取悦公众与顾客，促进营销目标的实现。

　　4）社会性公关策略。社会性公关策略指企业通过积极参与社会公益事业，为社区发展做贡献等形式，扩大企业影响，树立企业形象，以有利于企业市场营销目标的实现。

　　5）征询性公关策略。征询性公关策略指企业通过民意调查、征求用户意见、开展消费咨询等方式，扩大影响，促进销售。

9.5.3　事件营销

　　事件营销，是指企业通过策划、组织和利用具有新闻价值、社会影响以及名人效应的人物或事件，吸引媒体、社会团体和消费者的兴趣与关注，以求提高企业或产品的知名度、美誉度，树立良好品牌形象，并最终促成产品或服务的销售的手段和方式。简单地说，事件营销就是通过把握新闻的规律，制造具有新闻价值的事件，并通过具体的操作，让这一新闻事件得以传播，从而达到传播的效果。

　　1. 事件营销的特征与原则

　　（1）事件营销的特征

　　1）对外部事件的依托性。无论是借助已有的事件，还是自行策划事件，事件营销自始至终围绕着同一个主题运作，敏锐地抓住公众关注的热点并进行创造性的对接，从消费者利益和社会福利的角度出发，从而实现营销的目的。在营销过程中，营销者要通过事件进行有新闻价值的传播活动，把产品、服务和品牌传递给已有和潜在的顾客，从而建立品牌美誉度和企业良好的形象。

　　2）第三方公正性。事件营销的砝码在于能够抓住亮点、热点和记忆点，从而带动卖点。一个品牌的推广带有极强的功利性，其目的在于吸引消费者的眼球，刺激购买欲望。但这种"眼球经济"的泛滥导致的信息失真，扰乱了消费者的视线，企业只有借助第三方公正组织或权威个人，将其理念、产品与服务质量传播给目标市场，而事件营销正具有这一优势。

3）双重目的性。事件营销的目的表现在产品或服务销售和形象塑造两个方面，借助一个事件进行有针对性的营销传播，能够有效提升企业品牌的注目率；同时，以新闻事件的方式进行宣传和销售，能够避开媒体的高收费，从而获得较高的利润。

（2）事件营销的原则

1）熟悉新闻工作规律。事件营销人员必须了解新闻媒介的特点，掌握新闻工作的规律，具备更多的新闻知识。只有了解了新闻工作的规律，事件营销人员才能在与新闻界人士打交道中找到共同语言，才能按照自己的需求对新闻媒介做出不同的选择。

2）坦率真诚地合作。事件营销人员应该相信新闻工作者能以公正的立场处理搜集到的各种新闻材料。在向新闻界人士提供材料或制造新闻时，应尽量让他们了解事实的真相，坦率真诚的合作态度是赢得信任的基础。

3）及时主动地提供方便。事件营销人员应及时主动地向新闻媒介提供稿件和采访机会，在平时工作中应经常为新闻媒介撰写稿件，或提供采访机会，在新闻工作者需要时及时提供有价值的、能引起公众兴趣的新闻报道和图片。

4）尊重新闻职业道德。新闻界最重视新闻的真实性和不受其他势力的摆布，以保持公正。事件营销人员在与新闻媒介打交道时，切忌用不正当的手法"走后门"，拉关系，要求记者撰写有利于企业或不利于竞争对手的新闻报道。

2. 事件营销的要素与要求

（1）事件营销的要素

一个成功的事件营销必须包含下列 4 个要素之中的 1 个，这些要素越多，事件营销成功的概率就越大。

1）重要性。指事件内容的重要程度。判断事件内容重要与否的标准主要看其对社会产生影响的程度。一般来说，对越多的人产生越大的影响，新闻价值就越大。

2）关联性。越是心理上、利益上和地理上与受众关联的事实，新闻价值就越大。心理关联包含职业、年龄、性别诸因素。一般人对自己的出生地、居住地和曾经给他留下过美好记忆的地方总怀有一种特殊的依恋情感。因此，在策划事件营销时必须关注到企业受众的关联性。通常来说，事件的关联点越集中，就越能引起人们的注意。

3）显著性。新闻中的人物、地点和事件的知名程度越是著名，新闻价值也越大。例如，国家元首、政府官员、知名人士、历史名城、古迹胜地往往具有很大新闻价值。

4）趣味性。大多数受众对新奇、反常、有趣味的东西比较感兴趣。策划事件营销必须要有较新的内容，带有新的信息和情报，令人耳目一新。

（2）事件营销的要求

1）简明扼要。新闻稿的语言必须准确精练，自然段落及句子要短，避免堆砌华丽的辞藻，不要使用含糊不清的语言和技术性太强的专用名词，使公众好读、易懂，一目了然。

2）突出关键词。突出关键词才可以抓住公众的注意力，吸引公众继续阅读。另外，新闻稿的主语应该是公众所关注的事实，而不是某公司的名称。例如，"西南航空公司开辟了一条由成都到北海的新航线"，应该改为"一条由成都通往北海的新航线已由西南航空公司开航"。

3）先概述后展开。新闻稿的第一段常常是整个新闻事件的概述，后面各段再展开详细说明。这样既可在新闻开头就让读者对整个内容有一个大致的了解，又可增加新闻刊出的机会。在版面不够的情况下，编辑可采用前面一段作为短讯刊出。

3. 事件营销的模式与方法

（1）事件营销的模式

事件营销一般有两种模式可供选择：借力模式和主动模式。

1）借力模式。借力模式是企业将其议题向社会热点话题靠拢，从而实现公众对热点话题的关注向企业议题关注的转变。要实现借力模式的效果，必须遵循相关性、可控性和系统性原则。

① 相关性是指社会议题必须与企业自身的发展密切相关，也与企业的目标受众密切相关。

② 可控性是指事件的内容能够在企业的控制范围内。如果不能够在企业的控制范围内有可能不能达到期望的效果。

③ 系统性是指企业借助外部热点话题必须策划和实施一系列与之配套的公共关系策略，整合多种手段，实现一个结合、一个转化：外部议题与企业议题相结合；公众对外部议题的关注向企业议题关注的转化。

案例 9-9

《大国崛起》的营销

爱国者赞助《大国崛起》启动全国营销风暴。《大国崛起》将视线集中在各国"崛起"的历史阶段，追寻其成为世界大国的足迹，探究其"崛起"的主要原因，对于中国的崛起有着很深远的启示。而中央电视台播出的每集节目出现的"爱国者特约，大国崛起"的字幕，同时画外音道白："全球爱国者为中国经济助力、为国家崛起奋进！"震撼了每一个中华民族的拥护者，也极大地提升了爱国者的品牌形象。

（资料来源：http://wenda.so.com/q/1379398995069316.）

2）主动模式。主动模式是指企业主动设置一些结合自身发展需要的议题，通过传播，使之成为公众所关注的公共热点。主动模式必须遵循创新性、公共性及互惠性原则。

① 创新性是指企业所设置的话题必须有亮点，只有这样才能获得公众的关注。

② 公共性是指企业设置的话题必须是公众关注的。

③ 互惠性是指要想获得公众持续的关注，必须要能双赢。

奥克斯的《空调制造成本白皮书》

在成本白皮书上，奥克斯毫不含糊地一一列举了 1.5 匹冷暖型空调 1880 元零售价的几大组成部分——生产成本 1378 元，销售费用 370 元，商家利润 80 元，厂家利润 52 元。话不讲透心不休的奥克斯，还将几大部分成本条分缕析地予以解密，成了事件营销主动模式的典范。

（资料来源：http://wenda.so.com/q/1379398995069316.）

（2）事件营销的方法

1）借势方法。所谓借势，是指企业及时地抓住广受关注的社会新闻、事件以及人物的明星效应等，结合企业或产品在传播上欲达到的目的而展开的一系列相关活动。

2）明星方法。明星是社会发展的需要与大众主观愿望相交合而产生的客观存在。当购买者不再把价格、质量当作购买顾虑时，利用明星的知名度去加重产品的附加值，可以借此培养消费者对该产品的感情、联想，以赢得消费者对产品的追捧。

3）体育方法。主要借助赞助、冠名等手段，通过所赞助的体育活动来推广企业的产品与品牌。

4）新闻方法。企业利用社会上有价值、影响面广的新闻，不失时宜地将其与企业的品牌联系在一起，以达到借力发力的传播效果。

5）造势方法。所谓造势，是指企业通过策划、组织和制造具有新闻价值的事件，吸引媒体、社会团体和消费者的兴趣与关注。

6）舆论方法。企业通过与相关媒体合作，发表大量介绍和宣传企业的产品或服务的软性文章，以理性的手段传播其产品与品牌。

7）活动方法。企业为推广其产品而组织策划一系列宣传活动，吸引消费者和媒体的眼球，以达到传播企业产品与品牌的目的。

明星方法营销

从 20 世纪 80 年代中期的迈克尔·杰克逊，到 90 年代的珍妮·杰克逊，以及拉丁王子瑞奇·马丁，再到香港的郭富城、王菲，百事可乐采用巡回音乐演唱会这种输送通道同目标消费群进行对话，用音乐而不是广告来传达百事文化和百事营销理念。在美国，使"新一代的美国人"成为目标消费群是广为传扬的流行语；在中国，让百事可乐成了那些追求时尚的"新一代的选择"。

（资料来源：http://www.globrand.com/2009/200734.shtml.）

8）概念方法。企业为自己产品或服务所创造的一种"新理念"、"新潮流"。如彩电市场竞争异常激烈，各家陆续推出各种概念。其中最具代表性的是创维的六基色概念，其通过媒体持续地向公众传播六基色为什么健康，获得了极大的社会认知。

9.5.4　危机公关

危机公关，是指当企业遭遇突发事件或重大事故，其正常生产经营活动受到影响，特别是原有的良好企业形象受到破坏时，如何从公共关系的角度来应对和处理，以使企业以尽可能低的成本渡过经营危机的公关活动。

1. 危机公关的基本原则：诚信与责任

1）诚信原则。企业面对突发的公关危机，赢得社会公众的理解与同情的最有效手段是通过有效的沟通向公众传递企业的善意、诚信和责任心，让公众感觉到即使企业在最困难的时候，他们的利益仍然是企业关注的根本。

2）责任原则。对于公关危机事件所造成的损失和伤害，企业要勇于承担责任，并尽力争取公众和当事人的原谅；树立负责任和坦诚面对事实的态度，通过负责任地坦诚面对消费者，使用一切可利用的手段来加强与消费者的沟通，才能获得消费者的理解和宽容。

案例 9-12

"百事可乐"的危机公关

1998 年 4 月 17 日下午，开张仅十天的重庆"家乐福江北金观音店"，一大批顾客蜂拥饮料柜台，抢购 1.25 升的百事可乐，但当顾客坚持以 1 元/瓶的价格付款时，收银员愣了……

事先，商场准备开展为期 3 天的特价酬宾活动。其中 1.25 升的百事可乐售价 5 元，同时赠送一听价值 2 元的天府可乐。为何顾客以 2 元买 2 瓶可乐呢？原来，当天重庆某报刊登了一则"家乐福"特价酬宾广告，在数十种商品中，"百事可乐"原价 5 元/瓶，现价买一赠一（2 元）。由于广告有歧义，顾客与商家理解不同。就在顾客与收银员为价格僵持不下时，"家乐福江北金观音店"店长——法国人布拉松只说了一句话"尊重顾客的意愿。"

上百人很快就将 500 件百事可乐抢购一空，商场马上调货补充，并调集保安人员维护秩序，最后，为不影响整个商业环境的平衡，商场不得不每人限购两瓶，并迅速在本市报纸上发出启事对原广告修正，才将问题最后解决。问及此事，布拉松说："我不在乎利润的损失，我的宗旨是顾客满意为先。"

（资料来源：陈凤强. 2004. 中国企业营销案例精粹. 北京：中国商务出版社.）

2. 危机公关活动开展

1）切实做好危机初期的公关工作。在危机发生后的前 24 小时内，企业必须成立由企业多个相关部门组成的公关危机管理机构（公关危机控制小组），各部门各司其职，各负其责，尽快拿出应对措施，以防危机扩大化。

2）坚持企业形象高于成本的思想。在危机处理过程中，企业通常需要付出高额的资金成本，企业近期的效益将受到严重损害，但企业一定要有长远眼光，放弃眼前利益，坚持形象高于成本的原则，维护企业良好的公众形象。

3）努力做好企业内部公关。

① 做好企业员工的公关。员工是企业危机公关的重要对象，员工的理解与配合是企业顺利渡过危机的重要条件。危机发生后，企业必须及时召开员工大会，告知员工危机事件的经过，企业解决危机的对策，以统一认识、稳定情绪，争取员工的理解、配合与支持。

② 做好企业股东的公关。股东是企业公关的内部对象，作为投资者，股东追求投资回报的最大化。一旦企业经营遭遇风险致使投资收益前景不妙，股东投资的信心就会动摇，严重时可能会撤资。因此，危机发生后，企业应做好股东的公关，说服投资人，增强其对公司的投资信心。

4）切实做好企业外部公关。

① 做好消费者的公关。消费者是企业的衣食父母。如果危机的发生对消费者利益有影响，企业必须要勇于承担责任，承诺企业不惜一切代价保护消费者的利益，争取消费者和社会公众的理解。

② 做好分销商的公关。企业与分销商之间是一种既竞争又合作的关系，企业只有以诚待之，才能赢得分销商的合作。危机发生后，企业应及时联系分销商说明情况，并向分销商承诺，给分销商造成的损失，企业将承担弥补责任，以争取分销商的支持与忠诚。

③ 做好政府部门的公关。政府是企业依法竞争的监督者，企业必须不折不扣地执行政府的命令，从而在政府和公众面前展示企业守法经营的良好形象。

④ 做好媒体的公关。企业在危机事件处理过程中必须以一种坦诚而理性的态度处理与媒体的关系，不遮掩、不回避，立即举行媒体沟通会，表明企业立场，努力揭开危机事件的真相，用事实说话，用权威的检测报告说话。

案例 9-13

家乐福公司的危机公关

从 2008 年 4 月 9 日开始，数十家海内外网站论坛的一部分中国网民先后发起了一场抵制家乐福的行动。"所有人都不要去家乐福购物，理由是家乐福的大股东捐巨资支持'藏独'分子。那我们现在就来抵制一下家乐福，为期与北京奥运会同长，前后 17 天，请将短信转发给你所有的手机、MSN 等的联络人，并且让他们的家人一起参与，让家乐福门可罗雀 17 天。"这条短信通过手机、MSN、QQ、BBS 等渠道迅速传播。短短 3 天之间，呼吁"五一期间不要光顾家乐福"、"抵制法国货"的帖子开始在网络传播，跟帖者越来越多。随即，在北京、上海、青岛、昆明、重庆等地的部分家乐福门店前，陆续有人拉起"抵制家乐福"的横幅标语，聚集了少量人群。

截至 4 月 16 日 23 时 30 分，新浪财经关于"争议是否抵制家乐福"的调查显示，超过 42 万名网友赞同抵制家乐福等法国品牌；并有超 42 万名网友表示近一个月内不会去家乐福购物；这一调查已有超过 47 万人投票。

在中国的法国企业当然不止一家，为何唯独对家乐福进行抵制，这主要是因为有消息称，家乐福的大股东路易威登-莫特轩尼诗集团（LVMH 集团）涉嫌资助达赖。虽然这是一项至今尚未证实的消息，但相信的人很多。加上奥运圣火传递时发生的一些事情，伤害了中国人民的感情，于是有网友们先是开始抵制 LV，这几天则换了"靶子"，选择了更容易接触到的家乐福。对此，家乐福予以否认。4 月 16 日，家乐福集团授权家乐福中国公司，就有关传闻和遭到网友抵制一事，首次发表声明。

家乐福中国对近日出现的一些不实传闻的声明

针对近日出现的一些有关家乐福的不实传闻，家乐福集团特此授权家乐福中国做如下声明：

作为一家在全球拥有员工 50 多万，在超过 20 个国家和地区从事商业经营活动的跨国企业，家乐福集团的宗旨是促进各个国家和地区的经济和社会发展。家乐福集团从来没有，将来也不会做任何伤害中国人民感情的事情。

有关家乐福集团支持个别非法政治组织的传闻完全是无中生有和没有任何依据的。家乐福将保留对恶意制造和传播上述谣言的组织和个人采取法律行动的权利。

家乐福集团始终积极支持北京 2008 年奥运会，在中国和法国倡议组织了形式多样的支持北京奥运的活动。目前，家乐福北京的各家超市正在为迎接奥运会而积极筹备。同时，作为北京市长国际企业家顾问单位，家乐福集团衷心祝愿北京 2008 年奥运会取得圆满成功，家乐福集团总裁和家乐福中国区总裁兼首席执行官将荣幸地亲临奥运会开幕式，成为这一历史时刻的见证者。

家乐福中国区
2008 年 4 月 16 日

同时，家乐福总部高层 4 月 15、16 日这两天已经迅速和中国商务部等政府主管部门进行了沟通，并要求中国区积极做好在华各分店的内部管理工作，特别要求员工"要保持高度克制"，不要与可能出现的抗议群众发生冲突。

家乐福中国区负责人表示，有关家乐福集团支持个别非法政治组织的传闻完全是无中生有和没有任何依据的，家乐福将保留对恶意制造和传播上述谣言的组织和个人采取法律行动的权利。不过该负责人也表示：目前家乐福在中国的员工至少有九成是中国人，而在家乐福购买的商品 95%以上是中国制造，抵制家乐福的后果，不仅会损害家乐福，同时也会损害中国员工与中国供应商的利益。

这次危机出现后，家乐福方面表示，目前家乐福北京的各家超市正在为迎接奥运会而积极筹备，家乐福集团总裁和家乐福中国区总裁兼首席执行官也将亲临奥运会开幕式。

（资料来源：罗绍明. 2009. 网络营销教程. 北京：经济日报出版社.）

EQ 寄语

　　找借口是世界上最容易办到的事情之一，因为我们可以找到很多的借口去自我安慰、掩饰自己的错误，然而再妙的借口对于事情本身没有丝毫的用处。既然一味地抱怨和找借口不能使自己成功，那就多找自己的不足，从自身去找原因，找到解决问题的方法，从不断地失败中找到到达成功的钥匙，把平凡的工作做成不平凡，把简单的事情做成不简单，积小胜成大胜。作为市场营销人员，在推销过程中会遇到各种艰辛的挑战，此时必须要有积极向上、勇于进取的精神，强烈的事业心和高度的责任感，绝不可以找借口推辞。

能 力 训 练

一、知识训练

1. 判断题

1）促销的本质是信息的传播与沟通，即通过向消费者传递企业及其产品的相关信息，影响他们接受企业及其产品，以便直接或间接地促进产品的销售。　　　（　　）

2）以赠送为核心的营业推广关键在于创造浓厚的参与氛围，使顾客乐于参与。
　　　　　　　　　　　　　　　　　　　　　　　　　　　　　　　（　　）

3）推销工作是一项具有挑战性的艰辛的工作，推销人员需要有强烈的事业心、高度的责任感及积极向上、勇于进取的精神。　　　　　　　　　　　　　　（　　）

4）传播信息，是人员推销的基本任务，即推销人员应及时地将企业的产品信息传递给目标顾客，诱导和激发顾客的购买欲望。　　　　　　　　　　　　　（　　）

5）营业推广一般是为了某种长期的促销目标而专门开展的连续性的促销活动。
　　　　　　　　　　　　　　　　　　　　　　　　　　　　　　　（　　）

6）营销广告的最终目标是通过广告宣传，提高企业产品的知名度，从而促进产品销售。　　　　　　　　　　　　　　　　　　　　　　　　　　　　　（　　）

2. 选择题

1）在促销策略中贯穿一种利益关系，使消费者充分感受到，如果购买使用某种产品或服务，可以从中获得某种实惠，获得某种物质和精神上的满足，是指促销的（　　）。

　　A. 利益导向　　　　B. 品牌导向　　　　C. 创新导向　　　　D. 竞争导向

2）由推销人员携带样品、说明书、订货单等资料走访顾客，实现产品销售的方式，是指（　　）。

　　A. 人员推销　　　B. 柜台推销　　　　C. 上门推销　　　　D. 会议推销

3）对做出优异成绩的推销人员给予表扬、颁发奖状、授予称号等，以此来激励推销人员的上进心和积极性，是指（　　）。

　　A. 环境激励　　　　B. 精神激励　　　　C. 目标激励　　　　D. 物质激励

4）一般来说，以价格为核心的营业推广，其优惠的幅度为（　　），比较容易吸引顾客。

　　A. 5%以下　　　　B. 5%～10%　　　　C. 15%～20%　　　　D. 50%～100%

5）企业通过策划、组织和利用具有新闻价值、社会影响以及名人效应的人物或事件，吸引媒体、社会团体和消费者的兴趣与关注，以求提高企业或产品的知名度、美誉度，树立良好品牌形象的营销方式，是指（　　）。

　　A. 产品促销　　　　B. 营业推广　　　　C. 服务营销　　　　D. 事件营销

6）对于公关危机事件所造成的损失和伤害，企业要勇于承担责任，并尽力争取公众和当事人的原谅，是指危机公关的（　　）。

　　A. 诚信原则　　　　B. 责任原则　　　　C. 社会原则　　　　D. 形象原则

二、分析训练

2001年中秋节前，南京冠生园公司用陈馅翻炒后再制成月饼出售的事件被媒体披露曝光。一时民众哗然，各界齐声痛斥这种无信之举。南京冠生园月饼顿时无人问津，很快被各地商家们撤下柜台。许多商家甚至向消费者承诺：已经售出的冠生园月饼无条件退货。

面对危机，南京冠生园公司还是没有表现出应有的诚信。先是辩解称这种做法在行业内"非常普遍"，绝不是我冠生园一家；在卫生管理法规上，对月饼有保质期的要求，但对馅料并没有时间要求，意即用陈馅做新月饼并不违规。随后又匆忙发出了一份公开信继续狡辩，却始终没有向消费者做任何道歉，其所做所为不仅令消费者更加寒心，也进一步使自身信誉丧失殆尽。信誉的缺失使多年来一直以月饼为主要产品的南京冠生园被逐出了月饼市场，公司的其他产品如元宵、糕点等也很快受到"株连"，没人敢要。

江苏省和南京市卫生防疫部门、技术监督部门组成调查组进驻该厂调查，该厂的成品库、馅料库全部被查封，南京冠生园食品厂全面停产整顿。尽管有关部门后来通知商家南京冠生园的月饼经检测"合格"，可以重新上柜，但心存疑虑的消费者对其产品避之唯恐不及，冠生园月饼再也销不动了。

生产难以为继的南京冠生园公司从此一蹶不振，终于向法院提出破产申请。

分析：

1）南京冠生园公司为什么会走向破产？

2）南京冠生园公司的破产给了我们什么启示？

三、技能训练——产品促销策划方案搜索技能训练

1. 训练目的

1）能搜索到一份完整的产品促销策划方案。

2）能清晰表达出该产品促销策划方案的内容。

3）能总结归纳出该产品促销策划方案的特点。

4）能简要说出选择该产品促销策划方案的理由。

2. 训练指导

1）布置任务：将教学班学生按每 6～8 人的标准划分成若干个任务小组，每个小组成员搜寻一份产品促销策划方案。

2）搜索选择：各小组成员总结归纳自己搜寻到的产品促销策划方案的特点，列明选择该产品促销策划方案的理由，之后形成产品促销策划方案搜索技能训练报告。

3）课堂陈述：各个任务小组成员上交产品促销策划方案搜索技能训练报告，由指导教师从每小组中选择一份具有代表性的产品促销策划方案搜索技能训练报告，并邀请其作者代表小组上台陈述。

4）评价效果：各个小组代表陈述后，指导教师点评该次产品促销策划方案搜索技能训练的情况，并由全班学生不记名投票，评选出该次搜索技能训练的获奖小组，给予表扬与奖励。

第 10 章
服务营销策略

1. 知识目标

1）能叙述和理解企业服务的含义和特征。
2）能熟记和应用顾客满意与忠诚的含义与类型。
3）能列举和叙述企业服务质量差距的要素。
4）能列举企业服务质量差距分析与改进方法。
5）能叙述和理解客户关系生命周期的概念和内容。
6）能叙述和熟记营销人员服务管理的基本理论。
7）能熟记和应用营销人员职业生涯发展管理方法。
8）能列举和运用客户服务管理的内容和方法。

2. 技能目标

1）能综合运用本章知识剖析现实案例。
2）能完成出色服务营销企业案例搜索技能训练。

3. 素质目标

一分耕耘，一分收获。唯有脚踏实地、务实肯干才能成功。

重点难点

1）服务质量差距。
2）顾客满意与忠诚。
3）客户关系生命周期。
4）营销人员服务管理的理论。
5）职业生涯发展管理。

EQ 故事

拾海螺的启示

一个老人和一个年轻人一起到海边拾海螺，因为海螺可以拿到市场上去卖。

由于腿脚麻利，眼神又好使，年轻人觉得自己肯定能比老人拾到既大又多的海螺。因此，他一直把眼睛盯在又大又好的海螺上。

半个小时过去了，年轻人始终走在老人前面，腰也没见弯下去几次，虽然他的后面大大小小的海螺到处都是。而老人则正好相反，他一直落后，却频频弯腰，无论大海螺小海螺都如获至宝地拾起来。

结果不到一小时，老人的口袋里就有了很多海螺，而年轻人的口袋里却还像刚来时那样空荡荡的。

"小伙子，难道你没有看到这里有好多海螺吗？不要再那么挑剔了，否则你拾不了几个的。"老人对年轻人说。

年轻人却撇撇嘴回答："我要的是又好又大的海螺，那样才能卖个好价钱。"

不知不觉中，太阳已经快落山了，可年轻人还是收获不多，因为他很少看到自己所希望的那么大的海螺。而老人的袋子，则已经满满当当，几乎装不下了。

EQ 点评　俗话说：万丈高楼平地起。不积跬步，无以至千里；不积小流，无以成江河。任何事物在发生质变之前都需有一个量的积累过程，人不可好高骛远，唯有脚踏实地、务实肯干才能成功。作为市场营销人员，我们同样得从小事做起，一步一个脚印，实现营销职业生涯的发展。

案例导引

买 IBM 其实买的是质量和服务

IBM 是一家有着百年历史、为整个世界带来了无数技术创新和先进产品应用的蓝色巨人。2011 年 6 月 16 日，迎来该 "蓝色巨人"的百年华诞。

百年以来，IBM 一直坚守着自己"让世界更美好"的目标和"THINK"信念，专注"转型"和"创新"。因为转型，IBM 绝处逢生；因为转型，IBM 百年辉煌。因为创新，IBM 挑战智慧；因为创新，IBM 无人可及！在这百年的发展历程中，IBM 不仅为人类社会带来了各种先进技术、产品和解决方案，更带来了无比珍贵的精神财富！

"买 IBM 其实买的是质量和服务"，相信有很多人都认可 IBM 的高品质，更赞叹其全球 24 小时的贴心服务。"IBM 就是服务"，凝聚了 IBM 公司多年来苦心经营的用户至上的理念，也是 IBM 众多工程师、客服人员和管理者不断超越自我、追求卓越的表现。

21 世纪初，IBM 把独立的支持、服务、售前、售后和 Call Center（呼叫中心）

整合成了一个全方位的服务体系，利用 800 号热线以及蓝色快车服务体系为用户提供服务。

为了实现"IBM 就是服务"，IBM 采取了两项措施来保证优质的服务：一是选择、培养优秀推销员，二是选择、培养为客户服务的"客户工程师"。IBM 还针对某些中高端用户推出了"3+3+3"的服务概念，即"三年的人工、三年的备件、三年的到场安装"。事实证明，这种新服务模式，一方面使更多客户的要求得到了满足，另一方面使 IBM 的服务质量提到了一个更高的层次。

根据公司规定，IBM Call Center 要求电话铃响后，必须在 12 秒内有人接听电话，接起来又因故挂断的挂断率不超过 5%。客户不需要重复自己的话，他们的任何一个问询电话都会在 24 小时内得到答复，90％的客户投诉会在 7 天内得到妥善处理。

可以说，正是因为对客户服务的重视，才会让客户得到满意，才会让 IBM 获得更大的成功，让 IBM 成为一个跨时代的经典。

（资料来源：http://server.zol.com.cn/233/2335434.html.）

10.1 服务营销概述

10.1.1 服务概述

1. 服务的特点

服务，是指一方能够向另一方提供的基本上是无形的任何行为或绩效，并且不导致任何所有权的产生。它的生产可能与某种物质产品相联系，也可能毫无联系。服务不同于实体产品，其特点主要体现在以下 4 方面。

（1）无形性

服务的性质及组成元素很多时候都是无形无质的，让人不能触摸或凭肉眼看得见其存在。同时，享用服务后所得到的利益也是很难被察觉或要在一段时间后才能被感觉到。

（2）不可分割性

服务的提供与其消费对象紧密相连，不可分离，即营销服务的生产过程与消费过程是同时同地进行，营销服务人员提供营销服务的同时，也就是消费者消费营销服务之时。

（3）可变性

服务的构成成分及其质量水平经常变化，很难统一界定。营销服务是以人为中心的产业。由于人的个性的存在，使得对营销服务质量的检验很难采用统一的标准，即其标准化和统一化程度是很低的。

（4）不可储存性

服务的无形性以及服务的生产与消费的同时进行，使服务不可能像有形产品那样被储存起来。

2. 服务的内容

产品营销服务是产品营销中的重要环节。产品营销服务能保证产品的正确使用，降低不正确使用的风险；又能收集用户对企业产品的反馈意见，增加企业对目标顾客群的了解，从而及时对产品进行改进和革新。产品营销服务的内容，见表 10-1。

表 10-1　营销服务的内容

序号	服务类型	服务内涵	具体内容
1	售前服务	在产品销售前给顾客提供的服务，主要表现为帮助顾客准确制订需求计划，购买合适的产品	广告服务、咨询服务、消费信贷服务、精心布置购物环境、合理安排营业时间等
2	售中服务	在销售产品过程中给顾客提供的服务，表现为帮助顾客正确选购产品	以良好态度接待顾客、热情周到地介绍产品、现场操作示范、耐心解答顾客疑难、商品包装服务、送货服务等
3	售后服务	在产品售出后给顾客提供的服务，主要表现为帮助顾客解决其使用过程中存在的问题	安装调试服务、为顾客提供专门培训、产品维护维修服务、退换货服务、电话回访和人员回访、建立顾客档案、妥善处理顾客投诉等

案例 10-1

农民修车不花钱服务

销售下乡，服务也要下乡。农村地区的售后服务是"汽车下乡"较重要的环节之一，也是软肋。

哈飞汽车于近日推出"修车不花钱"服务。2009 年 3 月 1 日至 12 月 31 日，凡购买哈飞民意指定车型的用户自购车之日起在 2 年或 10 万公里内，因产品质量产生的任何故障问题，可享受免费维修。长安汽车推出"360 度无忧关怀"24 小时服务，内容包括：指定车型修车不花钱；针对所有车型，只要发动机有故障，就免费更换。

2009 年，哈飞汽车计划新增县市级服务网点 200 余家，并继续完善流动服务。对于网络暂时覆盖不到的地区，哈飞将送服务、备件上门，加强对农村用户的汽车使用培训，进一步提高用户使用的满意程度。

长安将在 2008 年增加 1000 多家销售服务网点的基础上，2009 年新增 1000 家"长安亲情之家"。这些网点全部铺设到县镇一级，既负责销售，又方便农村用户修车。

上汽通用五菱在村一级设立了首家销售服务站，农民朋友在家门口即可买车、修车。

（资料来源：刘成芳. 2009. 借力摩托车及家电企业 汽车下乡用上跨界营销. 中国汽车报，（3）.）

3. 服务的作用

（1）提高顾客的满意度

顾客满意，是指一个人对一种产品感知到的效果与他的期望值比较后，所形成的愉悦或失望的感觉状态。其中期望值主要基于顾客过去的购买经验、朋友和伙伴的种种言论以及营销者的承诺。

这个定义表明，顾客的满意水平是可感知的效果与期望值之间的差异函数，如果感知效果低于期望，顾客就会不满意，甚至会产生抱怨或投诉；如果感知效果与期望相匹配，顾客就会满意；而如果感知效果超越了期望，顾客就会高度满意或者欣喜，高度满意的顾客往往会忠诚于企业的产品或品牌。

顾客满意，考虑问题的起点是顾客，它要建立的是企业形象，是企业为顾客服务，使顾客感到满意的系统。企业实施顾客满意的营销战略主要包括开发顾客满意的产品、提供顾客满意的服务、进行顾客满意观念的教育、建立顾客满意分析方法体系。

虽然高度满意的顾客对于企业而言具有重要意义，但企业不能不顾一切地追求顾客的满意度，企业应在保证其他利益相关者，如股东、员工、分销商、供应商等，至少能够接受的满意水平下，尽力提高顾客的满意度。

（2）提高顾客的忠诚度

顾客忠诚，是顾客满意的行为化，是指顾客对某一企业、某一品牌的产品或服务的认同与信赖。顾客忠诚是顾客满意的不断强化的结果，是顾客在理性分析基础上的肯定、认同和信赖。

1）顾客忠诚的层次（见表 10-2）。

表 10-2　顾客忠诚的层次

序号	类型	内涵
1	认知忠诚	基于产品或服务满足了顾客的个性化需求而形成的忠诚
2	情感忠诚	基于使用产品或服务获得持久满意而形成的对该产品或服务的忠诚
3	行为忠诚	基于企业提供的产品或服务成为顾客不可或缺的需要和享受而形成的忠诚,表现为长期关系的维持和重复购买,对企业产品的重点关注

2）顾客忠诚对企业发展的意义。

① 忠诚顾客可以为企业带来更多的利润，这主要来自于忠诚顾客的重复购买行为和对企业新产品和服务的鼎力支持。

② 忠诚顾客可以对其他顾客产生影响，从而可以为企业带来新的顾客，增加企业的市场份额，这主要来自忠诚顾客的义务宣传。

③ 忠诚顾客可以为企业提供很多意见和建议，而这些意见与建议可以为企业改进和提高管理水平、提高产品或服务的质量、设计开发新产品或服务提供有益的参考。

④ 借助于忠诚顾客的影响，企业可以更加容易地处理不满意顾客的投诉和抱怨。

⑤ 忠诚顾客群体的扩大有助于企业竞争能力的提升，从而有利于企业长期卓越的发展。

3）顾客忠诚的衡量（见表 10-3）。

表 10-3　顾客忠诚的衡量

序号	衡量指标	具体内容
1	客户重复购买率	考核期间，客户对某企业或某品牌或某一产品重复购买的次数越多，说明其对该企业或品牌或产品的忠诚度越高
2	客户对企业产品和品牌的关心程度	一般来说，对企业的产品或品牌予以关注的程度越高，表明其忠诚度越高
3	客户需求满足率	一定时间内客户购买某产品的数量占其对该类产品或服务全部需求的比例。这个比例越高，表明客户的忠诚度越高
4	客户对产品价格的敏感程度	客户对产品价格的敏感程度越低，表明其忠诚度越高
5	客户对竞争者产品的态度	客户对竞争者产品表现出越来越多的偏好，表明其忠诚度下降
6	客户对企业产品的认同度	如果客户经常向身边的人推荐企业产品，或在间接的评价中表示认同，则表明其忠诚度较高
7	客户购买时的挑选时间	客户在挑选产品的时候，时间越短，其忠诚度越高
8	客户对产品质量事故的承受力	客户忠诚度越高，对出现的质量事故也越宽容

案例 10-2

泰国东方饭店的服务策略

　　泰国东方饭店堪称亚洲之最，不提前一个月预订是很难有入住的机会，而且客人大多来自西方发达国家。东方饭店经营得如此成功，他们有什么特别的优势吗？他们有什么新鲜独到的招数吗？回答是否定的。那么，他们究竟靠什么获得骄人的业绩呢？要找到答案，不妨先来看看一位姓王的老板入住东方饭店的经历。

　　王老板因生意需要经常去泰国，第一次下榻东方饭店就感觉很不错，第二次再入住时，他对饭店的好感迅速升级。那天早上，他走出房间去餐厅时，楼层服务生恭敬地问道："王先生是要用早餐吗？"王老板很奇怪，反问："你怎么知道我姓王？"服务生说："我们饭店有规定。晚上要背熟所有客人的姓名。"这令王老板大吃一惊，因为他住过世界各地无数高级酒店，但这种情况还是第一次碰到。王老板走进餐厅，服务小姐微笑着问："王先生还要老位子吗？"王老板更吃惊了，心想尽管不是第一次在这里吃饭，但最近的一次也有一年多了，难道这里的服务小姐记忆力这么好？看到他吃惊的样子，服务小姐主动解释说："我刚刚查过电脑记录，您去年 6 月 8 日，在靠近第二个窗口的位子上用过早餐。"王老板听后兴奋地说："老位子！老位子！"小姐接着问："老菜单，一个三明治，一杯咖啡，一个鸡蛋？"王老板已不再惊讶了："老菜单，就要老菜单。"

　　王老板就餐时餐厅赠送了一碟小菜，由于王先生第一次看到这种小菜，就问："这是什么？"服务生退两步说："这是我们特有的小菜。"服务生为什么要先后退两步呢？他是怕自己说话时口水不小心落在客人的食物上。这种细致的服务不要说在一般酒店，就是在美国最好的饭店里王老板都没有见过。

　　后来王老板两年没有再到泰国去。在他生日的时候突然收到一封东方饭店的生日贺卡，并附了一封信，信上说东方饭店的全体营销人员十分想念他，希望能再次见到他。王老板激动得热泪盈眶，发誓再到泰国去，一定要入住东方饭店，并且要说服所有的朋友像他一样选择东方饭店。

（资料来源：http://www.mie168.com/manage/2004-12/165415.htm.）

10.1.2 企业服务质量

1. 服务质量构成要素

服务质量，是指服务工作能够满足顾客需求的能力或指服务实绩符合顾客期望的程度。服务质量，一般来说是一个主观范畴，取决于顾客把感受的服务与预期的服务（由过去的感受、口碑和服务企业的广告所形成的）进行比较。服务质量的构成要素见表10-4。

表 10-4 服务质量的构成要素

序号	衡量指标	具体内容
1	可靠性	可靠、准确地履行服务承诺的能力
2	响应性	帮助顾客并迅速提供服务的意愿
3	保证性	营销人员所具有的知识、礼节以及表达出自信与可信的能力
4	移情性	让顾客感受到企业给予他们的照顾与关注
5	有形性	有形的设施、设备、人员和沟通材料的外表

2. 服务质量的改进方法

1）标准跟进。向竞争者学习，是指企业将自己的产品、服务和市场营销过程同市场上的竞争对手，尤其是最强的竞争对手的标准相比较，在比较和检验的过程中寻找自己的差距，从而提高自身服务的水平。

2）蓝图技巧。蓝图，也称服务蓝图，是指详细描绘企业服务过程和服务系统的图片或示意图。蓝图技巧是指企业借助流程图的方法分析服务流程的各个方面，鉴别顾客同服务人员的接触点，并从这些接触点出发来改进企业服务质量的方法。

另外，控制售后服务质量的最佳途径是在产品开发阶段就简化售后服务。设计出的新产品模块化和标准化，既不过于复杂也不简单，以便最大程度减少售后服务的困难。例如，在产品开发时，通过模块设计，生产出模块化、标准化的产品，此时，售后服务人员就可以不必再对某个电路进行维修，而只需将故障集成块更换即可，这样将极大地提高售后服务的效率与质量水平。

10.1.3 客户关系生命周期

客户关系生命周期是产品生命周期概念在客户关系管理中的移植。企业的任何客户关系都会经历从开拓，经过成长、成熟、衰退以至终止业务关系的过程。人们把客户关系从开拓到终止的全过程称为客户关系生命周期。

客户关系生命周期可分为考察期、形成期、稳定期和退化期4个阶段。

1. 考察期

考察期是客户关系的孕育期，在此阶段，双方考察和测试目标的兼容性、对方的诚意、对方的绩效，考虑如果建立长期关系双方潜在的职责、权利和义务。双方相互了解不足、不确定性大是考察期的基本特征，评估对方的潜在价值和降低不确定性是这一阶段的中心任务。

2. 形成期

形成期是客户关系的快速发展阶段，进入这一阶段，表明双方在考察期相互满意，并建立了一定的相互信任和交互依赖。在此阶段，双方从关系中获得的回报日趋增多，交互依赖的范围和深度也日益增加，逐渐认识到对方有能力提供令自己满意的价值（或利益）和履行其在关系中担负的职责，因此愿意承诺一种长期关系。

3. 稳定期

稳定期是客户关系的成熟期和理想阶段，在这一阶段，双方或含蓄或明确地对持续长期关系做了保证。这一阶段具有如下明显特征：双方对对方提供的价值高度满意；为能长期维持稳定的关系，双方都做了大量有形和无形投入；双方交易量很大。这一时期双方的交互依赖水平达到整个关系发展过程中的最高点，双方关系处于一种相对稳定状态。

4. 退化期

退化期是客户关系水平发生逆转的阶段。引起关系退化的原因很多，可能是一方或双方经历了一些不满意，也可能是需求发生了变化等。退化期的主要特征表现为：交易量下降；一方或双方正在考虑结束关系，甚至物色候选关系伙伴（供应商或客户）；开始交流结束关系的意图等。此时，企业有两种选择：一是加大对客户的投入，重新恢复与客户的关系，进行客户关系的二次开发；二是不再做过多投入，逐渐放弃这些客户。

10.1.4　企业合作营销

合作营销，是指企业之间通过建立长期稳定的合作关系，从而达到共同提高其收益、扩大市场占有率等营销目标的营销活动。

企业的合作主要包括与供应商合作、与分销商合作和与竞争者合作等。

1. 与供应商合作

企业与供应商之间密切合作，充分交流产品开发、质量等方面的信息，将更有利于双方营销目标的实现。要与供应商建立长期稳定的合作关系，企业应给予供应商合理的利润，以使供应商在产品设计、开发和制造等方面给予相当的支持与合作。

2. 与分销商合作

不同的分销商往往在产品特点、促销、交货方式、发货数量、商品陈列等方面，因商业习惯的不同而对企业提出不同的要求。为了适应不同分销商的要求，企业不能用一种固有的业务模式去和不同的分销商打交道，而必须按照不同分销商的具体特点和要求制定具体的营销对策。

3. 与竞争者合作

企业与竞争对手之间不仅存在着竞争，也存在着合作的可能性。当然，二者之间的竞争关系是主要的，但有时通过加强合作更有利于企业营销目标的实现，如合作开发新技术、新产品，合作开发新市场等。

10.2　客户服务策略

10.2.1　客户分类与分析

1. 客户分类

1）按客户的性质分类，客户可分为政府机构、特殊公司、普通公司、顾客个人和交易伙伴等。

2）按交易过程分类，客户可分为曾经有过交易业务、正在进行交易、即将进行交易的客户。

3）按时间序列分类，客户可分为老客户、新客户、潜在客户。

4）按交易数量和市场地位分类，客户可分为主力客户（交易时间长、交易量大的客户）、一般客户、零散客户。

2. 客户分析

1）客户构成分析。主要运用 ABC 分析法将客户分为 3 类，其中 A 类占累计销售额的 80%左右，B 类占 15%左右，C 类占 5%左右。

2）客户与本公司交易业绩分析。主要分析客户与本公司的交易情况，掌握各客户的月交易额和年交易额。

3）客户信用调查分析。主要调查了解客户的信用状况，根据其信用程度的高低来确定客户的信用限度，即信贷额度。

4）不同商品的销售构成分析。主要分析各种商品销售额的比例构成，以检查是否完成企业的商品销售任务和确定企业未来商品销售的重点。

5）不同商品利润率分析。主要分析企业各种商品的利润率，以确定企业未来产品开发的重点和发展方向。

6）不同商品周转率分析。主要分析各种商品的周转率，以检查商品的周转状况，了解商品资金的回笼情况。

10.2.2 客户管理内容与原则

1. 客户管理内容

1）基础资料。主要包括客户姓名、地址、电话，所有者、经营管理者、法人代表以及他们的性格、兴趣、爱好、家庭、学历、年龄、能力、创业时间、与本公司交易时间，企业组织形式、资产等（见表 10-5 和表 10-6）。

表 10-5　消费者个人或家庭资料卡

姓名		性别		住址	
学历		年龄		婚否	
工作单位		职业		性格	
购买商品		购买日期		付款方式	
备注					

表 10-6　客户或组织资料卡

组织名称		营业地址	
企业性质		经营规模	
联系电话		付款方式	
日销售额		营业状况	
订购商品		信用等级	
交易日期		信用额度	
备注			

2）客户特征。主要包括服务区域、销售能力、发展潜力、经营观念、经营方向、经营政策、企业规模、经营特点等。

3）业务状况。主要包括销售实绩、经营管理者和业务人员的素质、与其他竞争者的关系、与本公司的业务关系及合作态度等。

4）交易现状。主要包括客户的销售活动现状、存在问题、保持优势、未来的对策、企业形象、声誉、信用状况等（见表 10-7）。

表 10-7　客户情况综合评价表

序号	客户资料	评语	存在问题	改进措施
1	客户的基本情况			
2	每次订购量			
3	订购频率			
4	占公司销售总额的比例			
5	销售费用水平			
6	货款回收情况			
7	客户对本公司的评价			

续表

序号	客户资料	评语	存在问题	改进措施
8	客户对销售业务的支持程度			
9	访问计划			
10	延迟的情况			

2. 客户管理原则

1）动态管理。要求客户资料应不断加以调整，及时补充新的资料，保持动态性。

2）突出重点。要求透过客户资料找出重点客户（包括现有客户和未来、潜在客户）。

3）灵活运用。要求应以灵活方式及时全面地将客户资料提供给销售人员及其他有关人员，提高客户管理的效率。

4）专人负责。要求客户管理应确定具体的规定和办法，由专人负责，严格控制客户情报资料的利用和借阅。

10.2.3　客户投诉处理

1. 客户投诉内容

1）商品质量投诉。主要包括产品质量上有缺陷、与产品规格不符、产品技术规格超过允许误差、产品故障等。

2）购销合同投诉。主要包括产品数量、等级、规格、交货时间、交货地点、结算方式、交易条件等与原购销合同规定不符。

3）货物运输投诉。主要包括货物在运输过程中发生损坏、丢失、变质，以及因包装或装卸不当造成损失等。

4）顾客服务投诉。主要包括对企业各类人员的服务质量、服务态度、服务方式、服务技巧等提出的批评与抱怨。

2. 客户投诉处理原则

1）有章可循。企业要有专门的制度和人员来管理客户投诉的问题，且必须要做好各种预防工作，使客户投诉防患于未然。

2）及时处理。对于客户的投诉，各部门应通力合作，迅速做出反应，力争在最短的时间内全面解决问题，给客户一个圆满的结果。

3）分清责任。分清责任，不仅要分清造成客户投诉的责任部门和责任人，而且要明确处理投诉的各部门和各类人员的具体责任与权限以及客户投诉得不到圆满解决的责任。

4）留档分析。对每一起客户投诉及其处理都要做出详细记录，包括投诉内容、处理过程、处理结果、客户满意度等。

3. 客户投诉处理流程

1）记录投诉内容。利用客户投诉登记表（见表 10-8）详细地记录客户投诉的全部内容，如投诉人、投诉时间、投诉对象、投诉要求等。

表 10-8　客户投诉登记表

投诉客户名称		地址		联系方式
受理日期		受理编号		
客户要求				
受理单位意见	质量管理单位	受理单位	营业单位	其他单位

2）判定投诉是否成立。了解客户投诉的内容后，要判定客户投诉的理由是否充分，投诉要求是否合理。如投诉不成立，应以婉转的方式答复客户，取得客户的谅解，消除误会。

3）确定投诉处理责任部门。根据客户投诉的内容，确定相关的具体受理单位和受理负责人，如属于运输问题，交储运部门处理；属于质量问题，交质量管理部门处理等。

4）责任部门分析投诉原因。要查明客户投诉的具体原因及具体造成客户投诉的责任人。

5）提出处理方案。根据实际情况，参照客户投诉要求，提出解决投诉的具体方案，如退货、换货、维修、折价、赔偿等（见表 10-9）。

表 10-9　客户投诉处理表

受理投诉		投诉原因	处理经过	处理建议	
				对策	改进
编号					
内容					

6）提交主管领导批示。对于客户投诉问题，领导应予以高度重视，主管领导应对投诉的处理方案一一过目，及时做出批示。

7）实施处理方案。实施处理方案，处罚直接责任人，通知客户，并尽快地收集客户的反馈意见（见表 10-10）。

表 10-10　客户投诉处理通知书

客户姓名或名称			
订单编号		问题发生单位	
订购日期		制造日期	
索赔数量		制单号码	
索赔金额		订购数量	
		处理期限	
发生原因及调查结果	客户要求：A. 退货　B. 退换　C. 打折扣　D. 更换　E. 其他		
营业部观察结果			
处理及公司对策	公司对策实施要领		
	对策实施确认		

8）总结评价。对投诉处理过程进行总结与综合评价，吸取经验教训，提出改进对策，不断完善企业的经营管理和业务运作，以提高客户服务质量和服务水平，降低投诉率。

4. 客户投诉处理方法

1）鼓励顾客解释投诉问题。在有机会倾诉他们的委屈和愤怒之后，顾客往往会感觉好多了。因此，销售人员应让顾客充分地解释问题而不要打断他们。

2）获得和判断事实真相。销售人员必须谨慎地确定有关的事实信息，获得全面、客观的事实，以便能找出令人满意的解决方法。

3）提供解决办法。在倾听顾客意见，并从顾客的立场出发考察每一种因素之后，销售人员有责任采取行动和提出公平合理的最终解决办法。销售人员有责任解决问题，但不可做任何对公司形象有消极影响的评论，如指责运输部门、安装人员或公司其他人员等。

4）公平解决索赔。公司应提出一个公平合理的解决办法，解决方案的形式包括：①产品完全免费退换；②产品完全退换，顾客只支付劳动力和运输费用；③产品完全退换，由顾客和公司共同承担相关费用；④产品完全退换，由顾客按折扣价格支付；⑤产品送往公司的工厂再做决定；⑥顾客承担维修费用；⑦顾客向第三方索赔。

5）建议推销。建议推销，是指建议顾客购买与主要产品相关的其他产品或服务的过程。只有当销售人员感到附加产品项目能够增强顾客的满意水平时，才可进行建议推销。

6）建立商誉。商誉，是顾客对销售人员、企业及其产品的一种积极的感情和态度。推销过程中的最终推动力，尤其是售后服务，应该以良好的商誉为导向。

案例 10-3

2001 年某日，在某购物广场，顾客服务中心接到一起顾客投诉事件，顾客说从该购物广场购买的"晨光"酸牛奶中喝出了苍蝇。投诉的内容大致是：顾客李小姐从该购物广场购买了晨光酸牛奶后，马上去一家餐馆吃饭，吃完饭李小姐随手拿出酸牛奶让自己的孩子喝，自己则在一边跟朋友聊天，突然听见孩子大叫："妈妈，这里有苍蝇。"李小姐寻声望去，看见小孩喝的酸牛奶盒里（当时酸奶盒已被孩子用手撕开）有只苍蝇。李小姐当时火冒三丈，带着小孩来购物广场投诉。正在这时，有位值班经理看见便走过来说："你既然说有问题，那就带小孩去医院，有问题我们负责！"顾客听到后，更是火上加油，大声喊："你负责？好，现在我让你去吃 10 只苍蝇，我带你去医院检查，我来负责好不好？"边说边在购物广场里大喊大叫，并口口声声说要去"消协"投诉，引起了许多顾客围观。

该购物广场顾客服务中心负责人听到后马上前来处理，赶快让那位值班经理离开，又把顾客请到办公室交谈，一边道歉一边耐心地询问了事情的经过。

询问重点包括：①发现苍蝇的地点（确定餐厅卫生情况）；②确认当时酸牛奶的盒子是撕开状态而不是只插了吸管的封闭状态；③确认当时发现苍蝇是小孩先发现的，大人不在场；④询问在以前购买"晨光"牛奶有无相似情况？

在了解了情况后，购物广场方提出了处理建议，但由于顾客对值班经理"有问题去医院检查，我们负责"的话一直耿耿于怀，不愿接受购物广场方的道歉与建议，使交谈僵持了两个多小时之久，依然没有结果，最后购物广场负责人只好让顾客留下联系电话，提出换个时间与其再进行协商。

第二天，购物广场负责人给顾客打了电话，告诉顾客：我购物广场已与"晨光"牛奶公司取得联系，希望能邀请顾客去"晨光"牛奶厂家参观了解晨光牛奶的流水生产线（生产—包装—检验全过程全是在无菌封闭的操作间进行的），并提出，本着购物广场对顾客负责的态度，如果顾客要求，我们可以联系相关检验部门对苍蝇的死亡时间进行鉴定与确认。由于顾客接到电话时已经过了气头，冷静下来了，而且也感觉购物广场负责人对此事的处理方法很认真严谨，顾客的态度一下缓和了许多。这时购物广场又对值班经理的讲话做了道歉，并对当时顾客发现苍蝇的地点——（并非是环境很干净的小饭店）、时间（大人不在现场、酸奶盒没封闭，已被孩子撕开）等情况做了分析，让顾客知道这一系列情况都不排除是苍蝇落入（而非牛奶本身带有）酸奶的情况。

通过购物广场负责人的不断沟通，顾客终于不再生气了，最后告诉购物广场负责人：他们其实最生气的是那位值班经理的话，既然购物广场对这件事这么重视并认真负责处理，所以他们也不会再追究了，他们相信苍蝇有可能是小孩喝牛奶时从空中掉进去的。顾客说："既然你们真的这么认真地处理这件事，我们也不会再计较，现在就可以把购物小票撕掉，你们放心，我们会说到做到的，不会对这件小事再纠缠了！"

（资料来源：http://tieba.baidu.com/f?kz=295872287.）

10.3　营销人员服务策略

营销人员是企业非常重要的"内部客户"，开展对营销人员的内部营销对于企业而言，非常重要且非常有必要。内部营销是指培养公司的经理和雇员都树立以顾客为中心的观念，在企业或组织内创造一种营销文化，成功地雇佣、训练和尽可能激励员工很好地为顾客服务的工作。对营销人员的内部营销主要包括营销人员的激励管理、满意度与压力管理以及职业生涯管理。

10.3.1　营销人员管理理论

1. 目标管理理论

（1）目标管理的特点

目标管理（MBO）是美国管理学者彼得·德鲁克于1954年首先提出来的，现已被世界各国广泛应用。所谓目标管理，是指以制定和实现目标为中心，被管理者自主控制达标过程，管理者实行最终成果控制的一种现代管理思想与管理方法。目标管理的特点见表10-11。

表 10-11　目标管理的特点

序号	特点	具体内容
1	以科学的目标体系为中心	根据企业的战略目标，通过发动全体营销人员共同参与，在企业内部建立起一个纵横交错、相互联系的目标体系与工作系统
2	实行自我控制	目标管理，首先是一种民主管理，它让全体营销人员参与管理。不但在制定目标时，充分尊重其愿望，增强责任感和工作兴趣，特别是实现目标的过程更要由营销人员实行自我控制，鼓励人们自觉地努力追求目标的实现，通过自我控制实现组织和个人的目标
3	注重成果评价	目标管理放开过程的直接控制而强调成果，以目标实现状况评价营销人员的绩效，是一种成果管理；同时，把评定的成果与每个人的晋级、提升、加薪等结合起来，以成果作为确定奖酬的依据

（2）目标管理的步骤

目标管理由目标制定、目标实施和成果评价 3 个阶段组成。

1）目标制定。

① 建立目标体系。按照科学的程序制定组织的总目标，并将组织的总目标分解为各个单位的具体目标。

② 建立严格的目标责任制。把以总目标为核心的目标体系中的各分目标分别落实到下属各部门、各单位直至营销人员个人。

③ 制订对策计划。认真分析实施目标的主、客观条件，找出目标展开的问题点，制订系统、可行的目标实施的对策计划。

2）目标实施。

① 权限下放和自我控制。在目标实施过程中，上级应对下级进行充分授权，使下级拥有完成目标的必要权力，同时，充分信任下级，对于目标实施的具体途径和方法，则应完全由下级自由选择。

② 下级在目标实施过程中，一方面要依靠自己的判断充分行使下放给自己的权力，努力达到目标；另一方面，要对照自己的目标检查行动，实现自我控制。

③ 对实施过程的检查与控制。检查一般实行下级自查报告和上级巡视指导相结合的办法。在检查的基础上，应将目标实施的各项进展情况、存在的问题等用一定的图表和文字反映出来，对目标值和实际值进行比较分析，实行目标实施的动态控制。

3）成果评价。成果评价一般实行自我评价和上级评价相结合的方法，共同协商确认成果。目标成果评价有 3 个基本指标，即达到程度、复杂困难程度、努力程度，另有调整指标——修正值。

① 达到程度。一般采用实际值与目标值进行比较，根据达到程度分为 A、B、C 3 级。

② 复杂困难程度。复杂困难程度一般通过协商确认，也分为 A、B、C 3 级。

③ 努力程度。根据对达标过程中的种种条件分析，将努力程度分为 A、B、C 3 级。

④ 修正值。针对达标过程中出现的非本人责任或个人努力可以排除的不利条件，修正数值，得到各项目标评定值。

案例 10-4

俞敏洪：相信奋斗的力量

我们每一个人做的每一件事情就是通过自己的努力去改变命运。我对新东方的人说"相信努力和奋斗一定能改变你的命运"。你撒下麦子未来一定收获麦子，撒下稻子一定收获稻子，关键是这个过程中怎么样施肥、除草，让土地肥沃，使收获更多。过程可能决定结果。我曾问过袁隆平老师："你曾经想到过杂交水稻培育成功吗？"他说："没关注，只希望通过自己的努力提高产量，帮助中国农民解决生活问题。"热爱促成一切，兴趣促成一切，专注决定一切。

从我们个人来说，到底应该做些什么事情呢？一个人的一辈子有几个要素特别重要：第一，要有志向，有让自己生命光辉灿烂的愿望特别重要；第二，要用努力和奋斗来改变自己的现状，要专注地去做自己认为值得做的事情；第三，要坦然接受生命中所遇到的现实，并且把它化为动力。相信你的光辉灿烂会影响周围的世界，如果你的能量是正面的，你周围聚集的能量就越来越正面。

（资料来源：http://zqb.cyol.com/html/2013-02/06/nw.D110000zgqnb_20130206_3-05.htm.）

2. 激励理论

典型的激励理论包括双因素理论、公平理论和期望理论等。

（1）双因素理论

双因素理论，也称保健-激励理论，是美国心理学家弗雷德里克·赫茨伯格于 20 世纪 50 年代后期提出来的，他将影响人的积极性的因素归结为保健因素与激励因素两大类，故简称为"双因素理论"。

1）保健因素。是指属于和工作环境或条件相关的因素，包括管理政策与制度、监督系统、工作条件、人际关系、薪金、福利待遇、职务地位、工作安全等因素。当人们得不到这些方面的满足时，便会产生不满，从而影响工作；但当人们得到这些方面的满足时，只是消除了不满，却不会调动人们的工作积极性，即不起明显的激励作用。因此，称其为"保健因素"。

2）激励因素。是指属于和工作本身相关的因素，包括工作成就感、工作挑战性、工作中得到的认可与赞美、工作的发展前途、个人成才与晋升的机会等。当人们得不到这些方面的满足时，工作缺乏积极性，但不会产生明显的不满情绪；当人们得到这些方面的满足时，会对工作产生浓厚兴趣，产生很大的工作积极性，起到明显的激励作用。因此，称其为"激励因素"。

（2）公平理论

公平理论，又称社会比较理论，是美国心理学家亚当斯于 1965 年首先提出来的。该理论指出，营销人员的积极性不仅受其所得"绝对报酬"的影响，更会受到"相对报酬"的影响。相对报酬，一是指营销人员把自己目前的所得与贡献和过去的所得与贡献相比较；二是将自己的所得与贡献和他人的所得与贡献相比较。用公式表示为

$$R_m / C_m = R_o / C_o$$

其中：R_m、C_m 表示营销人员对自己目前所得的报酬及对组织的贡献的估计；R_o、C_o 表示营销人员对其过去所得的报酬及对组织的贡献的估计或营销人员对他人所得的报酬及他人对组织的贡献的估计。

如果营销人员觉得相对报酬是公平的，则他会为此保持工作的积极性和努力程度；如果营销人员觉得获得了过高的报酬或付出的努力较少，则一般来说，他不会要求减少报酬，而有可能会自觉地增加自我的付出，但过一段时间后，他就会重新因过高估计自己的付出而对高报酬心安理得，于是其产出又会回到原先的水平；如果营销人员觉得相对报酬低于过去或其他营销人员，他就会对组织的激励措施感到不公平，此时他可能会要求增加报酬，或者自动减少付出，以便达到心理上的平衡。

（3）期望理论

期望理论，是美国心理学家 V·弗鲁姆于 1964 年首先提出来的。该理论认为，一种行为倾向的强度取决于个体对这种行为可能带来的结果的期望强度，以及这种结果对行为者的吸引力。一个人从事某项活动的动力（受激励的程度）取决于个人对行动的全部预期成果（无论是积极成果还是消极后果）的主观估计乘以其对这种预期成果实现可能性的主观估计。用数学公式表示为

$$M = V \times E$$

其中：M 表示激励力；V 表示某项行动的预期成果；E 表示该项行动实现的可能性。

对于某一项工作任务，如果营销人员认为它对企业及个人都很重要，而且完成的可能性较大，那么他承担该任务的积极性就高；反之，如果营销人员认为该任务意义不大，或者虽然有意义，但由于对形势的估计比较悲观，觉得完成该项任务的可能性很小，则他的积极性就会很小。

10.3.2 营销人员满意度与压力管理

1. 营销人员满意度管理

营销人员，是企业利润的创造者，是企业的"内部客户"，如果营销人员对企业的满意度高，他们就会努力工作，为企业创造更多价值，以企业为家。因此，一个追求成功的企业应当重视如何提高营销人员的满意度。

（1）保障营销人员合法权益

企业应严格按照国家法律办事，维护营销人员在劳动报酬、劳动保护、集体福利、个人隐私等方面的合法权益。

（2）创造公平竞争的环境

公平体现在企业管理的各个方面，如招聘时的公平、绩效考评时的公平、报酬系统的公平、晋升机会的公平、离职时的公平等。公平的企业可以使营销人员满意，使营销人员能够心无杂念地专心工作。

（3）创造追求进步的企业氛围

从营销人员角度来看，自身的发展进步已经成为他们衡量自己的工作和生活质量的

一个重要指标。一个企业，发展的机会多，培训的机会多，就意味着晋升的机会多，营销人员就会比较满意。

（4）创建自由开放、相互尊重的企业氛围

现代社会中，人们都希望在企业里自由平等地沟通。自由开放的企业应当拥有一个开放的沟通系统，以促进营销人员间的沟通，增强营销人员的参与意识，促进上下级之间的意见交流，促进工作任务更有效地传达。

（5）关爱营销人员

一个关爱营销人员的企业必将使营销人员满意度上升。关爱营销人员的企业要给予营销人员良好的工作环境，给予营销人员足够的工作支持；要善于鼓舞营销人员的士气，适时地给营销人员以夸奖和赞扬；要重视营销人员的身心健康，注意缓解营销人员的工作压力。

案例 10-5

海信人才观

人才是海信的第一资源。海信公司海纳百川，荟萃精华。无论是学历高的人员及高级管理人员，还是战斗在生产、销售、科研、服务一线，用自己勤劳的双手，发挥自己聪明才智，不断开创海信事业的普通工人、管理人员、营销人员、普通科研工作者，都同样是海信不断发展、不可或缺的优秀人才。

海信求人观——"能力主义"而非"学历主义"。

有能力又有责任心的营销人员是优秀的营销人员，有能力而没有责任心的营销人员是不合格的营销人员。

海信用人观——"岗能相宜"。

岗适其能、人得其位。每个岗位选择最适合的人，每个人在海信都能找到最适合自己的岗位。

海信育人观——"品格筑基，能力成器"。

品格是衡量人才的前提条件，品格修养越高，培养的能力和发挥的作用就越大。在海信的人力资源开发工作中，品格与能力都是企业宝贵的资源。

海信晋人观——"业绩加潜质，品格加才干"。

业绩突出是晋升的基础，而个人相对于未来职位的发展潜质也同样必要。没有业绩，不能晋升；没有发展潜质，同样也不能晋升，这与海信的"用人观"是一致的。与此同时，品格和才干也是人才晋升的必要条件。

海信留人观——"事业留人、待遇留人、情感留人"。

重视营销人员个人价值的体现。让大家在为海信工作的同时，个人事业有所成就，物质生活极大改善，营造一个有情感的大家庭，使大家在家的温情的感染下互相关心、互相支持、共同提高。

（资料来源：http://www.dajie.com/corp/1001799/discuss/35557.）

2. 营销人员压力管理

社会的急剧变化、不确定性和无处不在的竞争都给营销人员造成了巨大的压力。困惑、焦虑、紧迫感成为社会普遍存在的心理状态。因此，企业应做好营销人员的压力管理，以提高营销人员的工作生活质量。

1）实施营销人员协助计划。营销人员协助计划（EAP），是指通过专业人员针对营销人员的职业心理健康、职业生涯发展、健康生活方式、法律纠纷、灾难性事件、裁员心理危机乃至理财等方面，对营销人员及其直属亲人提供诊断甄别、治疗预防、专业指导、培训和咨询建议，使营销人员在纷繁复杂的个人问题的压力中得到解脱，减轻营销人员的压力，维护其心理健康。

2）创造比较宽松的环境，减轻营销人员压力。健全和完善企业规章制度，如比较完备的退休保障制度、公正的绩效评价和奖酬制度等，它们是减轻营销人员压力的有效措施。

3）科学设计工作内容。过于复杂的工作（如高级主管职位）和过于简单的工作（如装配线生产）都会让工作人员产生过大的心理压力，通过工作内容的丰富化和工作时间及场所的弹性设计，可以减轻这方面的压力。

4）开展有益的文体活动。有益的文体活动可以调节人的生理心理状态，缓解工作和生活压力。

案例 10-6

宝洁公司的营销人员减压机制

宝洁公司深信，公司利益与营销人员利益息息相关，因此，宝洁（中国）公司非常重视营销人员的利益，重视使营销人员在各方面都得到发展，为此，公司非常重视激励机制和减压机制的建设。

在提高营销人员待遇方面，宝洁公司有着悠久的历史。早在20世纪80年代，宝洁公司就首创了一周五天半的工作制及利润分享制，每个营销人员按照薪资总额的比例领取现金股利，每年两次，震惊了美国产业界。在中国，宝洁公司不希望营销人员因为金钱的缘故而离开。为了吸引和留住优秀营销人员，宝洁（中国）公司提供的福利薪酬待遇在同行业中属于佼佼者。公司每年都做工资市场调查，不断调节薪酬系统，以确保宝洁公司的工资具有竞争力，并提供了一系列的福利措施。

在住房福利方面，公司会为新营销人员安排1个月的暂时住所，且无需支付房租。公司为营销人员提供医疗福利，营销人员只需支付小部分的门诊费用和极少部分的住院费用。自正式加入公司起，营销人员享受人寿保险和人身意外伤害保险两项人身保险，保险费全部由公司负担。公司为所有因公务出差的营销人员提供宝洁公司全球差旅意外保险，在发生人身意外死亡情况下，公司将赔偿营销人员的直系亲属3倍的年薪。根据其服务年限，营销人员每年可以享受一定工作日的假期。此外，营销人员每年除享受国家法定的公共假期外，公司还给予 4 天全薪假日，分别在中秋节和圣诞节期间。为了让营销人员有更全面分享公司成功的机会，正式营销人员可以参加股票选择计划，有权在参加该计划的第六年到第十年间得到一定数量的宝洁公司普通股的增值部分。

为了减轻营销人员生活的压力，使营销人员能够全身心地投入到工作中来，公司提供了完善的减压机制。公司为营销人员安排了很多生活方面的培训，例如，怎么照顾小孩，怎么理财，怎么结婚，怎么买房子。公司有关机构还为营销人员提供各种咨询，解决心理、身体方面的困惑，只需打一个免费电话即可得到公司的免费服务。公司还设立了很多俱乐部及健身房，希望营销人员在工作之外有一个丰富多彩的生活。

（资料来源：http://www.tjwto.com/qyfz/ShowArticle.asp?ArticleID=92.）

10.3.3　营销人员职业生涯管理

1. 职业生涯管理的含义

所谓职业生涯，是指一个人一生的工作经历，特别是职业、职位的变迁及工作理想的实现过程。职业生涯管理，就是帮助营销人员设计及实现合理的职业生涯计划。

2. 职业生涯管理的途径

1）纵向发展。营销人员职务等级由低级到高级的提升。

2）横向发展。在同一层次不同职务之间的转移。

3）向核心方向发展。指虽然职务没有发生变动，但担负更多的责任，有更多的机会参加组织的决策活动。

3. 职业生涯管理的主要内容

1）公布企业发展规划及政策。让营销人员了解企业发展对人才的需要，画出职务分布地图、晋升路线、任职资格，明确内部晋升政策，使营销人员看到希望，稳定职工队伍，激发营销人员上进心。

2）实行自我申报。通过自我申报，深入了解营销人员的兴趣、愿望、理想、目标，在此基础上创造更多的岗位和新的职位，满足营销人员职业发展计划的实现，如满足其工作岗位的变动、职务升迁的需求。

3）讨论和咨询。每个人对自己的一生都有某种设想，这些设想可能是现实的，也可能是不现实的。管理人员必须关心营销人员的职业生涯设想，给予必要的指导，使他们的生涯计划建立在现实、合理的基础上。

4）有计划地安排培训。根据营销人员现任职务以及晋升计划，安排必要的培训，为实现其职业生涯发展创造有利的条件，使他们在工作中感受到个人的成长与发展，从而激发他们对企业的忠诚感与献身精神。

5）引导营销人员进入组织需要的工作领域。企业应牢固树立人力资源开发的思想，真正把职业管理看成培养人的重要途径。同时，准确把握营销人员的主导需求，把企业目标与营销人员个人目标有机地统一起来，引导营销人员积极主动工作，减少挫折和失落感。

案例 10-7

海尔营销人员的职业生涯培训

海尔集团自创业以来一直将培训工作放在首位，上至集团高层领导，下至车间一线操作工人，集团根据每个人的职业生涯设计为每个人制订了个性化的培训计划，搭建了个性化发展的空间，提供了充分的培训机会，并实行培训与上岗资格相结合制度。

1）"海豚式升迁"，是海尔集团培训的一大特色。海豚是海洋中最聪明、最有智慧的动物，它下潜得越深，则跳得越高。如一个工作人员进厂以后工作比较好，但他是从班组长到分厂厂长做起来的，主要是生产系统；如果现在让他担任一个事业部的部长，那么他对市场系统的经验可能就非常缺乏，就需要到市场上去。到市场去之后他必须到下边从事最基层的工作，然后从这个最基层岗位再一步步做上来。如果能做上来，就上岗；如果做不上来，则就地免职。

有的经理已经到达很高的职位，但如果缺乏某方面的经验，也要派他下去；有的各方面经验都有了，但处事综合协调的能力较低，也要派他到这些部门来锻炼。这样对一个干部来说压力可能较大，但也培养锻炼了干部。

2）"届满要轮流"，是海尔集团培训技能人才的一大措施。一个人长久地干一样工作，久而久之形成了固化的思维方式及知识结构，这对海尔集团这种以"创新"为核心的企业来说是难以想象的。目前海尔已制定明确的制度，规定了每个岗位最长的工作年限。

3）实战方式，也是海尔集团培训的一大特点。例如，海尔集团常务副总裁柴永林，是 20 世纪 80 年代中期在企业发展急需人才的时候入厂的。一进厂，企业没有给他出校门进厂门的适应机会，因为时间不允许。一上岗，在他稚嫩的肩上就压上了重担，从国产化、引进办，后又到进出口公司的一把手，领导们看得出来他很累，甚至压得他喘不过气来。有一阶段工作也上不去，但领导发现，他的潜力还很大，只是缺少了一些知识，需要补课，为此就安排他去补质量管理和生产管理的课，到一线去锻炼（检验处长、分厂厂长岗位），边干边学，拓宽知识面，积累工作经验。在较短的时间内他成熟了，担起了一个大型企业副总经理的重任。由于业绩突出，1995 年他又被委以重任，接收了一个被兼并的大企业，这个企业的主要症结是：亏损、困难较大、离市场差距较远。他不畏困难，一年后就使这个企业扭亏为盈，企业两年走过了同行业 20 年的发展路程，成为同行业的领头雁，也因此成为海尔吃"休克鱼"的典型范例，被美国哈佛大学收入其工商管理案例库。之后他不停地创造奇迹，被《海尔人》誉为"你给他一块沙漠，他还给你一座花园"的好干部。

（资料来源：http://www.lm.gov.cn/gb/employment/2005-11/17/content_93382.htm.）

EQ 寄语

　　人人都有梦想，都渴望成功，都想找到一条成功的捷径。然而一分耕耘，一分收获，成功不可能一蹴而就，唯有脚踏实地、务实肯干，耐得寂寞，勤于积累，苦练基本功，把每一件平凡的小事做到极致，才有可能成功。作为市场营销人员，我们同样必须脚踏实地，从小事做起，一步一个脚印，实现营销职业生涯的发展。

能 力 训 练

一、知识训练

1. 判断题

1）营销人员是企业利润的创造者，是企业的"内部客户"，如果营销人员对企业的满意度高，他们就会努力工作，为企业创造更多价值，以企业为家。因此，一个追求成功的企业应当重视提高营销人员的满意度。　　　　　　　　　　　　　　　（　　）

2）虽然高度满意的顾客对于企业而言具有重要意义，但企业不能不顾一切地追求顾客的满意度。　　　　　　　　　　　　　　　　　　　　　　　　　　　　（　　）

3）目标管理是一种过程管理，它强调对过程的直接控制，以过程控制状况评价营销人员的绩效。　　　　　　　　　　　　　　　　　　　　　　　　　　　　（　　）

4）一个人从事某项活动的动力（受激励的程度）取决于个人对行动的全部预期成果的主观估计乘以其对这种预期成果实现可能性的主观估计。　　　　　　　　（　　）

5）双因素理论指出，营销人员的积极性不仅受其所得"绝对报酬"的影响，更会受到"相对报酬"的影响。　　　　　　　　　　　　　　　　　　　　　　　（　　）

6）社会的急剧变化、不确定性和无处不在的竞争都给营销人员造成了巨大的压力。困惑、焦虑、紧迫感成为社会普遍存在的心理状态。因此，企业应做好营销人员的压力管理，以提高营销人员的工作生活质量。　　　　　　　　　　　　　　　　（　　）

2. 选择题

1）基于产品或服务满足了顾客的个性化需求而形成的忠诚，是指（　　　）。
　　A. 顾客忠诚　　　B. 认知忠诚　　　　C. 情感忠诚　　　　D. 行为忠诚

2）以制定和实现目标为中心，被管理者自主控制达标过程，管理者实行最终成果控制的现代管理思想与管理方法，是指（　　　）。
　　A. 目标管理　　　B. 绩效管理　　　　C. 过程管理　　　　D. 服务管理

3）以下属于保健-激励理论中激励因素的是（　　　）。

A．福利待遇 B．工作条件

C．工作安全 D．工作的发展前途

4）企业帮助营销人员设计及实现其合理的职业生涯计划，是指（　　）。

A．营销人员满意度管理 B．营销人员压力管理

C．职业生涯管理 D．营销人员忠诚度管理

5）要求客户资料应不断加以调整，及时补充新的资料，保持动态性，是指客户管理的（　　）原则。

A．动态管理 B．突出重点 C．灵活运用 D．专人负责

6）对于客户的投诉，各部门应通力合作，迅速做出反应，力争在最短的时间内全面解决问题，给客户一个圆满的结果，是指客户投诉处理的（　　）原则。

A．有章可循 B．及时处理 C．分清责任 D．留档分析

二、分析训练

1. 创维"家电下乡、服务下乡"的案例分析

创维"家电下乡、服务下乡"活动主要是"品质服务下乡"、"专家服务下乡"和"增值服务下乡"，创维公司依托其强大的营销网络结构和覆盖范围广泛的维修服务网点，派遣和培养更多高级维修人员分赴全国各地，在其先进的服务硬件设备支持下，开展系列增值服务，延长产品保修期，保证农民家电问题得到及时解决。

（1）送品质服务下乡

农民消费者需要的售后服务，不再只是送货、安装，也不只是向用户详细讲解安全使用常识，而是要求所有服务都及时到位。

创维彩电下乡之前，创维公司在各地举行了服务下乡研讨会，分析农民消费者需要的服务性质与类别，要求各地优先解决家电下乡产品的服务。如果农民消费者购买的是创维液晶产品，各地区服务人员必须及时提供安装、调试等工作，并对酷开等高端液晶进行指导调试。当"家电下乡"产品维修中遇到交通困难、维修配件供应不足、产品故障难以在 5 天内得到解决时，创维公司调配了大量备用机，供消费者使用。

在创维公司"家电下乡、服务下乡"的过程中，创维公司还将对购买"家电下乡"产品的农村消费者进行回访，寻找和创建更适合"家电下乡"的服务新模式，为"家电下乡"的农村消费者提供更高品质的售后服务。

（2）更多专家深入农村

按国家"家电下乡"企业评选要求，家电下乡中标厂家必须具有全国统一服务热线。目前，创维公司不但有全国统一服务热线，专门开辟了家电下乡后台支持模块，设立了专家座席，还在全国各服务网点设置了一定比例的高级技术员，让更多高级技术人员深入农村，对"家电下乡"产品咨询和维修等疑难问题进行及时处理。

（3）系列增值服务相继开展

在所有家电下乡地区，创维公司均制定了系列增值服务下乡政策。规定维修人员上门服务时，除了做好产品安装、调试、故障维修服务等工作外，还将为用户做一个全面

的电性能安全检测，对电视进行信号的检测和调试，确保用户安全、正确使用电视。完成服务离开时，服务人员还会在适当的位置贴上彩电使用注意说明和维修信息，随时提醒消费者如何正确使用电视。

创维公司同时为农民量身打造了一整套保修时间更长久、范围更全面、体验更超值的"保中保"延展性售后服务，凡低价购买此延保服务的用户，均可延长产品保修期。从此，农民消费者再也不用为彩电售后服务担忧了。

分析：

1）创维公司从哪些方面开展了"服务下乡"？

2）"服务下乡"对公司发展起到哪些积极作用？

2. 宝洁全方位与全过程营销人员培训的案例分析

营销人员培训是宝洁（中国）公司人力资源部最重要的工作之一。宝洁公司的培训项目具有全员、全程、全方位的特点，所有营销人员在整个职业生涯中都必须参加各种形式的培训活动，以不断提高自己的素质和技能。所有的培训项目注重突出个性化和针对性，针对每一位营销人员个人的长处和待改善的地方，配合业务的需求来设计。

宝洁（中国）公司所组织的营销人员培训，主要包括以下方面：

第一是入职培训。新营销人员加入公司后，会接受短期的入职培训。其目的是让新营销人员了解公司的宗旨、企业文化、政策及公司各部门的职能和运作方式。

第二是技能和商业知识培训。公司内部有许多关于管理技能和商业知识的培训课程，如提高管理水平和沟通技巧、领导技能的培训等，结合营销人员个人发展的需要，帮助营销人员成为合格的人才。公司独创了"P&G（宝洁）学院"，通过公司高层经理讲授课程，确保公司在全球范围的管理人员参加学习，并了解他们所需要的管理策略和技术。

第三是语言培训。英语是宝洁公司的工作语言。公司在营销人员的不同发展阶段，根据营销人员的实际情况及工作的需要，聘请国际知名的英语培训机构设计并教授英语课程。新营销人员还会参加集中的短期英语岗前培训。

第四是专业技术的在职培训。从新营销人员进入公司开始，公司便派一名经验丰富的经理悉心对其日常工作加以指导和培训。公司为每一位新营销人员制订个人培训和工作发展计划，由其上级经理定期与营销人员回顾，这一做法将在职培训与日常工作实践结合在一起，最终使新营销人员成为本部门和本领域的专家能手。

第五是海外培训及委任。公司根据工作需要，选派各部门工作表现优秀的年轻管理人员到美国、英国、日本、新加坡、菲律宾和中国香港等地的P&G（宝洁）分支机构进行培训和工作，使他们具有在不同国家和地区工作的经验，从而得到更全面的发展。

分析：

1）宝洁公司是如何开展营销人员培训的？

2）营销人员培训对公司的发展有什么作用？

参 考 文 献

陈风强. 2004. 中国企业营销案例精粹. 北京：中国商务出版社.

李怀斌. 2012. 市场营销学. 2 版. 北京：清华大学出版社.

刘成芳. 2009. 借力摩托车及家电企业 汽车下乡用上跨界营销. 中国汽车报，（3）.

吕巍，周颖. 2007. 战略营销. 北京：机械工业出版社.

龙璇. 2004. 市场营销学. 北京：对外经济贸易大学出版社.

罗绍明. 2009. 市场营销实训. 北京：机械工业出版社.

罗绍明. 2009. 信息产品营销. 北京：机械工业出版社.

孟韬，毕克贵. 2012. 营销策划方法、技巧与文案. 2 版. 北京：机械工业出版社.

单凤儒. 2004. 管理学基础. 北京：高等教育出版社.

宋文官. 2008. 中小企业电子商务案例与实训. 北京：高等教育出版社.

苏亚民. 2002. 现代营销学. 北京：中国对外经济贸易出版社.

孙天福. 2006. 市场营销基础. 上海：华东师范大学出版社.

王枝茂. 2002. 市场调查与预测. 北京：中国财政经济出版社.

闫国庆. 2007. 国际市场营销学. 北京：清华大学出版社.

张德斌，关敏. 2002. 高新技术企业营销策略. 北京：中国国际广播出版社.

郑承志. 2006. 商品推销实务. 2 版. 大连：东北财经大学出版社.

朱成钢. 2004. 市场营销学. 上海：立信会计出版社.

朱亚萍. 2006. 推销实务. 2 版. 北京：中国财政经济出版社.